MAGISTÉRIO E DOUTRINA SOCIAL DA IGREJA

**Ronaldo Zacharias
Rosana Manzini
(Orgs.)**

MAGISTÉRIO E DOUTRINA SOCIAL DA IGREJA

Continuidade
e desafios

Dados Internacionais de Catalogação na Publicação (CIP)
(Câmara Brasileira do Livro, SP, Brasil)

Magistério e doutrina social da igreja : continuidade e desafios / Ronaldo
Zacharias e Rosana Manzini, (organizadores). – São Paulo : Paulinas,
2016.

Vários autores.
ISBN 978-85-356-4137-0

1. Igreja Católica - Doutrina social I. Zacharias, Ronaldo. II. Manzini,
Rosana.

16-01988   CDD-261

Índices para catálogo sistemático:
1. Igreja Católica : Doutrina social   261
2. Doutrina social da Igreja   261

1ª edição – 2016
1ª reimpressão – 2017

Direção-geral:	*Bernadete Boff*
Editora responsável:	*Vera Ivanise Bombonatto*
Copidesque:	*Cirano Dias*
Coordenação de revisão:	*Marina Mendonça*
Revisão:	*Ana Cecilia Mari*
Gerente de produção:	*Felício Calegaro Neto*
Projeto gráfico:	*Manuel Rebelato Miramontes*

Nenhuma parte desta obra poderá ser reproduzida ou transmitida
por qualquer forma e/ou quaisquer meios (eletrônico ou mecânico,
incluindo fotocópia e gravação) ou arquivada em qualquer sistema ou
banco de dados sem permissão escrita da Editora. Direitos reservados.

Paulinas

Rua Dona Inácia Uchoa, 62
04110-020 – São Paulo – SP (Brasil)
Tel.: (11) 2125-3500
http://www.paulinas.org.br – editora@paulinas.com.br
Telemarketing e SAC: 0800-7010081
© Pia Sociedade Filhas de São Paulo – São Paulo, 2016

Apresentação

A Doutrina Social da Igreja (DSI) permanece, ainda hoje, um tesouro escondido. Há mais de um século, vem ressoando firme e clara a palavra dos papas e das conferências episcopais em defesa da dignidade da pessoa humana e de seus direitos inalienáveis. "A Igreja, perita em humanidade, em uma espera confiante e ao mesmo tempo operosa, continua a olhar para os 'novos céus' e a 'terra nova' (2Pd 3,13), e a indicá-los a cada homem, para ajudá-lo a viver a sua vida na dimensão do sentido autêntico."[1]

A sociedade humana necessita de orientação filosófica e ética, em vista de soluções para emergentes e graves problemas sociais que a afligem. Com respaldo e fundamento em sua doutrina social, a Igreja jamais se omite em assumir a tarefa que lhe compete na edificação da Civilização do Amor. A fé cristã implica necessariamente em trabalhar por uma sociedade justa e solidária, contrária a toda estrutura de iniquidade e pecado. Daí o compromisso com uma ordem social onde reine a justiça, a paz e a vida plena para todos.

A evangélica opção pelos pobres assumida pela Igreja dá fundamento, rumo e consistência ao seu serviço de caridade. Como afirmou Bento XVI, "a opção preferencial pelos pobres está implícita na fé cristológica

---

[1] MARTINO, Renato Raffaele. Apresentação. In: *Compêndio da Doutrina Social da Igreja*. São Paulo: Paulinas, 2005. p. 17.

naquele Deus que se fez pobre por nós, para enriquecer-nos com sua pobreza (cf. 2Cor 8,9)".[2]

Os pobres e sofredores "desafiam o núcleo do trabalho da Igreja, da pastoral e de nossas atitudes cristãs".[3] Eles são os primeiros destinatários e também sujeitos do serviço de promoção humana e de transformação social que a Igreja empreende.

A Palavra de Deus, haurida antes de tudo da Sagrada Escritura, com as exigências éticas dela decorrentes, denuncia toda injustiça que fere o ser humano em sua dignidade de filho de Deus, criado à sua imagem e semelhança e libertado pela doação da vida do Filho Jesus Cristo. E essa Palavra de Verdade é farol cuja luz evidencia inúmeros sinais de esperança.

Os fiéis leigos e leigas, inseridos nas realidades terrestres, são protagonistas da ação evangelizadora na Igreja. Sejam eles os primeiros a conhecerem e a colocarem em prática a Doutrina Social da Igreja, visto que tudo o que é humano interessa a quem professa sua fé em Jesus Cristo.

A DSI cresce em importância na medida do reconhecimento de sua dimensão universal. Trata-se de uma mensagem dirigida a todas as pessoas das mais diversas culturas. Universal e abrangente, vislumbra também a defesa da criação como garantia de um futuro sustentável da humanidade.

Ressoa forte, nos últimos tempos, o apelo para que a DSI seja conhecida e reconhecida, estudada e aprofundada. Esta obra que apresento atualiza a compreensão do seu rico conteúdo. Sua aplicação pode oferecer respostas aos desafios deste século apenas iniciado.

A obra reúne diversos autores, nacionais e internacionais, os quais, com competência e dedicação, oferecem um mergulho em "águas mais

---

[2] BENTO XVI. Discurso pronunciado na Sessão Inaugural dos trabalhos da V Conferência Geral do Episcopado da América Latina e do Caribe, na sala de conferência do Santuário de Aparecida. Discurso (13 de maio de 2007). In: CONSELHO EPISCOPAL LATINO-AMERICANO (CELAM). *Documento de Aparecida*. Texto conclusivo da V Conferência Geral do Episcopado Latino-Americano e do Caribe (13-31 de maio de 2007). 2. ed. Brasília/São Paulo: Edições CNBB/Paulinas/Paulus, 2007. p. 273.

[3] CELAM. *Documento de Aparecida*, n. 393.

profundas", desde as raízes históricas, questões atuais, até temas candentes desta época pós-moderna e globalizada.

Os autores cumprem a importante tarefa de suscitar interesse e entusiasmar o leitor, apontando o mapa para que o "tesouro escondido" seja descoberto e se torne instrumento valioso de evangelização, na esperança e na certeza de que um outro mundo é possível.

Dom Pedro Luiz Stringhini
Bispo da Diocese de Mogi das Cruzes (SP)

Introdução

Ronaldo Zacharias
Rosana Manzini[1]

A Doutrina Social Católica constitui, sem dúvida alguma, um rico patrimônio da Igreja. Patrimônio esse resultante da corajosa palavra dos papas sobre temas intimamente relacionados com a defesa e a promoção do humano em todas as suas dimensões. Perita em humanidade, a Igreja, por meio do seu Magistério, convicta de que a sua doutrina social constitui instrumento privilegiado de evangelização, vive na atitude de percorrer o caminho do humano, o que faz com que o seu rico patrimônio seja continuamente elaborado e atualizado.

É na perspectiva de oferecer alguns elementos de reflexão, à luz desse rico patrimônio e dos novos e pungentes desafios, que os autores deste volume nos brindam com o aprofundamento de temas tão relevantes como a política, a economia, a família e a ecologia.

Mario Toso tem por objetivo mostrar que o ensinamento de Francisco está em continuidade com o de Bento XVI no que se refere à

---

[1] *Ronaldo Zacharias* é doutor em Teologia Moral (Weston Jesuit School of Theology – Cambridge/USA) e reitor do Centro Universitário Salesiano de São Paulo (UNISAL): <http://lattes.cnpq.br/3151031277743196>. *Rosana Manzini* é mestre em Teologia (Pontifícia Universidade Católica de São Paulo) e diretora da Unidade São Paulo do UNISAL (*campi* Santa Teresinha e Pio XI): <http://lattes.cnpq.br/0597335348157286>.

evangelização do social e à economia. Comparando os escritos dos dois papas, o autor nos ajuda a perceber que na concepção de ambos a Doutrina Social da Igreja não se reduz a um corpo doutrinal infecundo e embalsamado, mas a um instrumento de evangelização do social vivo e eficaz, capaz de não apenas favorecer a comunhão, mas até mesmo a democracia inclusiva e participativa, quando assumida por cristãos que compreendem a questão social como sendo, essencialmente, uma questão antropológica e ética.

Ney de Souza, por sua vez, nos ajuda a compreender a relevância atual da Doutrina Social da Igreja voltando às raízes da sua origem. Graças à sensibilidade aos sinais dos tempos e às experiências de vida de um homem – Vincenzo Pecci, nomeado Leão XIII –, a Igreja consegue, depois de séculos, reconciliar-se com a sociedade, dialogar com ela e, sobretudo, ter algo positivamente propositivo a oferecer-lhe: a sua palavra profética sobre questões sociais.

Alexandre Andrade Martins faz uma comparação da Doutrina Social da Igreja com a Teologia da Libertação mostrando a aplicação delas no contexto da justiça na assistência à saúde. Para ele, as perspectivas teológicas de ambas e as práticas sociais que delas derivam são edificadas em fundamentos cristãos. Ambas abordam a questão da justiça social, voltam o olhar para os mais pobres e são inspiradas pelo ministério profético de Jesus de Nazaré. No entanto, ambas têm diferentes perspectivas sobre os principais conceitos e abordam questões sociais, morais e eclesiais com diferentes metodologias, complementares em diversos aspectos.

Sergio Bernal Restrepo chama a atenção para o fato de que, ao situar o homem e a mulher no centro da reflexão cristã, a Doutrina Social da Igreja leva à compreensão de que a atividade política deve estar a serviço do crescimento de cada pessoa em humanidade e tem a obrigação ética de criar todas as condições para que a pessoa humana se realize em plenitude. É neste sentido que o campo da política se converte em campo propício para o exercício da caridade, pois a política, em si mesma, deveria sempre ser humanizadora.

Carlos Eduardo Ferré, considerando o momento atual de desprestígio da atividade política, que parece cada vez mais se voltar quase que exclusivamente para a obtenção de espaços de poder, não se intimida em propor uma mudança radical de perspectiva, como expressão da esperança cristã, que se empenha pela transformação radical da realidade inspirada no ideal de perfeição cristã e enraizada na fé em um Deus presente e atuante na história.

Fernando Altemeyer Júnior, ancorado no testemunho de santidade de incontáveis cristãos martirizados por causa da Igreja, da justiça social e do amor preferencial pelos pobres, propõe o exercício da política como um direito-dever de todos, sobretudo daqueles que, mesmo explorados, excluídos e marginalizados, se amparados e ajudados, podem emergir como sujeitos e protagonistas da história e, portanto, de uma nova sociedade, de novas relações e de uma nova Igreja.

Celso Luiz Tracco se move no abismo existente entre uma riqueza que aumenta em escala global e uma desigualdade que aumenta em ritmo ainda mais acelerado. O autor denuncia que, enquanto não superarmos a questão da exploração dos mais fracos e excluídos pelos fortes e poderosos, como base da atividade econômica, será muito difícil – se não for impossível – pensar numa economia de inclusão, que dê prioridade ao ser humano e não ao lucro.

Antonio Aparecido Alves propõe uma revolução no conceito de economia. Para ele, as dimensões de reciprocidade, fraternidade e justiça e, portanto, as atitudes concretas de solidariedade e gratuidade devem fazer parte da concepção de economia. Isso é possível justamente porque a economia não é eticamente neutra nem possui uma natureza desumana e antissocial. Como atividade do homem, ela deve ser eticamente estruturada e institucionalizada, e a Doutrina Social da Igreja pode contribuir enormemente para isso, pelo fato de priorizar o humano e, entre os humanos, os mais fracos e indefesos.

Víctor Manuel Chávez Huitrón se inspira em Zygmunt Bauman para propor um caminho de mudança cultural em vista de uma nova economia. Caminho esse que implica superação de crenças e preconceitos econômicos, como o crer que a única via de saída esteja no crescimento econômico, que o consumo permanente e em constante aumento garante a felicidade, que a desigualdade entre as pessoas é natural e que a rivalidade é o normal na dinâmica social. Tudo isso é o que caracteriza o modelo econômico atual. Portanto, é ele que deve ser superado.

Ángel Galindo García considera a família no contexto da globalização e, ao mesmo tempo que resgata os valores inerentes a ela à luz da Doutrina Social da Igreja, apresenta os desafios que ela enfrenta. Promover os direitos da família é o serviço por excelência que a sociedade e a Igreja lhe podem prestar. Essa tarefa é ainda mais urgente quando se trata de responder aos novos desafios que a família enfrenta, sobretudo provindos da ideologia da técnica, da realidade da globalização, do consumismo, da promoção da mulher e da emigração.

Maria Inês de Castro Millen parte do pressuposto de que, assim como as pessoas e as sociedades se encontram fragmentadas, liquefeitas, vivendo de provisoriedades e incertezas, desprovidas de fundamentos éticos e conformadas com os arranjos possíveis, assim é a condição na qual vivem as famílias hoje. Considerando o ideal proposto pela Doutrina Social da Igreja, a autora propõe a urgência de reconhecermos como famílias as diferentes possibilidades de estruturação que se nos apresentam hoje, superando o desconcerto e o desconforto que o reconhecimento de mudanças que alteram nossas crenças e valores acabam provocando.

Ronaldo Zacharias, por sua vez, encara o que comumente se costuma chamar de situações irregulares no seio da Igreja para indicar os novos arranjos familiares. Para o autor, somente à luz da unidade entre matrimônio e família e, sobretudo, do amor conjugal como seu núcleo integral é possível entender não somente a avaliação ética feita das situações irregulares, mas também a ausência das novas configurações familiares do ensino do Magistério. Família sem matrimônio, formas de convivência conjugal sem matrimônio, convivência conjugal sem sexo, sexo sem convivência conjugal, convivência e sexo sem comunhão e comunhão sem comunidade são algumas das questões que não podem mais ser ignoradas se não quisermos apenas "assistir" às soluções que as pessoas dão para os seus dilemas morais.

Marcial Maçaneiro, além de pontuar como o paradigma ecológico se inscreve no devir dos vários documentos oficiais do Magistério, chama a atenção para a urgência de se levar a sério a questão ambiental

– questão teológica e ética –, a fim de sermos capazes de repensar os padrões de produção, de consumo e de domínio da natureza e de nos educarmos para a adaptação e a preservação no usufruto da natureza, com leis que reconheçam o acesso aos recursos naturais como direito de todos, sob tutela da sociedade civil e mediante políticas públicas adequadas.

Leo Pessini, por fim, propõe uma conversão ecológica, isto é, uma mudança de estilos de vida se quisermos "esperar" no futuro da humanidade. Para ele, sem uma forte governança global, continuamos o risco de ficar no nível idealístico das boas intenções. Faz-se urgente a criação de fortes instituições globais, política e economicamente, para que o "gcrenciamento" de questões ecológicas não dependa exclusivamente de quem governa este ou aquele país, a fim de que possamos, assim, passar do desenvolvimento sustentável à sustentabilidade ambiental. Urge salvar a "casa" que é de todos, onde todos habitamos, da qual todos dependemos e com a qual todos queremos ser redimidos.

1

Bento XVI e Francisco: continuidade e desafios no recente Magistério Social

Mario Toso[1]

Introdução[2]

Na reflexão que segue, nos deteremos na consideração do recente Magistério Social com referência à *Caritas in Veritate* (CV) de Bento XVI[3] c à *Evangelii Gaudium* (EG) do Papa Francisco.[4] Uma comparação entre os dois textos, diversos por natureza e conteúdo – estamos diante de uma encíclica social e de uma exortação apostólica relativa à

---

[1] *Mario Toso*, nomeado, em 2015, bispo de Faenza-Modigliana (Itália), é doutor em Filosofia (Università Cattolica del Sacro Cuore di Milano), ex-secretário do Pontifício Conselho Justiça e Paz (2009-2015) e um dos colaboradores de Bento XVI na preparação da carta encíclica *Caritas in Veritate*.

[2] Texto traduzido do espanhol por José Antenor Velho, sdb.

[3] BENTO XVI. Carta encíclica *Caritas in Veritate* (CV), sobre o desenvolvimento humano integral na caridade e na verdade (29.06.2009). São Paulo: Paulinas, 2009. Coleção A Voz do Papa, 193.

[4] FRANCISCO. Exortação apostólica *Evangelii Gaudium* (EG), sobre o anúncio do Evangelho no mundo atual (24.11.2013). São Paulo: Paulinas, 2013. Coleção A Voz do Papa, 198.

nova evangelização –, é possível pelo fato de a EG conter um capítulo (o IV) inteiro dedicado à dimensão social da evangelização e uma série de parágrafos (de modo especial no Capítulo II), relativos aos desafios do mundo atual, especificamente referidos à *economia da exclusão*.

Além disso, os dois textos possuem como contexto, pelos aspectos que neles são considerados, a recente crise financeira e econômica, embora em momentos diversos: a CV foi promulgada no início da crise e a EG veio à luz precisamente no momento em que parecia originar-se uma solução nos Estados Unidos, enquanto a Europa continuava com seus efeitos deletérios, entre os quais uma recessão muito prolongada.

Dito isso, vem-nos espontâneo considerar a continuidade dos dois textos em relação à evangelização do social e o tema da economia. Enfrentando esses dois argumentos, ter-se-á a oportunidade de considerar os *desafios* que derivam das propostas avançadas de projetos e que requerem uma Doutrina Social da Igreja (DSI) mais comunitária e de comunhão, de democracia inclusiva e participativa.

1. Confirmação e relançamento da Doutrina Social da Igreja como evangelização e transfiguração do social

A CV é *confirmação* e *relançamento* da Doutrina Social da Igreja (DSI) de acordo com a figura teológico-pastoral apresentada por João Paulo II, especialmente na *Sollicitudo Rei Socialis*.[5] A DSI é posta mais explicitamente a serviço da *caridade na verdade*, figura *experiencial, comunitária e cotidiana* do evento de salvação que impregna e transfigura a humanidade em Cristo, o Homem novo por excelência. A CV apresenta-se como concretização e cume da *profecia cultural e relativa ao projeto* da Igreja no social. Propõe novamente a *utopia cristã* (coisa totalmente diversa do utopismo), levando-a, de certo modo, ao limite de sua expressividade, movendo e inspirando-se no núcleo da mensagem cristã, no coração da vida trinitária, que é Amor. E, desse modo,

---

[5] Sobre a nova figura teológico-prática da DSI, veja-se, ao menos: TOSO, M. *Umanesimo sociale. Viaggio nella dottrina sociale della Chiesa e dintorni*. 2. ed. Roma: LAS, 2002. p. 33-46.

ela se constitui como *manifesto* para toda verdadeira revolução moral e social no início do Terceiro Milênio.

Apoiada no *Amor cheio de Verdade*, experimentado na vivência de Cristo, a CV tem a intenção de tornar disponível, diante da carência de instrumentos cognoscitivos adequados, um *novo princípio hermenêutico*, valorativo e operativo para o discernimento social, uma *nova epistemologia* e uma *interdisciplinaridade ordenada* que, mediante uma síntese harmoniosa dos conhecimentos, permite focar a realidade em sua complexidade. Esse novo princípio interpretativo e a conexa interdisciplinaridade propiciam um *renascimento* intelectual, moral, cultural, feito de projetos, ou também um *novo Humanismo* integral, estruturalmente aberto à *fraternidade* e à *Transcendência*. É "novo" porque nasce e se estrutura num contexto experiencial no qual as diversas dimensões da vida são vividas habitando em Deus – existência da comunhão de três pessoas –, não o marginalizando do próprio horizonte. Oferecendo uma nova visão do desenvolvimento, a CV, diante das mudanças epocais – tais como: exasperadas limitações à soberania dos Estados, deslocação das empresas, financiamento da economia, interdependência global, crise antropológica, ética, financeira, alimentar, energética, ambiental, cultural, democrática, especialmente devido ao neoindividualismo libertário e utilitarista dominante –, repropõe a humanização da globalização em ato, fundando-a numa nova antropologia relacional e transcendente, de acordo com a qual o ser humano não se destina a viver apenas para si mesmo, mas foi criado para viver em comunhão com os outros e com Deus.[6]

Uma nova antropologia e, consequentemente, uma nova ética impõem-se a partir do momento em que a questão social revela ser uma questão essencialmente antropológica e ética.[7]

Com maior precisão, a CV procura:

a) devolver esperança e *sabedoria teológica* a um mundo em crise, sobretudo pela asfixia de sentido;

---

[6] CV 53.

[7] CV 77.

b) reconstruir, numa época pós-moderna e fluida, as bases de um *pensamento novo* e de uma *ética* que, diferente das seculares, é pensada e vivida "como se Deus existisse";

c) ajudar a superar as *aporias da pós-Modernidade* que mantêm uma profunda dicotomia entre ética e verdade, ética pessoal e ética pública, ética da vida e ética social,[8] ecologia humana e ecologia ambiental,[9] ética e técnica;[10] família e justiça social;[11] esfera econômica e esfera da sociedade;[12] economia e fraternidade, gratuidade e justiça social,[13] cultura e natureza humana;[14]

d) apresentar o Cristianismo não como um depósito de sentimentos que não incidem nas instituições nem nas culturas, mas como uma religião que possui uma *dimensão pública* e que é fator de desenvolvimento integral e sustentável;

e) convidar para uma vida social livre de individualismos e utilitarismos, virtuosa, ou seja, substanciada por "comunidade de virtudes".

Relacionando a Pastoral Social (PS) e a DSI à *experiência de fé* da comunidade eclesial, fazendo compreender que estas são *expressão* da salvação integral de Cristo, acolhida, celebrada, anunciada e testemunhada, Bento XVI se propõe superar definitivamente as objeções de acordo com as quais a PS e a DSI são um diafragma ideológico entre os crentes e Jesus Cristo, um obstáculo para seu encontro, um alheamento das exigências do Evangelho. Para Bento XVI, o radicar-se da PS e da DSI na união ontológica e existencial com Jesus Cristo, que se encarna e redime a humanidade e o cosmos inteiro, obriga a pensar que elas estão fundamentadas num prévio ser-existência de comunhão e participação

---

[8] CV 15.

[9] CV 51.

[10] CV 70-71.

[11] CV 44.

[12] CV 36.

[13] CV 34.

[14] CV 26.

com o mistério da salvação, que as constitui como atividades de evangelização para a transformação do social.[15]

Compartilhando essas mesmas perspectivas eclesiológicas e pastorais, diante de evidentes lacunas na pastoral e na formação contemporânea, o Papa Francisco, no Capítulo IV da EG, fala da necessidade de se explicitar a *dimensão social* da fé e da evangelização.[16] O *kerygma* e a *confissão da fé* possuem um conteúdo necessariamente social: a vida comunitária e o compromisso com os outros.[17] Ignorando o primeiro, "corre-se sempre o risco de desfigurar o sentido autêntico e integral da missão evangelizadora".[18] "Por isso, tanto o anúncio como a experiência cristã [continua mais adiante o Papa Francisco] tendem a provocar consequências sociais."[19]

As razões disso tudo estão no *realismo* da dimensão social da evangelização e da fé.[20] Mediante sua encarnação, Jesus Cristo não redime apenas a pessoa individualmente, mas também as relações sociais entre os seres humanos. "Confessar que o Espírito Santo atua em todos implica reconhecer que ele procura permear toda a situação humana e todos os vínculos sociais."[21]

A Igreja, decisivamente, tanto para Bento XVI como para Francisco, é *sujeito comunitário* da evangelização do social.[22] A PS e a DSI são expressão e instrumento disso. Estão finalizadas à vivência da fé e da ágape não simplesmente as declarando com palavras, mas experimentando-as *in re sociali*. Na verdade, o Papa Francisco não emprega a expressão "evangelização do social", mas todos os seus raciocínios

---

[15] Para o aprofundamento destes aspectos, permitimo-nos fazer referência a: TOSO, M. *Il realismo dell'amore di Cristo. La "Caritas in Veritate"*; prospettive pastorali e impegno del laicato. Roma: Studium, 2010.

[16] EG 176.

[17] EG 177.

[18] EG 176.

[19] EG 180.

[20] EG 88.

[21] EG 178.

[22] Para uma visão geral sobre a evangelização do social segundo Bento XVI e Francisco, permitimo-nos consultar: TOSO, M. *Nuova evangelizzazione del sociale. Benedetto XVI e Francesco*. Città del Vaticano: Libreria Editrice Vaticana, 2014.

referem-se a ela, concentrando-se, antes de tudo, nas motivações e nos conteúdos, embora não sobre todos. Em particular, leva a compreender que a *dimensão social* do mistério da salvação cristã convoca para uma "nova" evangelização, que é tal não só porque está mais atenta às *res novae*, mas também porque é mais fiel:

a) ao *mistério da redenção integral* atuada por Cristo e à consequente missão da Igreja. A carente fidelidade à "dimensão total" da salvação realizada por Cristo, que recapitula em si todas as coisas, as do céu e as da terra (Ef 1,10), prejulga a autenticidade de sua acolhida, de sua celebração, do anúncio e do testemunho, assim como a integridade da ação formadora e educadora, da animação social c cultural, às quais são chamadas todas as comunidades eclesiais, junto com seus movimentos, associações e organizações;

b) à *antropologia e à ética em geral*, e à *ética da economia das finanças, da política em especial*, derivadas do *realismo* da encarnação-redenção de Cristo, do encontro com ele, que é objetivo central da evangelização e primeiro e principal fator do desenvolvimento.[23] A fé cristã não é primariamente adesão a uma doutrina ou a uma ética em particular, mas à pessoa que é o Filho de Deus, que se encarna e redime a humanidade. Contudo, derivam inevitavelmente dessa adesão: uma atenção particular da pessoa e da moral, da sociedade; um novo humanismo social e transcendente (não antropocêntrico, mas teocêntrico); uma nova projetualidade e uma nova práxis construtiva, assim como um Cristianismo mais vital e civilizador, indispensável para a construção de uma boa sociedade e de um verdadeiro desenvolvimento humano integral.[24] Só habitando em Cristo, vivendo nele – Amor cheio de Verdade –, é possível vencer a esclerose do pensamento, a carência da fraternidade e encontrar uma nova visão e uma nova ética do desenvolvimento;

---

[23] CV 8.

[24] CV 4.

c) ao *discernimento evangélico*,[25] não ideológico, ou seja, capaz de depositar um olhar mais profundo, teológico, sobre a realidade.

Segundo o Papa Francisco, a realização de uma nova evangelização do social implica uma *conversão* ou mudança de atitudes em diversos níveis (religioso, moral, cultural), incluindo o *pastoral* e *missionário*, assim como o *pedagógico e o operativo* ou prático.

A conversão pastoral que o Papa Francisco invoca requer:

a) passar da ação de simples conservação do já existente à ação mais decididamente missionária que leva a alcançar todas as *periferias existenciais*, carentes da luz do Evangelho, para tocar a carne de Cristo no povo, para acompanhar a humanidade em todos os processos;

b) não deixar as coisas como estão. A *conversão pastoral e missionária* exige um *decidido processo de discernimento evangélico*, uma *permanente reforma de si*, das *estruturas* e das *instituições* eclesiais, incluídas as *associações*, as organizações *e os movimentos*, para torná-los mais funcionais ou, ainda melhor, ministeriais à evangelização e à relacionada obra de humanização. A pastoral em chave missionária exige que todos abandonem o cômodo critério pastoral do "sempre se fez assim", para serem audaciosos e criativos, para repensarem os objetivos e os métodos. Num contexto de *individualismo pós-moderno* e globalizado, a ação pastoral deve mostrar, mais do que no passado, que o nosso Pai exige e anima uma *comunhão* que cura, promove e reforça os vínculos interpessoais e também exige sermos construtores do progresso social e cultural de todos.[26] Uma ação pastoral, ciente do *secularismo* contemporâneo que tende a confinar a fé e a Igreja no âmbito privado, deve empenhar-se na superação da negação da transcendência que produz uma crescente deformação ética e *absolutiza* os direitos dos *indivíduos*.[27]

---

[25] EG 50.

[26] EG 67.

[27] EG 64.

A conversão no *plano pedagógico*, ao contrário, deve levar-nos a:

a) *formar os agentes* para que superem o tipo de complexo de inferioridade que os leva a relativizar ou ocultar a própria *identidade cristã* e as convicções pessoais, quase a desassociar-se de sua missão evangelizadora;[28]

b) vencer o *relativismo prático* que consiste em atuar como se Deus não existisse, em decidir como se os pobres não existissem, em trabalhar como se aqueles que receberam o anúncio não existissem;[29]

c) educar para vencer o *pessimismo estéril* e também o *otimismo ingênuo* que não considera as dificuldades nem a "desertificação espiritual" de nossas sociedades;

d) viver o *realismo* da dimensão social do Evangelho, descobrindo no rosto do irmão o rosto de Cristo;[30]

e) experimentar a "mística" do viver juntos, fraternalmente,[31] abandonar a pretensão de dominar o espaço da Igreja,[32] não viver em guerra entre crentes;[33]

f) *formar um laicato não introvertido, mas capaz de fazer penetrar os valores cristãos no mundo social, jurídico, político e econômico.*[34]

Decisivamente, de acordo com o Papa Francisco, a conversão, tanto pastoral como missionária, pede: a) que a *catequese social*[35] seja mais estruturada e mais ampla; e b) que se proceda, mediante encontros e cursos *ad hoc*, a uma adequada *formação dos sacerdotes* e dos próprios

---

[28] EG 79.

[29] EG 80.

[30] EG 88.

[31] EG 92.

[32] EG 95.

[33] EG 98.

[34] EG 102.

[35] Deste ponto de vista, sem dúvida, devem-se integrar as orientações para o anúncio e a catequese na Itália: *Incontriamo Gesù*, da Conferência Episcopal Italiana, editadas após a publicação da *Evangelii Gaudium* (Milano: San Paolo, 2014). Não se deve ignorar o Capítulo IV da exortação apostólica, que fala da dimensão social da evangelização.

formadores dos formadores com referência tanto à imprescindível dimensão social da fé e da evangelização como ao acompanhamento espiritual dos *christifideles laici* empenhados no social e no político, a fim de que estudem, conheçam a doutrina-ensino-Magistério Social da Igreja e a experimentem e atualizem, traduzindo-a em linguagem política.[36]

Em outras palavras, para o pontífice argentino, em continuidade com a perspectiva *experiencial* claramente evidenciada por Bento XVI, a DSI é eficaz, não permanece letra morta e não é um *corpus* teórico-prático infecundo e embalsamado quando vivida comunitariamente por um "povo" de associações, organizações e movimentos que a colhem e experimentam *in re sociali.*

2. Uma economia inclusiva

A perspectiva de uma economia de mercado que *inclui* todos os povos é intrínseca à DSI ou ao ensinamento social (ES), e aparece claramente na constituição pastoral *Gaudium et Spes*, como também na *Populorum Progressio*, de Paulo VI, citada pela CV 39. Para a DSI, como afirma Bento XVI, a esfera econômica não é eticamente neutra nem desumana e antissocial por sua natureza. Ela pertence à atividade do ser humano e, precisamente por ser humana, deve ser estruturada e institucionalizada eticamente. Deve ser finalizada à busca do bem comum. A economia, a finança e o mercado são instituições de per si boas, imprescindíveis para a realização de um desenvolvimento dos povos que não seja utópico.[37]

Infelizmente, a economia, a finança e o mercado podem ser geridos e mal orientados. Instituições de per si boas podem chegar a ser ruins. Tudo isso por causa do homem, pela sua consciência moral, sua responsabilidade pessoal e social, sua cultura.

---

[36] Para aprofundar as consequências da *Evangelii Gaudium* para os crentes, permitimo-nos indicar: TOSO, M. *Il Vangelo della gioia. Implicanze pastorali, pedagogiche e progettuali per l'impegno social e politico dei cattolici*. Roma: Società Cooperativa Sociale Frate Jacopa, 2014.

[37] CV 35-36.

No momento histórico em que a crise financeira de 2007 apenas começa – e, portanto, não baseada em suposições e preconceitos, mas em concomitância com a quebra de grandes bancos e o efeito *dominó* que limitou a economia produtiva e as democracias, com o fechamento de empresas, demissões e suicídios –, a CV denuncia a economia e as finanças, que, além de se tornarem independentes da moral e da política, submeteram-se à especulação, cedendo à tentação da busca de ganhos a curto prazo, e tomando-os como absolutos.[38] Não se trata de uma condenação indiscriminada e sem apelo da economia e da finança em si mesmas, a ponto de o Papa Bento invocar seu retorno como instrumentos finalizados à maior produção de riqueza e ao desenvolvimento. "Enquanto instrumentos, a economia e as finanças em toda a respectiva extensão, e não apenas em alguns dos seus setores, devem ser utilizadas de modo ético a fim de criar as condições adequadas para o desenvolvimento do homem e dos povos."[39] Em especial, os agentes da finança devem redescobrir o fundamento propriamente ético de sua atividade para não abusar dos instrumentos sofisticados que podem servir para atraiçoar os consumidores. Por isso, devem ser experimentadas novas formas de finanças, como também devem ser potenciadas todas as formas que se revelaram, mesmo em ocasião de crise, como experiências positivas – tais como o microcrédito, os bancos éticos –, sem descuidar de educar os mesmos consumidores.

Sobretudo num contexto de globalização e financeirização, a economia precisa, como sustenta o Papa Bento, de *leis justas*, de formas de *redistribuição* guiadas pela política e, principalmente – para estar a serviço do bem comum e, portanto, para ser inclusiva –, ser impregnada e animada pelo sentido da *fraternidade* e pelo *princípio da gratuidade*. Dito de outra forma, para ser humana e humanizadora, a economia deve ser motivada por uma tríplice lógica: a lógica do intercâmbio contratual, a da política e a do dom sem recompensa.[40] Tal economia não poderá ser realidade a não ser *com diversas dimensões*, carente de sinergia, harmonia e reciprocidade entre sujeitos complementares e

---

[38] CV 40.

[39] CV 65.

[40] CV 37.

interdependentes: *mercado, sociedade civil* e *Estado*. Difundida pela liberdade e pela responsabilidade social, pela reciprocidade fraterna, não pode caracterizar-se a não ser por uma *qualidade empresarial plurivalente*, por um mercado no qual possa atuar livremente, em condições de igual oportunidade, empresas que buscam fins diversos. Num mercado livre e permeado pela fraternidade, junto com a empresa privada orientada para o lucro, e os diversos tipos de empresa pública, poder-se-ão enraizar e expressar as organizações produtivas que buscam finalidades de lucro e sociais. Do seu confronto recíproco no mercado, será possível esperar uma espécie de hibridação dos comportamentos da empresa e, portanto, uma atenção sensível à *civilização da economia*.[41]

Quanto à economia e às finanças contemporâneas, o Papa Francisco, na *Evangelii Gaudium*, alinha-se ao ensinamento do Papa Bento XVI. Em vista da precariedade cotidiana de milhões de pessoas, do aumento de patologias alimentadas pelo temor e pelo desespero que se apossam do coração de numerosas pessoas, incluindo os assim chamados países ricos, o pontífice argentino indica os "não" categóricos diante de uma economia de exclusão e desigualdade, da nova idolatria do dinheiro, do primado das finanças sobre a política, da desigualdade, que gera violência, das estruturas sociais injustas.[42]

O neoliberalismo, o neoutilitarismo, a tecnocracia, a globalização e a financeirização da economia, com a cumplicidade da própria política, que aboliu a separação entre *economia produtiva* ou *industrial* e *economia especulativa*,[43] desregulando os mercados monetários e financeiros, *produziram, gradualmente*, o *governo do dinheiro*, em vez de uma política orientada ao bem comum, algumas finanças que, no signo da idolatria do lucro a curto prazo, reduziram a pobreza de alguns, mas, por outro lado, acentuaram ou produziram a pobreza *de muitos outros*, aumentaram as desigualdades, favoreceram a economia e o mercado da exclusão e da desigualdade, ou seja, economia e mercado infiltrados pela "cultura do descarte" e da maior rentabilidade, para os quais os

---

[41] CV 38.

[42] EG 52-57.

[43] Sobre tais aspectos e as causas da ideologia da desregulamentação, ver: TREMONTI, G. *Uscita di sicurezza*. Milano: Rizzoli, 2012. p. 57-66.

mais fracos são "resíduos", "sobras" inúteis.[44] No centro foi colocado o dinheiro e não a pessoa.

Quanto à atual desestruturação do mundo do trabalho e da economia, a diagnose e a terapia propostas pelo Papa Francisco parecem particularmente instrutivas. Para o pontífice argentino, a causa primeira da desestruturação e desmantelamento do trabalho e da economia não é tanto a de algumas finanças perturbadas pela avidez, mas – juntamente com outras de tipo técnico, sociológico, econômico e político –[45] uma causa inicialmente de tipo religioso, antropológico e ético. Por trás da visão de uma "economia de exclusão" e consumista, que proíbe a muitos o trabalho e, em consequência, a pertença ao mercado e à sociedade, considerando-os no máximo como "seres ou bens de consumo", estão a negação do *primado do ser humano* sobre o capital,[46] a *recusa da ética* e, mais radicalmente, a *recusa de Deus*.[47]

A *recusa de Deus* cria novos ídolos, o governo do dinheiro sobre a política, a carência de uma orientação antropológica. Para o Papa Francisco, é necessário recuperar antes de tudo um discurso sobre os *fins* do ser humano e sobre sua escala hierárquica; sem isso, ter-se-ia não só a *ditadura do dinheiro* e de uma economia sem finalidade humana sobre

---

[44] EG 53.

[45] Marco Boleo sublinhou que muitos viram na proliferação das finanças as causas de todos os males, mas esta última só atuou como detonadora de um material explosivo formado pelos efeitos da terceira fase da globalização nos processos de produção e intercâmbio que influenciaram o mercado de trabalho. Antigas tipologias de trabalho viram diminuir a sua demanda e outros novos trabalhos demandados não encontraram uma oferta. Nesta transição, os trabalhadores despreparados foram ou são desviados para os "amortizadores" sociais e, em poucos casos, para processos de requalificação profissional. A fragmentação do mercado de trabalho também se deve ao aumento da flexibilidade e fluidez que caracterizam o trabalho, entre participação e não, entre ocupação e desocupação, e pelo multiplicar-se das figuras mistas, assim como pela diferenciação crescente das atividades laborais. Todas as transformações possuem um fio condutor que as mantêm unidas e se referem à crescente subjetividade, ou seja, à demanda de soluções para os problemas do trabalho, mas também da vida, a partir do consumo, sempre mais referido à própria condição, aos próprios projetos, às escolhas que chegam a ser contingentes de modo crescente. BOLEO, Marco. Rimettere la persona al centro dei processi produttivi. In: *Fondazione Italiana Europa Popolare* (01.10.2014). Disponível em: <http://www.eupop.it/pages/news.cfm?news_ID=1045&evid=MARCO%20BOLEO>.

[46] EG 55.

[47] EG 57.

as pessoas e os povos, como também a *ditadura do presente* em relação ao transcendente e ao futuro, e o *oportunismo*. É necessário, então, que a política recupere o primado sobre a finança especulativa sem limites; é necessária a superação das doutrinas econômicas neoliberais que conferem aos mercados e, como consequência, à especulação financeira uma *autonomia absoluta*, que os torna independentes dos controles estatais.[48] Essas doutrinas, que gozam de grande popularidade, afirmam que os mercados e a especulação produziriam automaticamente a riqueza das nações, riqueza para todos, com o funcionamento espontâneo de suas próprias regras, quando não lhes são criados obstáculos por intervenções reguladoras e "subsidiárias" da parte dos Estados e dos outros sujeitos sociais, com o objetivo de orientá-los para o bem comum.[49]

Para o Papa Francisco, as coisas não estão precisamente nesses termos. As teorias da "recaída favorável", que pressupõem que todo crescimento econômico, favorecido pelo livre mercado, consegue produzir por si só maior equidade e inclusão social no mundo, nunca foram confirmadas pelos fatos e expressam uma confiança excessiva e ingênua na bondade dos que detêm o poder econômico e nos mecanismos sacralizados do sistema econômico imperante.[50]

É necessário, por isso, abandonar definitivamente a teoria econômica da "mão invisível": "Não podemos mais confiar nas forças cegas e na mão invisível do mercado. O crescimento equitativo exige algo mais do que o crescimento econômico, embora o pressuponha; requer decisões, programas, mecanismos e processos especificamente orientados para uma melhor distribuição de renda, para a criação de oportunidades de trabalho, para uma promoção integral dos pobres que supere o mero assistencialismo".[51] Com essas afirmações, o pontífice opõe-se àqueles

---

[48] EG 56.

[49] Para uma visão de conjunto dos processos de talho neoliberal que modificaram as sociedades contemporâneas, veja-se: MASULLI, I. *Chi ha cambiato il mondo?* Roma/Bari: Laterza, 2014. p. 89ss.

[50] EG 54. Para compreender melhor essas afirmações, pode ser útil a leitura de: BAUMAN, Z. *"La ricchezza di pochi avvantaggia tutti" (Falso!).* Roma/Bari: Laterza, 2013.

[51] EG 204.

que sustentam a bondade automática da globalização desregulada da economia e das finanças, segundo as quais teriam favorecido de fato o crescimento econômico de diversos países, por exemplo, Brasil, Rússia, Índia, China e África do Sul (BRICS). Isso leva a ter que se opor não a todos os neoliberais, mas àqueles mais radicais, porque eles consideram que o desenvolvimento de um país não deve ser apenas econômico e obtido de qualquer maneira, mesmo à custa da justiça, sem respeitar os direitos dos trabalhadores ou o progresso social. Não se trata de ser iconoclastas diante do livre mercado, da economia ou das finanças. Pelo contrário! Nos séculos recentes, a economia de mercado representou um dos instrumentos principais da inclusão social e da democracia. Contudo, hoje é necessário que o fenômeno desregulado da financeirização da economia não reduza as capacidades de aumentar a riqueza nem as oportunidades. As finanças, de fato, são um instrumento com potencialidades formidáveis para o reto funcionamento dos sistemas econômicos.[52] As boas finanças permitem incorporar poupanças para utilizá-las de modo eficiente e destiná-las aos empregos socialmente mais proveitosos; transferem no espaço e no tempo o valor das atividades; realizam mecanismos de seguros que reduzem a exposição aos riscos; permitem o encontro entre quem tem disponibilidade econômica, mas não ideias produtivas, e quem, ao contrário, tem ideias produtivas, mas não tem acesso ao crédito. É necessário, porém, que as finanças não escapem ao controle social e à sua tarefa de serviço à economia: "O dinheiro deve servir, e não governar!", afirma lapidarmente o Papa Francisco.[53] Ainda hoje, depois da crise, os intermediários financeiros concedem crédito somente a quem dispõe de recursos econômicos e

---

[52] Sobre isso também se deteve a refletir – especialmente depois das acusações de marxismo dirigidas ao Papa Francisco pela publicação da exortação apostólica *Evangelii Gaudium* –, o Seminário organizado pelo Pontifício Conselho "Justiça e Paz", com a colaboração da Segunda Seção da Secretaria de Estado, realizado no Vaticano, na sede da "Casina Pio IV", em 11-12 de julho de 2014, intitulado *The Global Common Good: Towards a More Inclusive Economy*. Veja-se, sobre isso, o *Research Paper* preparado pelos professores Stefano Zamagni, Leonardo Becchetti, Luigino Bruni e André Habisch, disponível em: <http://www.iustitiaetpax.va/content/dam/giustiziaepace/Eventi/globalcommongood/RESEARCH%20WORKING%20PAPER%20ENG%20FINAL_WEBSITE.pdf>.

[53] EG 58.

preferem investir principalmente onde se prevê um lucro em breve, brevíssimo prazo.

3. Uma democracia inclusiva

Na EG, a perspectiva de uma democracia inclusiva de todos emerge no interior da consideração do amor de Jesus Cristo, reconhecido no rosto dos pobres. O amor apaixonado por Jesus Cristo leva a superar a passividade e a resignação diante das situações de pobreza, de injustiça e de regimes que a mantêm, situações nas quais vivem tantos irmãos. Leva a mover-se na direção do pobre, não primeiramente com ações e programas de promoção e assistência, mas, sobretudo, com uma *atenção de amor* voltada para ele, considerando-o Cristo, "como um só consigo mesmo". É a partir desta *atenção de ternura* que se pode buscar efetivamente o seu bem, e é também possível superar qualquer ideologia sobre a pobreza, qualquer instrumentalização dos pobres em favor de interesses pessoais ou políticos.[54]

O imperativo do Amor diante de nossos irmãos mais pobres e o mandato de Jesus – "Deem vós mesmos de comer" (Mc 6,37) –, segundo o Papa Francisco, não estimulam à solidariedade meramente assistencial, mas abrem a uma atenção mais ampla do que seria certo hábito esporádico de generosidade. Eles convidam não só a dar alimento ou "sustento decoroso", mas exortam a atuar para que todos vivam com dignidade e sejam inscritos na sociedade a título pleno,[55] mediante a derrubada das *causas estruturais* da pobreza.[56] Os problemas dos pobres não se resolvem drasticamente com planos assistenciais, que, sem dúvida, são úteis no momento, mas representam, decisivamente, respostas provisórias. Para o Papa Francisco, urge vencer a *desigualdade* [na exortação, ele prefere usar este termo socioeconômico ao de "iniquidade", termo moral], que "é a raiz dos males sociais".[57]

É necessário "reapropriar-se" dos pobres, considerando-os irmãos, aos quais corresponde não só a esmola, mas a ajuda responsável que os

---

[54] EG 199.

[55] EG 207.

[56] EG 202.

[57] Ibidem.

capacite a obter sua autopromoção e dar a própria, original e insubstituível contribuição para o desenvolvimento e o bem comum, convertendo-os em parte ativa e responsável da gestão da *res publica*.

Bento XVI, seguindo os passos de João Paulo II, insiste que, em relação ao desenvolvimento econômico, os pobres não podem ser considerados um "fardo", mas um "recurso". Nota como é "errada a visão de quantos pensam que a economia de mercado tenha estruturalmente necessidade de uma certa quota de pobreza e subdesenvolvimento para poder funcionar do melhor modo. O mercado tem interesse em promover emancipação".[58]

Analogamente, o Papa Francisco acredita que os pobres, por dignidade e por vocação, possuem o dever-direito de participar – pondo a frutificar sua capacidade de trabalho e desfrutando dos bens materiais e culturais necessários – da realização de uma economia e de uma democracia inclusiva, para criar um mundo mais próspero para todos, mais justo e mais pacífico.

O papa argentino está bem ciente de que a democracia não goza no mundo de um bom estado de saúde. Em diversos países, ela se mostra inclinada para formas oligárquicas, populistas e paternalistas. Em nome da democracia prolongam-se os mandatos dos presidentes e dos representantes, sem permitir a renovação das classes dirigentes, as quais não parecem preocupar-se com as crescentes desigualdades e pobrezas, que se encontram entre os fatores mais deletérios para a destruição do tecido democrático de uma nação. Cidadãos e corpos intermediários, após as eleições, passam a ser praticamente ignorados, caminha-se no governo da coisa pública de maneira determinista. Quando o Papa Francisco fala de democracia, ele tem em mente o ideal da "democracia de elevada intensidade",[59] ou seja, uma democracia que tende a eliminar as causas

---

[58] CV 35.

[59] Trata-se de uma expressão usada também pelo Cardeal Bergoglio: BERGOGLIO, J. M. *Noi come cittadini. Noi come popolo. Verso un bicentenario in giustizia e solidarietà. 2010-2016.* Città del Vaticano/Milano: Libreria Editrice Vaticana/Jaca Book, 2013. p. 29. TOSO, M. L'utopia democratica di Papa Francesco. In: ALBORETTI, C. *La buona battaglia. Politica e bene comune ai tempi della casta.* Todi: Tau Editrice, 2014. p. 105-130.

estruturais da pobreza e é sempre mais social e participativa, além de representativa.

Precisamente à luz de tal ideal histórico e concreto é que Francisco propõe outras vias de solução, além da reforma do sistema financeiro e monetário de qual já se falou:

a) convicções e *práticas de solidariedade* mais do que assistenciais, que levam a reconhecer a *função social* da propriedade e o *destino universal dos bens* como realidade anterior à propriedade privada;[60]

b) *uma política e políticos que tenham verdadeiramente a sociedade, o povo, a vida dos pobres, ou seja, o bem comum, no coração;*[61]

c) além disso, e consequentemente, uma *política econômica* que coloque no centro a dignidade de toda pessoa e o bem comum e, por isso, cultive perspectivas e programas de verdadeiro desenvolvimento integral, inclusivo, sustentável;[62] uma *sadia economia mundial*, mediante a interação eficiente que, salvaguardando a soberania das nações, garanta o bem-estar econômico de todos os países e não só de alguns poucos; *políticas em defesa da vida* desde o seio materno, *políticas voltadas à guarda e ao desenvolvimento das potencialidades da criação;*[63]

d) *economia, mercados e bem-estar inclusivos*, mediante a *educação*, o *acesso à assistência sanitária*, e especialmente ao *trabalho digno* – livre, criativo, participativo, solidário, remunerado – para todos.[64]

Tais propostas, é necessário reconhecê-lo, representam um grande desafio para os crentes que, com frequência, vivem democracias de ordem neoliberal, populista, oligárquica e paternalista. Basta considerá-lo apenas em relação ao tema do trabalho digno.[65] Para o Papa Francisco,

---

[60] EG 189.

[61] EG 205.

[62] EG 203.

[63] EG 214-215.

[64] EG 192; 205.

[65] A *Caritas in Veritate*, de Bento XVI, procurou definir o que é trabalho "digno" a partir da expressão *decent work*, própria do léxico adotado pela Organização

o trabalho, no caso de ser reconhecido como lugar de expressão e exercício da dignidade do ser humano, e ser tutelado de acordo com os direitos e deveres que o caracterizam, é *antídoto à pobreza, instrumento de criação e distribuição da riqueza e condição de realização de uma democracia* sempre mais *social, inclusiva e participativa*, ou seja, uma "democracia de elevada intensidade". Quem é pobre e é excluído do mercado de trabalho é como se fosse excluído da pertença à sociedade e da participação da vida política.[66] Permanece fora do circuito da vida democrática e, marginalizado dos lugares de decisão, não tem quem o represente. O trabalho livre e criativo, participativo e solidário é o instrumento mediante o qual o pobre pode expressar e aumentar a própria dignidade,[67] ser representado e colaborar na realização do bem comum, tendo a possibilidade de um mínimo de instrução que permite possuir alguma opinião sobre a condução da *res publica*. Trata-se de uma visão de um lado "clássica" e, de outro, "revolucionária" em relação à ideia, tão difundida hoje, segundo a qual o lucro é um valor absoluto, enquanto o trabalho é considerado uma variável dependente dos mecanismos monetários e financeiros e não um bem fundamental ao qual corresponde um direito e um dever.

Conclusão

Uma "democracia de elevada intensidade", que procure eliminar as causas estruturais da pobreza, em conformidade com o bem comum que a inspira, não deve aspirar, por isso, ao desmantelamento do Estado Social de Direito e de Bem-Estar, mas trabalhar para estendê-lo

---

Internacional do Trabalho. "Qual é o significado da palavra 'decência' aplicada ao trabalho? Significa um trabalho que, em cada sociedade, seja a expressão da dignidade essencial de todo o homem e mulher: um trabalho escolhido livremente, que associe eficazmente os trabalhadores, homens e mulheres, ao desenvolvimento da sua comunidade; um trabalho que, deste modo, permita aos trabalhadores serem respeitados sem qualquer discriminação; um trabalho que consinta satisfazer as necessidades das famílias e dar a escolaridade aos filhos, sem que estes sejam constrangidos a trabalhar; um trabalho que permita aos trabalhadores organizarem-se livremente e fazerem ouvir a sua voz; um trabalho que deixe espaço suficiente para reencontrar as próprias raízes a nível pessoal familiar e espiritual; um trabalho que assegure aos trabalhadores aposentados uma condição decorosa". CV 63.

[66] EG 53.

[67] EG 192.

e refundá-lo em sentido societário, sem renunciar aos direitos fundamentais do trabalho. No caso da diminuição dos recursos disponíveis, por falta de crescimento econômico, é necessário distinguir, antes de tudo, entre direitos indisponíveis vinculados à tutela da dignidade e da liberdade das pessoas e direitos negociáveis ligados à contingência e ao contrato. Uma democracia inclusiva e substancial baseia-se, de fato, no pressuposto de que os direitos civis e políticos não podem ser reais, ou proveitosos, sem serem atuados ao mesmo tempo os direitos sociais,[68] entre os quais o direito fundamental ao trabalho.

Um dos aspectos do atual sistema econômico é a exploração do desequilíbrio internacional nos custos do trabalho, que se apoia em milhares de milhões de pessoas que vivem com menos de dois dólares por dia. Tal desequilíbrio não só não respeita a dignidade dos que alimentam a mão de obra de baixo custo, como também destrói fontes de trabalho nas regiões em que é mais bem tutelado, sem criar, por outro lado, outros novos empregos. Apresenta-se, então, a questão de criar mecanismos de convergência *para o aumento* dos direitos do trabalho, assim como da tutela do ambiente, na presença de uma crescente ideologia consumista e tecnocrática que nos apresenta responsabilidades sociais diante das cidades e da criação e que tende a erodir os direitos sociais fundamentais, assim como as democracias. Decididamente, é preciso respeitar e atuar *universalmente* – em vez de reduzir – as regras

---

[68] Para uma visão unitária dos direitos e também para uma reflexão articulada sobre a importância dos direitos sociais, veja-se: FERRAJOLI, L. *Dei diritti e delle garanzie. Conversazione con M. Barberis*. Bologna: Il Mulino, 2013. O direito ao trabalho encontra atualmente um obstáculo para sua realização, também no aumento do convencimento da flexibilidade, atuada por meio de contratos sempre mais breves e inseguros, que faria depois aumentar a ocupação; e, além disso, no fato de que as empresas foram impelidas a construir um modelo produtivo financeiro totalmente reduzido à liberdade de movimento do capital. A esse respeito, Luciano Gallino, reconhecido especialista nas transformações do trabalho e dos processos produtivos na época da globalização, escreveu, num recente ensaio, que a crença de que uma maior flexibilidade do trabalho aumente a ocupação equivale, enquanto fundamentos empíricos, à crença de que a terra é plana. "Não por nada", sublinha, "se alguém afirma que a terra é plana, encontra atualmente poucos consensos, a crença de que a flexibilidade de trabalho favoreça a ocupação ainda é compartilhada e reproposta por políticos, ministros, juristas, especialistas do mercado de trabalho, economistas, junto aos desastrosos dados que circulam a cada dia sobre o incessante aumento de trabalhadores precários e das condições nas quais vivem ou sobrevivem" (GALLINO, L. *Vite rinviate. Lo scandalo del lavoro precário*. Roma/Bari: Laterza, 2014. p. 54).

do direito do trabalho e das liberdades sindicais, que, afinal, são um patrimônio jurídico adquirido pela humanidade. O aumento das desigualdades e das pobrezas coloca em risco a democracia inclusiva e participativa, que pressupõe sempre uma economia e um mercado que não excluem e são justos.[69]

Referências bibliográficas

BENTO XVI. Carta encíclica *Caritas in Veritate*, sobre o desenvolvimento humano integral na caridade e na verdade (29.06.2009). São Paulo: Paulinas, 2009. Coleção A Voz do Papa, 193.

FERRAJOLI, L. *Dei diritti e delle garanzie. Conversazione con M. Barberis.* Bologna: Il Mulino, 2013.

FRANCISCO. Exortação apostólica *Evangelii Gaudium*, sobre o anúncio do Evangelho no mundo atual (24.11.2013). São Paulo: Paulinas, 2013. Coleção A Voz do Papa, 198.

GALLINO, L. *Vite rinviate. Lo scandalo del lavoro precário.* Roma-Bari: Laterza, 2014.

MASULLI, I. *Chi ha cambiato il mondo?* Roma/Bari: Laterza, 2014.

TOSO, M. *Il realismo dell'amore di Cristo. La "Caritas in Veritate";* prospettive pastorali e impegno del laicato. Roma: Studium, 2010.

_____. *Il Vangelo della gioia. Implicanze pastorali, pedagogiche e progettuali per l'impegno social e politico dei cattolici.* Roma: Società Cooperativa Sociale Frate Jacopa, 2014.

_____. L'utopia democratica di papa Francesco. In: ALBORETTI, C. *La buona battaglia. Politica e bene comune ai tempi della casta.* Todi: Tau Editrice, 2014. p. 105-130.

_____. *Nuova evangelizzazione del sociale. Benedetto XVI e Francesco.* Città del Vaticano: Libreria Editrice Vaticana, 2014.

_____. *Umanesimo sociale. Viaggio nella dottrina sociale della Chiesa e dintorni.* 2. ed. Roma: LAS, 2002.

TREMONTI, G. *Uscita di sicurezza.* Milano: Rizzoli, 2012.

---

[69] FRANCISCO. Discurso aos participantes na Plenária do Pontifício Conselho Justiça e Paz (02.10.2014). Disponível em: <https://w2.vatican.va/content/francesco/pt/speeches/2014/october/documents/papa-francesco_20141002_pont-consiglio--giustizia-e-pace.html>.

Aspectos das raízes da Doutrina Social da Igreja

Ney de Souza[1]

Introdução

Este estudo apresenta alguns aspectos das raízes da Doutrina Social da Igreja. Para realizar tal intento, o texto partirá da apresentação do cenário europeu na sua transição do período moderno para o contemporâneo. Na primeira parte, portanto, estudará o palco de transformações que se dá na Europa com as três grandes revoluções: Iluminista, Francesa e Industrial. A segunda parte tratará da reação do Catolicismo diante das grandes mudanças e de seus desdobramentos no século XIX. A terceira e última parte apresentará o personagem Leão XIII, que, com suas atividades como bispo em Perugia (1846-1878), Itália, iniciou um direcionamento diferente dado pela própria Igreja. Quando, em 1878, é eleito papa, será elaborada outra perspectiva de relacionamento com a questão social. O ápice desse relacionamento será a publicação da

---

[1] *Ney de Souza* tem pós-doutorado em Teologia (Pontifícia Universidade Católica – Rio de Janeiro), é doutor em História Eclesiástica (Pontifícia Universidade Gregoriana – Roma) e professor de História da Igreja na Pontifícia Universidade Católica de São Paulo: <http://lattes.cnpq.br/0397538756739675>.

encíclica *Rerum Novarum* (1891), que mudará o cenário dentro da própria instituição e de sua relação com a sociedade.

1. Um palco de transformações

O início do século XIX traz consigo o resultado dos três elementos revolucionários de maior importância para a sociedade contemporânea. As revoluções Iluminista, Francesa e Industrial colocam nesse já agitado palco de transformações elementos que marcam profundamente a história no mundo contemporâneo. A Revolução Francesa,[2] por exemplo, deixou profundas sequelas no Catolicismo. Nos meios eclesiásticos e na população em geral, estabelece-se um verdadeiro pavor em relação aos movimentos revolucionários que invertem valores tradicionais. O espírito antirrevolucionário toma conta dos católicos e encontra apoio nas forças sociais reacionárias, ainda ligadas ao *Ancien Régime* (o sistema monárquico de grupos privilegiados, vigente até 1789).

No Congresso de Viena (1814-1815), essas tendências resultam na restauração de sistemas políticos anteriores. Seus frutos são exíguos pelo fato de contradizerem conquistas históricas irrevogáveis, tais como a liberdade e a democracia. É exatamente o liberalismo que defende tal causa e não abre mão das vitórias já obtidas. Vê no Cristianismo, e particularmente no Catolicismo, um enorme obstáculo ao progresso da sociedade, uma força retrógrada que mantém os cidadãos num estado de inferioridade e imaturidade. À medida que a Igreja reage aos novos tempos e se opõe ao liberalismo, os liberais endurecem sua campanha anticlerical.[3]

Definir o liberalismo? É uma tarefa difícil. O termo se refere à liberdade que abrange todos os campos da atividade humana. Trata-se de uma aplicação concreta do espírito iluminista do século XVIII. Não é mais aceita a figura de um Estado confessional, ou seja, uma ordenação sociopolítica baseada em normas e princípios de uma determinada religião. A aliança Estado-Igreja é vista como um ato indigno

---

[2] ZAGHENI, G. *L'etá moderna*. Corso di storia della Chiesa. III. Cinisello Balsamo (MI): San Paolo, 1995. p. 342-373.

[3] MARTINA, G. *La Chiesa nell'etá del liberalismo*. Brescia: Morcelliana, 1991. p. 103-127.

da democracia, único regime admissível numa sociedade de cidadãos emancipados. A separação radical entre os dois poderes torna-se máxima imperativa na nova organização social e política.

No campo econômico, o liberalismo exigirá total liberdade dos indivíduos, sem a intervenção do poder público. A consequência será um despotismo econômico e financeiro dos novos ricos em detrimento da massa popular, cada vez mais dependente e empobrecida. Assumir a causa desses grupos marginalizados é o objetivo primário do socialismo. Inicialmente, os socialistas utópicos é que desfraldam essa bandeira, mas com Karl Marx (1818-1883) e seu colaborador Friedrich Engels (1820-1895) chega-se ao socialismo real, isto é, sua experimentação científica, mais conhecida como comunismo. Em 1848, é publicado o *Manifesto do Partido Comunista*, com a convocação dos operários do mundo inteiro para derrubar o capitalismo liberal mediante a transformação revolucionaria das estruturas sociais. É possível perceber que o intento dos comunistas, ou seja, a emancipação do proletariado, já se manifesta nas primeiras associações "internacionais de trabalhadores", em Londres (1864) e Bruxelas (1890).

No liberalismo e no socialismo comunista pode-se registrar uma oposição sistemática à interpretação religiosa da vida e, sobretudo, uma crescente agressividade em relação às instituições confessionais, vistas como instrumentos bloqueadores do avanço da humanidade, em direção à sua completa independência e autodeterminação: "Religião é ópio para o povo", dizia-se em círculos do socialismo científico. Essa religião contribui para anestesiar suas mais profundas aspirações de liberdade e emancipação; toda autoridade reside no próprio povo e nunca pode ser simplesmente imposta; Deus é uma projeção do ser humano e a Bíblia, um livro de fábulas para enganar a humanidade na sua busca de respostas para interrogações existenciais; libertando-o de tudo isso, ficará aberto o caminho para uma real felicidade e para um bem-estar duradouro. Positivismo (a verdade só pode provir do conhecimento experimentado), agnosticismo (a verdade absoluta é inacessível), relativismo e laicismo apresentam-se como disposições desse "novo espírito", característico de "seres humanos evoluídos", dispensando referências a realidades transcendentais e sobrenaturais.

Sentimentos hostis ao Cristianismo, e muito especialmente à Igreja Católica, afloravam no ideário de quase todas as doutrinas que, de maneira geral, consideravam o Cristianismo absolutamente incapaz de dar uma resposta à questão social. Mais ainda, consideravam-no como o maior e principal obstáculo à emancipação do proletariado.

Na Europa, a massa de operários criada pela Revolução Industrial constituía a nova multidão dos chamados proletários. Na antiga Roma, os proletários eram os cidadãos da última camada social que não pagavam impostos e eram considerados úteis apenas porque procriavam. Na sociedade industrial do século XIX, o significado de proletariado é quase o mesmo: o proletário é o cidadão pobre que só tem para viver a remuneração, muitas vezes insuficiente por nem sequer chegar ao mínimo vital da sua força de trabalho. Mal remunerado, o proletariado procria. Há de se acrescentar aqui os abusos cometidos de maneira especial contra mulheres e crianças, exploradas em muitas e longas jornadas de trabalho diário.

Cedo o proletariado empurra os filhos para a fábrica, de modo a aumentar o rendimento familiar. A sua vida decorre na fábrica, no cortiço e no botequim. O trabalho é duro e excessivo, a alimentação é sempre insuficiente, a habitação, onde se alojam em condições insalubres autênticas colmeias de gente, é miserável e o botequim será lugar de refúgio de milhares desses operários, onde se pode desafogar o peso de uma existência miserável. Todas essas condições determinam uma elevada mortalidade. O trabalho infantil caracteriza-se por uma mortalidade escandalosa.

> Para os planejadores de cidades, os pobres eram uma ameaça pública, suas concentrações potencialmente capazes de desenvolver em distúrbios deveriam ser impedidas e cortadas por avenidas e bulevares, que levariam os pobres dos bairros populosos a procurar habitações em lugares menos perigosos. Essa também era a política das estradas de ferro, que faziam suas linhas passarem através desses bairros, onde os custos eram menores e os protestos, negligenciáveis. Para os construtores, os pobres eram um mercado que não dava lucro, comparado ao dos ricos, com suas lojas especializadas e distritos de comércio, e também às sólidas casas e apartamentos para a classe média.[4]

---

[4] HOBSBAWM, E. *A era do capital 1848-1875*. Rio de Janeiro: Paz e Terra, 1988. p. 224.

Os camponeses, forçados por situações de penúria, abandonam o meio rural onde sempre viveram, desenraizando-se e amontoando-se nas regiões industriais das cidades, incorporando-se à massa do operariado fabril. Dessa forma, aumenta desmesuradamente a camada do proletariado. Nesse novo lugar geográfico não encontram qualquer estrutura pastoral da Igreja. Era diferente em seus povoados e aldeias. As paróquias urbanas não chegam aos subúrbios, de modo que o novo proletariado se torna elemento fácil para as doutrinações anarquistas e marxistas.

2. Reações à Modernidade

No interior da instituição católica há, na primeira metade do século XIX, um grupo de católicos que simpatiza com as "ideias novas" oriundas da Revolução Francesa. Tal grupo mostra uma grande sensibilidade e abertura para com valores considerados perfeitamente aceitáveis para um cristão, tais como a liberdade de opinião, de associação, de consciência e de ensino. Um dos protagonistas desses *católicos liberais* é o sacerdote francês Hugo Félicité de Lamennais (1782-1854), com o jornal *L'Avenir* (1830). Defende a separação total entre Igreja e Estado como condição para a Igreja ser verdadeiramente livre no desempenho de sua missão evangelizadora. O periódico move uma feroz luta contra a Concordata de 1801 (França e Santa Sé), que entrega a nomeação dos bispos ao Estado, prolongando o sistema do *Ancien Régime*. Uma Igreja remunerada pelo Estado não é mais livre: é preferível uma Igreja pobre, mas livre. Além disso, reivindica a ampliação do direito de voto, a abolição da centralização, a defesa das nacionalidades oprimidas.[5]

O jornal *L'Avenir* entra diretamente na problemática de seu tempo e algumas de suas posições criam diversos atritos com as autoridades. A publicação começa a ser uma preocupação para o clero. Muitos bispos chegam a proibi-la. Lamennais envia um memorial a Roma para explicar-se e defender as teses do jornal. Sua tentativa não surte os resultados esperados.

---

[5] ZAGHENI, G. *L'età contemporanea*. Corso di storia della Chiesa. IV. Cinisello Balsamo (MI): San Paolo, 1996. p. 26-30.

Os bispos franceses, depois de examinar as obras de Lamennais, preparam 59, depois 56, teses julgadas errôneas. O texto, pronto em meados de julho de 1832, é enviado a Roma com o pedido para que seja examinado e aprovado. O caso é estudado pelo Cardeal Lambruschini, que se encaminha para uma intervenção da Santa Sé, o que ocorrerá a seguir.

A reação da instituição não tarda: em agosto de 1832, o Papa Gregório XVI (1831-1846), na sua primeira encíclica, *Mirari vos*,[6] condena as "novidades" com termos duríssimos. A encíclica protestava contra tudo o que estava sendo feito contra a Igreja e condenava os povos rebeldes às autoridades constituídas; condenava também a liberdade de imprensa e de consciência e a separação entre Igreja e Estado. Gregório XVI dedicou outros escritos condenando pontos de vista teológicos de pensadores da época, e Lamennais será um deles, especialmente pelo texto *Palavras de um crente*. Lamennais entra num processo de lento afastamento da Igreja Católica. Aparentemente, seus ideais morreram sob o golpe romano, mas na realidade sobrevivem como aspiração profunda daqueles cristãos que intuíram a necessidade de o Catolicismo entrar em diálogo com o mundo novo que estava emergindo.[7]

A política antiliberal terá seu auge com a publicação da encíclica *Quanta Cura* e de seu anexo, o *Sílabo* (1864), uma lista condenatória de oitenta erros da época em que a encíclica é escrita. O autor, o Papa Pio IX (1846-1878), trava uma grande e longa batalha com a sociedade de seu tempo. Os liberais veem, nessa atitude romana, uma condenação formal do pensamento moderno, o que aguça ainda mais o espírito anticlerical. No interior da instituição católica, provoca um fortalecimento da corrente intransigente, cujos adeptos defendem um Catolicismo *integral*, sem nenhuma concessão à Modernidade, combatendo toda e qualquer tendência laicizante da sociedade. Com frequência, os intransigentes juntam-se aos ultramontanos, católicos conservadores fortemente unidos ao Romano Pontífice. Consideram o papa a única salvação numa sociedade imersa no oceano da perversidade moderna.

---

[6] *Enchiridion delle Encicliche. Gregorio XVI, Pio IX (1831-1878)*. Bologna: Dehoniane, 1996. Vol. 2, p. 24-47.

[7] MARTINA, G. *La Chiesa nell'età del liberalismo*, p. 134-138.

As correntes antiliberais, com suas tendências centralizadoras, terão respaldo no Concílio Vaticano I (1869-1870), onde é definido o duplo dogma do primado universal de jurisdição do papa sobre toda a Igreja e a sua infalibilidade pessoal em definições *ex cathedra* (na sua qualidade de chefe da Igreja), sobre questões fundamentais em matéria de fé e moral.

Não há como negar que havia elementos positivos e úteis nas advertências da Igreja hierárquica em relação ao liberalismo da época, detectando nele reais perigos, tais como laicismo, naturalismo, racionalismo e indiferentismo. Por outro lado, é lamentável que a polarização tenha sufocado aspirações aparentemente tão "profanas", mas que, no fundo, continham valores em perfeita sintonia com a mensagem cristã. Essa ruptura entre fé e Modernidade, entre Igreja e sociedade, é um dos maiores dramas do século XIX.

Os católicos acordaram tarde reagindo timidamente às novas situações de sua sociedade, de maneira especial em relação ao proletariado. A reação traduziu-se em várias iniciativas de generosidade, com o fim de minorar, pela caridade e pela beneficência, tanta penúria e miséria. Frederico Ozanan trabalha pela reconciliação das camadas sociais e funda uma obra, a Sociedade São Vicente de Paulo, cujos membros, os vicentinos, são católicos que entram em contato com a miséria. Eis uma das raízes daquela que será a grande ação social da Igreja Católica. Todas essas iniciativas podem ser consideradas autênticas e pioneiras do Catolicismo social.

É evidente a marca da ideologia da Cristandade nos posicionamentos da Igreja Católica no que se refere às questões sociais. No início da Revolução Industrial, a posição dos bispos católicos sobre a questão social era bastante tradicional: reivindicavam a necessidade do repouso festivo (para poder santificar o domingo); pediam uma regulamentação do trabalho dos menores (para permitir a instrução catequética das crianças) e providências contra o trabalho feminino (para tutelar a maternidade e impedir a promiscuidade); apresentavam como remédio possível à gravidade da questão social a esmola pessoal, espontânea e fraterna ou via associações (como a de São Vicente); apelavam para que se suportassem com paciência as provações, porque essa paciência comportaria uma adequada recompensa na vida ultraterrena. Gradualmente, alguns bispos começaram a pedir providências legislativas por parte da autoridade pública.

3. O protagonista da questão social: Leão XIII

Depois do longo e difícil pontificado de Pio IX, o conclave de fevereiro de 1878 escolhe o Cardeal Vincenzo Gioacchino Pecci como novo papa. Este toma o nome de Leão XIII.

Vincenzo Pecci nasceu em março de 1810, em Carpineto Romano, nos arredores de Roma. Estudou com os jesuítas em Viterbo e depois no Colégio Romano. Ordenado sacerdote, foi enviado como legado apostólico em Benevento e depois foi trabalhar na Bélgica. O contato com o ambiente cultural belga e com o Catolicismo além-Alpes abriu novos horizontes, seja no seu pensar sobre as relações entre Igreja e Estado, seja na vitalidade do Catolicismo, que, livre dos vínculos temporais, demonstrava uma extraordinária capacidade de irradiação no campo social e cultural.

Quando voltou da Bélgica, em 1846, Pecci foi nomeado bispo de Perugia. Por trinta e dois anos permanece nessa localidade, saindo dali para o pontificado. Sua permanência nessa cidade provinciana possibilitou-lhe refletir e estudar os problemas da atualidade e perceber as exigências da Igreja para aquele tempo histórico. Em cartas pastorais, de 1874 e 1877, afirmava a possibilidade de conciliação entre a Igreja e a sociedade moderna. Falava do progresso humano e das conquistas da ciência e da técnica com entusiasmo. A técnica era vista por ele como uma libertação do trabalho difícil; a força criativa do homem, como uma centelha do mesmo Criador.

Em 1877, Pecci recebeu a nomeação de cardeal carmelengo da Igreja. Num conclave que durou apenas trinta e seis horas, foi eleito sucessor de Pio IX. O novo papa tinha 68 anos e uma saúde bastante frágil. A impressão geral com a eleição do Cardeal Pecci era a chegada de um novo tempo e de uma nova mentalidade. Os diocesanos de Perugia se orgulhavam de duas cartas pastorais em que seu pastor manifestara o desejo de reaproximar a Igreja e as sociedades contemporâneas. Contatos concretos com o liberalismo católico, o mundo industrial e a realidade social já tinham acontecido no período da sua nunciatura na Bélgica. É sintomático que Leão XIII escreverá, durante seu pontificado, nada menos do que quarenta e seis encíclicas sobre os assuntos mais variados.

A característica mais marcante de seu pontificado é a preocupação de reconciliar a Igreja com a sociedade moderna, abandonando o confronto sempre negativo que distinguia os governos de seus antecessores. O papa era uma pessoa repleta de vigor e nunca deixou de se interessar vivamente pelos problemas que os novos tempos suscitavam, fugindo, assim, do estreito "doutrinismo" de muitos eclesiásticos de seu tempo.

Um dos sinais de abertura do novo papa foi a resolução de tornar acessíveis os arquivos do Vaticano às pesquisas de historiadores de todos os credos e nações. A ousadia de tal medida alarmou seus colaboradores imediatos, convencidos de que era um verdadeiro perigo revelar ao mundo os segredos do passado. Leão XIII afirmava quais deveriam ser os direitos e deveres do historiador: *Non dire nulla di non vero, non nascondere nulla de vero*, mesmo que isso fosse desfavorável à Igreja ou ao papado.

Leão XIII não deve ser visto como um papa liberal. É notório que ele foi um daqueles que sugeriram o *Sílabo* de 1864 e, num sínodo na Úmbria (1849), mandou compilar um elenco dos erros da época. Nunca escondeu sua predileção pela teologia de Santo Tomás de Aquino. Sentia, efetivamente, a necessidade de compreender e guiar a realidade existencial partindo de uma base unitária. Quis aplicar a doutrina do tomismo às novas condições de vida.[8]

Quanto à reivindicação do Estado eclesiástico, Leão XIII mostra-se tão intransigente quanto Pio IX. Na sua primeira encíclica, *Inscrutabili Dei Consilio* (1878), afirma que todas as vezes que se vai de encontro ao poder temporal da Sé Apostólica se viola ao mesmo tempo a causa do bem e a salvação do gênero humano.[9]

---

[8] *Enchiridion delle Encicliche. Leone XIII (1878-1903)*. Bologna: Dehoniane, 1997. Vol. 3, p. 49-110.

[9] Ibidem, p. 1-20.

Nos seus últimos anos de vida acentuam-se os sinais de recuo e conservadorismo, antecipando o antimodernismo de Pio X. Leão XIII morre em 1903, com 93 anos de idade.

4. Início da ação social católica

Sem dúvida, a figura do capitalista, assim como a do novo proletário e assalariado (desenraizado dos campos, jogado nas periferias urbanas, empregado em trabalhos desumanos de até dezesseis horas diárias, preso nas fábricas até mesmo em dias festivos), eram figuras novas, inteiramente estranhas ao universo mental e religioso do Catolicismo da época.

As crises socioeconômicas são atribuídas, de maneira genérica, aos males da época: o capitalismo era tido como fruto do liberalismo, e este da Revolução Francesa, que, por sua vez, seria a consequência natural e lógica do abandono dos princípios religiosos do Antigo Regime. No fundo, toda a problemática social é reduzida às supostas causas religiosas e morais.

Em âmbito eclesiástico, confundia-se facilmente o novo proletário com o pobre, e este último sempre existiria conforme a palavra de Jesus: "Na verdade, sempre tereis os pobres convosco..." (Mt 26,11). A desigualdade social era vista como dado natural e mesmo providencial. É impressionante o desconhecimento radical do clero em relação aos fatores econômicos que causam a miséria dos operários. Chega-se ao absurdo de defender que a existência de pobres é uma necessidade social que beneficia a salvação dos ricos. Ao pobre pede-se, invariavelmente, a resignação e a submissão à vontade de Deus, aceitando integralmente a sua sorte. O filme "*Daens, um grito de justiça*" apresenta essa eclesiologia dominante e, ao mesmo tempo, a eclesiologia de um segmento minoritário voltada para as escandalosas situações sociais em que vivia a maioria da população.[10]

Leão XIII segue, em vários de seus documentos anteriores a 1891, a mesma linha de pensamento apresentada nos parágrafos anteriores

---

[10] *Daens*, de 1992, é dirigido por Stijn Coninx e filmado na Bélgica, França e Holanda. Crítica disponível em: <http://cinezencultural.com.br/site/2012/09/29/daens-um-grito-de-justica/>.

sobre a linha determinista da pobreza. Assim, na encíclica *Auspicato Concessum* (1882 – sobre São Francisco de Assis e a necessidade da propagação dos terceiros franciscanos) escreve:

> [...] a questão das relações entre o rico e o pobre, que tanto preocupa os economistas, será perfeitamente deslindada se à pobreza não faltar dignidade; que o rico deve ser generoso e cheio de misericórdia; o pobre contente com a sua sorte e satisfeito do seu trabalho [...] (todos) devem subir ao céu, um pela paciência e outro pela liberalidade.[11]

E em outra encíclica, *Quod Apostolici Muneris* (1878), argumenta:

> [...] a Igreja, esta piedosa Mãe, não despreza o cuidado pelos pobres, nem se descuida de prover às suas necessidades, porque, abraçando-os com a sua ternura maternal e sabendo que eles representam o próprio Jesus Cristo, que considera como feito a ele o bem que por qualquer um for feito ao mais ínfimo dos pobres, os tem em grande consideração. Ela os ajuda por todos os meios possíveis, toma a seu cargo mandar levantar por todo o mundo casas e abrigos para recebê-los, sustentá-los e tratá-los e os toma debaixo da sua proteção. Além disso, impõe como rigoroso dever aos ricos dar o supérfluo aos pobres, e ameaça-os com o juízo de Deus, que os condenará aos suplícios eternos se não acudirem às necessidades dos indigentes. Enfim, alerta e consola sobremaneira o coração dos pobres, quer lhes apresentando o exemplo de Jesus Cristo, que, sendo rico, quis fazer-se pobre por nós, quer lembrando-lhes as suas palavras, pelas quais declara felizes os pobres e ordena-lhes que esperem as recompensas da felicidade eterna. Quem não verá, na verdade, que é este o melhor meio de apaziguar a antiga questão entre os pobres e os ricos? Porque a própria evidência das coisas e dos fatos bem o demonstra; desprezado ou rejeitado este meio, terá de acontecer necessariamente uma de duas coisas: ou a maior parte do gênero humano será reduzida à ignominiosa condição de escravos, como o foi por muito tempo entre os pagãos, ou a sociedade será agitada por perturbações contínuas e desolada pelos roubos e assassínios [...][12]

---

[11] *Enchiridion delle Encicliche*. Vol. 3, p. 292-322 (tradução do autor).

[12] Ibidem, p. 21-48 (tradução do autor).

5. Assistência ao pobre

Apesar do individualismo que caracteriza globalmente a vida social e religiosa do século XIX, não faltavam numerosíssimas iniciativas no campo da caridade, entendidas principalmente como assistência ao pobre. Inegavelmente, encontram-se obras que revelam uma grande generosidade e abnegada dedicação, como, por exemplo, a Sociedade de São Vicente de Paulo, fundada por Frederico Ozanan em 1833.

No início, o Catolicismo social apresenta-se essencialmente conservador: propugna uma volta à antiga ordem moral e social, cuja modalidade pode ser sintetizada no seguinte trinômio: contrarrevolução, restauração e tradição. Na linha da encíclica *Quanta Cura* (1864), de Pio IX, condenam-se tanto a imoralidade do liberalismo quanto o falso socialismo estatal. As obras caritativas mantêm-se numa orientação nitidamente paternalista, insistindo nos princípios da ordem/autoridade, da propriedade e da moral cristã.

Parece paradoxal que entre os católicos sociais da segunda metade do século XIX encontram-se vários representantes da aristocracia rural, ferrenhos adversários do liberalismo. Veem na ação social um meio de conseguirem a adesão das massas populares para a sua causa, para a sua luta contra a oligarquia burguesa anticlerical, por eles duplamente detestada: porque é anticlerical e porque pretende substituir as antigas autoridades sociais pelo poder do dinheiro. Compreende-se, então, o fato de as preocupações dos católicos sociais terem sido geralmente inspiradas por um ideal nostálgico de volta ao passado patriarcal e corporativo, muito mais do que por uma adaptação realista à nova e irreversível situação criada pela Revolução Industrial.

Entre os católicos de maior projeção no campo de assistência ao operariado encontram-se:

a) Conde Albert de Mun (1841-1914), francês, fundador dos Círculos Católicos de Operários (1871) que conheceram um rápido crescimento em toda a França (30 mil membros em 1878). Os círculos visam ao mútuo entendimento e colaboração de operários e patrões, numa visão corporativa e sob a tutela da Igreja. Descobre-se que a solução para os grandes problemas sociais está no Catolicismo reeducador dos povos. A hostilidade ao espírito de 1789 é evidente e as nobres intenções do empreendimento não escondem o saudosismo dos tempos da Cristandade. Não obstante essas reais limitações, a obra exerce influência duradoura na evolução do movimento social cristão na Europa. Mun entra para a vida política e se faz célebre por seus discursos parlamentares em defesa da Igreja e contra a progressiva laicização da sociedade;

b) Léon Harmel (1829-1915), outro francês, torna-se o modelo de patrão cristão. Promove iniciativas inéditas na sua fábrica de têxteis em Val-des-Bois, na França. Seu ponto de partida é a confiança depositada no trabalhador. Constitui um Conselho da usina (regulamento de 1909) que prevê uma real cooperação dos operários na direção profissional e disciplinar da fábrica. Os trabalhadores, eleitos por seus companheiros, se reúnem a cada quinze dias com o patrão e, nessa ocasião, são convidados a dar sua opinião sobre todas as coisas que afetam a vida da usina. Do Conselho geral depende uma série de comitês específicos, tendo em vista o bom funcionamento da empresa e o bem-estar dos operários. O Bom Pai, como é cognominado, promove igualmente todo um sistema de segurança social: assistência médica; uma sociedade de mútuo socorro. É um dos maiores divulgadores da *Rerum Novarum*. Leva a Roma, em 1891, 20 mil operários franceses. Profundamente religioso, foi terciário franciscano.

Todo esse conjunto de iniciativas pode parecer hoje bastante paternalista, mas na época era único no seu gênero. Nota-se certa instrumentalização da obra social em benefício do bem moral e dos valores religiosos, aliás perfeitamente em sintonia com as diretrizes católicas da época.

Harmel não se limita a melhorar as condições de vida dos operários, mas também a sua promoção cultural e religiosa. Junto com um operário convertido do socialismo, dá início aos círculos cristãos de estudo social, projeto bem diferente dos círculos de Albert de Mun. Nessa nova modalidade de participação, os próprios operários discutem entre si seus problemas e tomam decisões. Os Círculos de Harmel conhecem grande sucesso. Em 1893, realiza-se o I Congresso, onde aparece claramente a ideia do sindicalismo operário cristão.[13]

Aos exemplos citados poder-se-iam acrescentar muitos outros. O século XIX é particularmente fecundo em obras caritativas, como mostra o grande número de congregações religiosas fundadas nessa época para atender os pobres, nos mais diversos setores. A título de exemplo, é fundada a Sociedade de São Francisco de Sales, por Dom Bosco (1815-1888).

Outra obra na mesma linha da assistência social é a de Adolph Kolping (1813-1865), organizador de associações católicas de operários alemães com a finalidade de oferecer aos jovens trabalhadores uma formação completa. Fundada em 1849, a obra se espalha rapidamente pela Europa central e atinge os Estados Unidos. Kolping não era um teórico, mas um sacerdote prático, preocupado com a sorte da juventude, sobretudo na sua dimensão moral e religiosa.

Os ideais de Harmel inspiram na Alemanha a *Volksverein*, uma associação católica de trabalhadores, fundada em 1890 por Franz Hitze (1851-1921) e Ludwig Windthorst (1812-1891), tendo por objetivo primordial melhorar a situação das massas operárias por meio de uma reforma social e da criação de organismos para elevar o nível profissional. Segundo Hitze, os operários devem tornar-se econômica, moral e mentalmente capazes de cooperar com o Estado e com a sociedade, na qualidade de pessoas maduras e responsáveis.

6. A conscientização social

Uma figura de grande influência no desabrochar do Catolicismo social é o bispo de Mogúncia, na Alemanha, Dom Wilhelm Emmanuel von Ketteler (1811-1877). Na sua principal obra, *A questão operária e o cristianismo* (1864), lança, de forma sistemática, os princípios de uma reforma social de inspiração cristã. Ketteler polemiza contra os socialistas, particularmente contra seu conterrâneo Ferdinand Lassalle (1825-1864), que via solução somente numa transformação radical das

---

[13] CÁRCEL, V. *Historia de la Iglesia*. III. La Iglesia en la época contemporánea. Madrid: Ediciones Palabra, 2009. p. 172-173.

estruturas sociais. A propósito da famosa frase socialista *a propriedade é um roubo*, Ketteler observa: "Isso não é propriamente uma mentira. Sem deixar de ser uma mentira, contém uma profunda verdade... De fato, do direito de propriedade nasceu a falsa teoria do comunismo".[14] Somente o verdadeiro Cristianismo pode oferecer uma solução adequada para a questão social e restituir ao homem o autêntico significado do trabalho. Ketteler vê no movimento de associação dos operários o único instrumento eficaz e compatível com a liberdade para conduzir o mundo do trabalho a seu natural posto de protagonista social. Surge, assim, como primeiro teórico católico do organismo social com base sindicalista, ideia adotada por Leão XIII e expressa na *Rerum Novarum*.

As ideias sociais de Ketteler recebem respaldo do próprio episcopado alemão, que declara, em sua Conferência realizada em Fulda (1869), que a Igreja deve trabalhar com todas as suas forças para resolver a questão social. É esse o problema mais importante desse período. Se a Igreja não é capaz de encontrar e aplicar o remédio, deve-se temer que não seja possível uma solução pacífica da questão social.

Na França, em 1823, o já citado Lamennais denuncia a escravidão do operariado reduzido à condição de máquina, como também a falsa liberdade que serve de álibi aos patrões. Também Jean-Baptiste Henri-Dominique Lacordaire (1802-1861) reclama por uma legislação do trabalho e associação operária. Numa conferência na Notre-Dame de Paris (1846), fala da miséria institucionalizada. Em outra ocasião, opõe-se radicalmente à desigualdade social como decorrente da vontade de Deus.

O protesto do episcopado francês parte, quase sempre, de preocupações de ordem moral, sobretudo da impossibilidade de o operário santificar o domingo, mas em alguns o protesto se dirige contra a exploração do homem pelo homem. Vigorosa é a palavra do Arcebispo de Lyon D. De Bonald, que escreve nas suas Instruções de Quaresma do ano de 1842:

---

[14] Citado por: MATOS, H. C. J. *História do cristianismo*. Estudos e documentos. Belo Horizonte: PUC-MG, 1990. Vol. IV: período contemporâneo, p. 83.

O que é o homem para a ambição? Uma máquina que funciona, uma roda que acelera o movimento; uma alavanca que suspende; um martelo que quebra a pedra; uma bigorna que trabalha o ferro. E a criança? Ela não vê na criança senão uma peça da engrenagem que não tem ainda todo seu poder. Eis a seus olhos toda a dignidade da natureza humana. Aos domingos, vós não sofreis com a interrupção dos trabalhos públicos; é necessário que as construções se levantem, que se cavem os canais, que as máquinas funcionem. A religião vos clama: mas as forças do operário se esgotam! Vossas entranhas não se comovem. Mas o cansaço embrutece sua alma e abrevia sua existência. Vós só sabeis responder: precisamos de produtos e de dinheiro! Mas, a infância fenece. Uma criança baixa ao túmulo, outra toma seu lugar na oficina. É necessário que nossos tesouros se acumulem e que as encomendas fiquem prontas![15]

O sucessor de Dom Belmas, na sede episcopal de Cambrai, Dom Giraud, exclama com indignação na carta pastoral de 1845:

Será mesmo necessário que o operário morra de corpo e alma para que o patrão chegue mais depressa ao máximo da opulência? A religião protesta contra semelhante opressão da fragilidade do sexo e da idade, que relembra os piores dias de violência pagã e obriga os pais infortunados a imolar seus filhos e filhas, dia e noite, aos demônios da usina, cruel Moloch, insaciável Mamon, que devoram as gerações em flor e matam nelas todo raio de inteligência e todo germe de virtude [...] E contra essa opressão ainda mais odiosa da consciência, condenada à cruel necessidade, ou de dobrar-se sob as suas ímpias ordens, ou de deixar morrer uma família nas angústias da fome [...] e contra esse código monstruoso de delitos e penas insolentemente arbitrárias que taxa a oração, tarifa as horas dedicadas à instrução cristã, multa a assistência ao serviço divino e fecha a porta da oficina a todos os que, estimando suficientemente sua alma, não querem descer ao estado de bruto ou de máquina [...].[16]

Como se pode observar, por trás de preocupações morais esconde-se um real protesto social que, no decorrer dos anos, ganha força e extensão. São essas e muitas outras as inspirações que estarão na encíclica

---

[15] MATOS, H. C. J. *História do cristianismo...*, p. 83.

[16] Ibidem.

Rerum Novarum (1891), de Leão XIII, iniciando a Doutrina Social da Igreja.

Referências bibliográficas

CÁRCEL, V. *Historia de la Iglesia*. III. La Iglesia en la época contemporanea. Madrid: Ediciones Palabra, 2009.

Documentos da Igreja. Documentos de Gregório XVI e de Pio IX. São Paulo: Paulus, 1999.

Enchiridion delle encicliche. Leone XIII (1878-1903). Bologna: Dehoniane, 1997. Vol. 3.

_____. Gregorio XVI, Pio IX (1831-1878). Bologna: Dehoniane, 1996. Vol. 2.

HOBSBAWM, E. *A era do capital 1848-1875*. Rio de Janeiro: Paz e Terra, 1988.

MARTINA, G. *La Chiesa nell'etá del liberalismo*. Brescia: Morcelliana, 1991.

_____. *La Chiesa nell'etá del totalitarismo*. Brescia: Morcelliana, 1991.

MATOS, H. C. J. *Eu estarei sempre convosco*. São Paulo: Paulinas, 2006.

_____. *História do cristianismo*. Estudos e documentos. Belo Horizonte: PUC-MG, 1990. Vol. IV: período contemporâneo.

MONDIN, B. *Dizionario enciclopédico dei papi*. Roma: Città Nuova Editrice, 1995.

ROGIER, L. J. (dir.). *Nova história da Igreja*. Petrópolis: Vozes, 1975. Vol. 5.

VERDETE, C. *História da Igreja*. Lisboa: Paulus, 2009. Vol. II.

ZAGHENI, G. *L'etá contemporanea*. Corso di storia della Chiesa. Cinisello Balsamo (MI): San Paolo, 1996. Vol. IV.

_____. *L'etá moderna*. Corso di storia della Chiesa. Cinisello Balsamo (MI): San Paolo, 1995. Vol. III.

3

Doutrina Social da Igreja e Teologia da Libertação: diferentes abordagens

Alexandre Andrade Martins[1]

Introdução[2]

A encíclica *Rerum Novarum* (1891) marca o início do que é conhecido como Doutrina Social da Igreja (DSI). Essa doutrina é caracterizada por dois momentos fundamentais: pré e pós-Concílio Vaticano II. A constituição pastoral *Gaudium et Spes* (1965), do Concílio Vaticano II, é a pedra angular da DSI. Foi com esse documento que a Igreja Católica se abriu para o diálogo com o mundo moderno apresentando uma nova perspectiva baseada em *diálogo e colaboração*, em vez de uma postura defensiva e de enclausuramento em si mesma. Do Concílio Vaticano II até agora a DSI foi muito produtiva, e muitos textos fundamentais foram publicados a partir da cátedra do papa. A Teologia da Libertação

---

[1] *Alexandre Andrade Martins* é doutorando em Ética Teológica (Marquette University – Milwaukee, WI/USA), Mestre em Ciências da Religião (Pontifícia Universidade Católica - São Paulo) e especialista em Bioética e Pastoral da Saúde (Centro Universitário São Camilo): <http://lattes.cnpq.br/9857373515020225>.

[2] Texto traduzido do inglês por Verônica Mambrini.

(TL), por sua vez, apareceu no cenário católico depois do Concílio Vaticano II, a princípio como resultado da aplicação dos documentos do Concílio na América Latina; depois ganhou formas próprias como um novo modo de fazer teologia a partir da práxis histórica. Neste artigo, compararei a DSI, especialmente em seu desenvolvimento pós-Vaticano II, com a TL, como uma nova forma de fazer teologia, e apresentarei as particularidades das duas abordagens, mostrando a aplicação delas no contexto da justiça na assistência à saúde por meio de uma colaboração que pode dar forma a uma ética da libertação.

A *Gaudium et Spes*, assim como os demais documentos do Vaticano II, não apenas impulsionou uma produção fértil em ideias sociais católicas alinhadas com o ministério petrino, mas também uma produção teológica muito dinâmica ao redor do mundo. Além disso, bispos locais e conferências episcopais abraçaram esse espírito de diálogo e colaboração imediatamente depois do Concílio. Sem dúvida, o episcopado latino-americano, congregado nos encontros do Celam, foi a parcela da Igreja Católica que mostrou maior dinamismo ao abraçar o espírito do Vaticano II e aplicar suas ideias no contexto latino-americano. A Conferência de Medellín (1968) teve o objetivo de adaptar as inovações trazidas pelo Concílio ao contexto da América Latina.[3]

Medellín foi um fenômeno para a Igreja Católica na América Latina. O documento que resultou dessa Conferência incorporou o dinamismo das experiências na América Latina que foram ocorrendo em meio a comunidades católicas num contexto de opressão, injustiça e marginalização. Comunidades Eclesiais de Base, movimentos sociais de caráter pastoral e o movimento de lideranças católicas (especialmente homens e mulheres religiosos, mas também alguns bispos proféticos), ao se juntarem aos pobres no seu modo de vida e luta por justiça, foram incorporados pelo documento da Conferência de Medellín. Essas experiências se caracterizaram por serem protagonizadas por pessoas organizadas em comunidades de fé em Jesus de Nazaré e orientadas por uma práxis histórica pela libertação. Uma nova forma de fazer teologia surgiu nesse

---

[3] Documento de Medellín. In: CELAM. *Documentos do CELAM;* Rio de Janeiro, Medellín, Puebla e Santo Domingo. São Paulo: Paulus. 2005. Daqui em diante = Medellín.

contexto: a *Teologia da Libertação*. Então, em Medellín, uma *nova forma de ser* Igreja foi desenvolvida: a comunidade eclesial de base; uma *práxis histórica* ganhou identidade: a práxis dos pobres por justiça e libertação; uma *nova forma de fazer teologia* se tornou visível: a TL.

De Medellín a Puebla (1979),[4] essas experiências se fortaleceram na América Latina e as lideranças da Igreja Católica em Roma positivamente se aproximaram desse fenômeno eclesial e teológico. Documentos sociais publicados pelo Papa Paulo VI, como a carta apostólica *Octogesima Adveniens* (1971) e a exortação apostólica *Evangelii Nuntiandi* (1975), deram apoio ministerial ao engajamento social por justiça por parte da Igreja Católica latino-americana.

A TL foi sistematizada em produções teológicas de muitos teólogos, como Gustavo Gutiérrez, que escreveu *Teologia da Libertação* (1971),[5] e Leonardo Boff, que publicou *Jesus Cristo Libertador* (1972).[6] A América Latina viveu uma verdadeira irrupção dos pobres, que foi possível, segundo Gutiérrez, em seu livro *Beber em seu próprio poço. Itinerário espiritual de um povo* (1981) – por conta da espiritualidade libertadora dos pobres.[7] Além disso, a *opção preferencial pelos pobres* tornou-se o coração dessa práxis histórica, assim como da TL. Em Puebla, os bispos adotaram essa opção como o lema das pastorais da Igreja Católica e da práxis histórica.[8]

Tanto na DSI como na TL as perspectivas teológicas com as práticas sociais são edificadas em fundamentos cristãos. Ambas se referem a questões de justiça social, preocupam-se com os pobres e são inspiradas no ministério profético de Jesus de Nazaré. Ambas convivem no universo da mesma Igreja Católica e querem difundir a Boa-Nova do Reino de Deus no mundo. Contudo, elas têm diferentes perspectivas sobre

---

[4] Documento de Puebla. In: CELAM. *Documentos do CELAM;* Rio de Janeiro, Medellín, Puebla e Santo Domingo. São Paulo: Paulus. 2005. Daqui em diante = Puebla.

[5] GUTIÉRREZ, Gustavo. *Teologia da libertação.* 4. ed. Petrópolis: Vozes, 1983.

[6] BOFF, Leonardo. *Jesus Cristo libertador;* ensaio de cristologia crítica para o nosso tempo. 8. ed. Petrópolis, Vozes, 2001.

[7] GUTIÉRREZ, Gustavo. *We Drink from Our Own Wells;* the Spiritual Journey of a People. 4th. ed. Maryknoll: Orbis Books, 2003. p. 25-32.

[8] Puebla 1134.

seus principais conceitos e abordam questões sociais, morais e eclesiais com diferentes metodologias. A origem das diferenças entre a DSI e a TL está em um elemento fundacional de características metodológicas e práticas, isto é, a DSI aborda a realidade social e eclesial *a partir de cima* e a TL, *a partir de baixo*. As duas abordagens não são contraditórias, mas se complementam em diversos aspectos (por exemplo: a DSI fornece fundamentos magisteriais e teológicos para a TL e essa nova forma de fazer teologia desafia a DSI a assumir novas perspectivas e reflexões). Justiça e paz em um mundo de solidariedade é a meta em comum. Contudo, a forma como abordam a realidade e a fé leva a diferentes reflexões teológicas, práticas sociais e eclesiais. Apresentarei brevemente essas abordagens.

1. A abordagem da Doutrina Social da Igreja

A Doutrina Social da Igreja é um ensino *a partir de cima* (quero me fazer claro aqui: não estou usando *a partir de cima* de forma pejorativa). Antes de mais nada, por sua própria natureza, a DSI é *a partir de cima*. Isso quer dizer que é um ensino que vem da voz oficial do Magistério, em particular do sucessor de Pedro.

A DSI tem uma longa tradição e não sabemos exatamente quando ela começou. Desde o período patrístico, a Igreja Católica, por meio de teólogos e autoridades eclesiais, fala de justiça social. Contudo, é consenso que a DSI moderna tem início em 1891, quando o Papa Leão XIII lançou a encíclica *Rerum Novarum*. De Leão XIII a Francisco, todos os papas lançaram documentos que contêm preocupações sociais.[9] Esses documentos responderam aos desafios de cada época pelo modo como alguns conceitos foram desenvolvidos e se tornaram princípios para a vida social, como o princípio da solidariedade, da subsidiariedade e do bem comum. Eles não são novos no universo da teologia social católica, mas ganharam certa autoridade magisterial quando foram apresentados por documentos papais.

---

[9] David J. O'Brien e Thomas A. Shannon reuniram todos os documentos sociais dos papas, de Leão XII até Bento XVI, em uma única edição: O'BRIEN, David J.; SHANNON, Thomas. *Catholic Social Thought; The Documentary Heritage*. Maryknoll: Orbis Books, 2010. Ver também: PONTIFÍCIO CONSELHO JUSTIÇA E A PAZ. *Compêndio da Doutrina Social da Igreja*. São Paulo: Paulinas, 2005.

Muitas preocupações sociais estão presentes na DSI, e todos os documentos pretendem promover justiça e paz numa sociedade solidária. Às vezes, eles se atêm a questões particulares, como a exploração de trabalhadores (essa questão está presente em diversos documentos); preocupações sobre o desenvolvimento do socialismo e do capitalismo (a maior parte dos documentos papais contém uma severa crítica a ideologias socialistas e uma crítica leve contra algumas formas de capitalismo); questões relacionadas à paz e à guerra (muitos documentos se preocupam com a corrida armamentista, especialmente os escritos durante a Guerra Fria); preocupações ecológicas e suas relações com a justiça social (este tópico apareceu pela primeira vez em 1971, na encíclica *Octogesima Adveniens*, de Paulo VI, e foi mencionado em diferentes textos de João Paulo II, desenvolvido em 2009 por Bento XVI na encíclica *Caritas in Veritate* e aprofundado ainda mais pelo Papa Francisco na *Laudato Si'*, em 2015); e a pobreza no mundo (João Paulo II, em 1987, foi o primeiro a introduzir a opção preferencial pelos pobres num documento papal;[10] opção confirmada por Francisco, em 2013, como um princípio da fé cristológica[11]). Ao lidar com essas questões sociais, o Magistério católico, pouco a pouco, dá forma a um Ensino Social baseado em princípios bem específicos.

Esses documentos têm em comum a preocupação com questões sociais e a tradição cristã-católica. Eles focam em questões sociais sob a perspectiva da tradição católica. Em outras palavras, olham para a realidade por meio dos olhos da tradição magisterial como característica-chave do ponto de vista da leitura e interpretação das questões sociais. Basta notar que muitas encíclicas sociais foram escritas no aniversário de uma anterior, especialmente a primeira (*Rerum Novarum*), e sempre começam por destacar seus pontos-chave. Além disso, todos os documentos apresentam ideias centrais e princípios já desenvolvidos nas encíclicas anteriores.

---

[10] JOÃO PAULO II. Carta encíclica *Sollicitudo Rei Socialis*. Pelo vigésimo aniversário da encíclica *Populorum Progressio* (30.12.1987). São Paulo: Paulinas, 1988. n. 39. Coleção A Voz do Papa, 117. Daqui em diante = SRS.

[11] FRANCISCO. Exortação apostólica *Evangelii Gaudium*. Sobre o anúncio do Evangelho no mundo atual (24.11.2013). São Paulo: Paulinas, 2013. n. 198. Coleção A Voz do Papa, 198. Daqui em diante = EG.

A DSI assume uma metodologia que começa a partir de uma apresentação teórica. Ela recapitula a tradição católica ao louvar o que foi dito antes e sua relevância para todas as épocas. Então, surge no documento uma análise dos fatos sociais da realidade presente. Essa análise costuma seguir uma forma filosófica de desenvolver argumentos e apresentar preocupações sociais. É muito abstrata, o que é uma característica dos documentos papais. Embora a DSI apresente elementos sociais da realidade baseados na observação temporal de conjunturas sociais, ela não usa a mediação sociológica como parte constitutiva de seu método. Alguns textos, como a *Populorum Progressio* (1967) e a recente encíclica *Laudato Si'* (2015), usam algumas ferramentas sociológicas significativas para entender a realidade. Mas outros preferem uma análise teológica da realidade social ancorada em visões tradicionais de caráter filosófico e teológico, como a *Caritas in Veritate*, que usa uma referência tomística para entender as conjunturas políticas e sociais.

O corpo central da DSI são as encíclicas papais, e o estilo literário delas revela um método *a partir de cima*. Encíclicas são cartas apostólicas que vêm diretamente do sucessor de Pedro; portanto, constituem um ensino revestido de autoridade. É a autoridade de uma voz que está corporificada no Magistério petrino para toda a Igreja Católica. Dessa forma, a DSI tem um aspecto universalista. Ela não apresenta detalhes de culturas específicas e de problemas locais, nem faz recomendações pragmáticas. Por conta da natureza do ministério papal, a DSI abraça a Igreja Católica por inteiro e propõe um ensino que pode ser útil para o mundo todo. Em vez de apresentar soluções pragmáticas para questões sociais, a DSI provê princípios que podem guiar ações em todo o mundo. Nesse sentido, a DSI está aberta ao diálogo com realidades locais e problemas sociais específicos que podem ser desafiados por questões da natureza local e/ou temporal.

A universalidade e a autoridade da DSI têm duas faces: *obediência e diálogo*. A primeira face se dirige ao seu primeiro e principal público, os católicos pelo mundo (todo o Povo de Deus, clérigos e leigos). Para esse público, a DSI fala como um senhor que provê o caminho pelo qual os discípulos devem seguir. Esses discípulos devem obedecer à voz do senhor e trabalhar na aplicação do seu ensino na realidade concreta de suas vidas. A segunda face olha para o mundo além da comunidade católica. É uma face que quer dialogar com o mundo secular (moderno) com o objetivo de buscar juntos justiça e paz. Aqui, a DSI fala como um colaborador, um ancião sábio que já caminhou pela história e tem muita sabedoria para aconselhar os líderes do mundo secular. É um ensinamento humilde que quer colaborar na construção da justiça e da paz no mundo.

A DSI é metodologicamente *a partir de cima* porque ela não foi construída em parceria com aqueles que estão na base da sociedade, os mais pobres. A práxis histórica dos pobres e dos marginalizados não é um fundamento para a DSI. Apesar de a DSI apresentar a opção preferencial pelos pobres como um dos seus princípios (SRS 39 e EG 198) e querer promover justiça social para aqueles que são marginalizados por meio do acesso ao bem comum, a voz dos pobres não está presente na DSI. Eles não são agentes ativos responsáveis pela construção da sua própria libertação, mas receptores de um projeto de justiça social construído por uma autoridade. A missão dos pobres é seguir esse projeto. O aspecto positivo é que, por um lado, esse projeto pode ser organizado de acordo com desafios locais e temporais dos pobres. Não é uma agenda restrita, tampouco um projeto sociopolítico-econômico sistematizado. Pelo contrário, é um corpo de princípios sociais. Por outro lado, a DSI atua como uma teoria social abstrata sem uma práxis histórica e experiências pastorais que deem vida aos seus princípios. Consequentemente, a DSI pode ser apenas mais uma teoria entre outras, arbitrária por ser abstrata e universalista, em vez de ser um corpo de princípios que acolhe a práxis histórica e a fé das comunidades cristãs com o potencial de empoderar os pobres em sua luta por libertação.

Apesar de o corpo principal da DSI presente nos documentos papais ter seu aspecto metodológico *a partir de cima* e ser baseado em textos da tradição magisterial, os últimos dois documentos publicados pela cátedra petrina ocupada pelo Papa Francisco têm algumas particularidades que introduzem novos elementos na tradição social católica. Sublinho três particularidades de Francisco presentes na exortação apostólica *Evangelii Gaudium* e na encíclica *Laudato Si'*. Primeiro, é a integração de vozes da Igreja Católica vindas de todo o mundo. Em seus textos, o

Papa Francisco não cita apenas documentos de outros papas, mas também apresenta referências de conferências episcopais de diversas partes do mundo, como das Filipinas, do Brasil e dos Estados Unidos.[12] Por exemplo, quando Francisco afirma que a opção preferencial pelos pobres é uma opção de "nossa fé cristã", ele está citando o documento do encontro do Celam, em Aparecida (2007).[13] Segundo, Francisco também enfatiza de forma prática e positiva o diálogo com as ciências, com o mundo secular e com as tradições não cristãs.[14] Ele deixa isso claro em sua encíclica *Laudato Si'*, ao refletir sobre preocupações ecológicas usando fontes científicas e seculares,[15] chegando até mesmo a citar um místico muçulmano para enfatizar a responsabilidade humana de cuidar do meio ambiente, nossa casa comum.[16] Esses dois aspectos revelam o início de uma abertura concreta da DSI ao mundo não católico. A terceira particularidade de Francisco se refere à forma como ele toca em questões de justiça social, isto é, em parceria com os pobres. Além da opção pelos pobres, ele dá ênfase à importância crucial de *estar com os pobres* e de *aprender com eles*.[17] É uma perspectiva dialética que vai ao encontro da sua proposta de uma Igreja pobre e de uma Igreja dos pobres que colabore com o mundo para empoderar os pobres, proteger os vulneráveis, cuidar da natureza e promover a justiça e a paz.

2. A abordagem da Teologia da Libertação

A TL, como já salientado, é *a partir de baixo*. Muitos acadêmicos que não são teólogos da libertação (e que geralmente estão em países desenvolvidos) geralmente começam a estudar essa escola teológica de maneira errada. Eles entram em contato com a TL a partir de sua

---

[12] Para verificar isso de modo fácil e simples, basta conferir as notas de rodapé da *Evangelii Gaudium* e da *Laudato Si'*.

[13] EG 198. CONSELHO EPISCOPAL LATINO-AMERICANO (CELAM). *Documento de Aparecida*. Texto conclusivo da V Conferência Geral do Episcopado Latino-Americano e do Caribe. Brasília/São Paulo: Edições CNBB/Paulus/Paulinas, 2007. n. 392. Daqui em diante = Aparecida.

[14] FRANCISCO. Carta encíclica *Laudato Si'*. Sobre o cuidado da casa comum. São Paulo: Paulinas, 2015. n. 3 e 14. Coleção A Voz do Papa, 201. Daqui em diante = LS.

[15] LS 17-61.

[16] O Papa Francisco cita Ali al-Khawas no n. 233 da *Laudato Si'*.

[17] EG 198-199; LS 149 e 179.

reflexão sistematizada posterior. Para ser mais preciso, o primeiro contato com a TL se dá por meio de livros, principalmente o de Gustavo Gutiérrez, *Teologia da Libertação*. Esse livro é crucial para a TL porque é a primeira sistematização dessa nova reflexão teológica que surgiu na América Latina depois do Concílio Vaticano II. Contudo, a TL é apenas o reflexo teológico de uma práxis histórica na América Latina que teve os mais pobres reunidos em comunidades cristãs como seus principais agentes. Leonardo Boff e Clodovis Boff, em um curto livro intitulado *Como fazer Teologia da Libertação*, afirmam que a TL é apenas o segundo passo de um comprometimento de libertação por meio de uma práxis histórica entre os mais pobres.[18] O teólogo da libertação é a pessoa que está entre os pobres lutando por justiça. Ele/ela é uma pessoa que é parte do processo histórico de libertação. Portanto, quem começa a estudar a TL a partir de sua produção teológica começa de cima. Isso trai o espírito e o método desse movimento e não oferece a compreensão de quais são suas raízes: *a irrupção dos pobres na práxis histórica*.

Esse ponto de partida equivocado para entender a TL é, de certa forma, responsável por diminuir a experiência de fé dos pobres, a irrupção deles em uma realidade marcada por pobreza e opressão, pela prática da solidariedade e pela luta histórica por justiça. Consequentemente, a TL é restrita a uma reflexão abstrata baseada em uma análise sociológica da realidade. É uma *academização* da TL que despreza a práxis histórica pela libertação e faz a voz dos pobres desaparecer. Isso ocorre eclesiasticamente também, por meio de um processo de incorporação no Magistério de algumas ideias-chave da TL, tais como a opção preferencial pelos pobres, incorporada pela DSI. O Magistério toma para si essas ideias e as apresenta de uma forma abstrata que não expressa a voz dos pobres.

Gustavo Gutiérrez afirma que a TL é uma nova forma de fazer teologia sobre uma práxis histórica.[19] Os irmãos Boff dizem que a TL é a reflexão teológica de uma práxis libertadora entre os pobres que estão congregados em comunidades de base e ao redor de sua fé em Jesus de

---

[18] BOFF, Leonardo; BOFF, Clodovis. *Como fazer teologia da libertação*. 8. ed. Petrópolis: Vozes, 2001. p. 41-42.

[19] GUTIÉRREZ. *Teologia da libertação...*, p. 27-28.

Nazaré.[20] Eles defendem que a TL é um caminhar ao lado dos pobres em sua realidade e um lutar com eles por justiça em uma experiência de solidariedade e fé. Os teólogos se inserem nessa práxis histórica e eclesial baseados na fé. Portanto, a TL é apenas o segundo ato de uma práxis histórica e eclesial dos pobres.[21]

O princípio e o fim da TL é a irrupção dos pobres na história, os quais são, de acordo com Jon Sobrino e Ignacio Ellacuría, *povos cruci-ficados*.[22] Na história, os pobres são vítimas nas quais a face crucificada de Jesus está refletida. O *Documento de Aparecida* diz que na face dos pobres contemplamos o sofrimento da face de Jesus.[23] Gutiérrez enfa-tiza que os pobres na América Latina viveram uma experiência de exí-lio.[24] Na sua própria terra, eles viveram como estrangeiros explorados por um poder opressor responsável por institucionalizar a violência. Na tradição bíblica, a terra é um dom de Deus para prosperidade, mas, na América Latina, se tornou um lugar de opressão e marginalização dos bens que deveriam prover uma vida digna a todos. Os pobres confiam em Deus, exatamente como o salmista proclama. Eles cantam para Deus, que é a esperança de justiça que têm. Eles têm uma relação pró-xima com Deus, que, por seu Espírito, os reúne em comunhão e, pela vida histórica de seu filho Jesus, os inspira a marchar para a libertação na história. Dessa experiência, surge uma nova consciência: a pobreza e a marginalização, raízes desse exílio, têm causas políticas e sociais, mas Deus é um Deus libertador. Os pobres incorporaram uma espiri-tualidade libertadora em sua experiência comunitária e essa espiritua-lidade os leva a caminhar na história com Deus por justiça e libertação. Essa é a irrupção dos pobres na América Latina, o ponto de partida

---

[20] BOFF, L; BOFF, C. *Como fazer teologia da libertação*, p. 26-27.

[21] Ibidem, p. 42.

[22] ELLACURÍA, Ignacio. The Crucified People: An Essay in Historical Soteriology. In: LEE, Michael E. *Ignacio Ellacuria; Essays on History, Liberation, and Salvation.* Maryknoll: Orbis Books, 2013. p. 195-224. SOBRINO, Jon. *O princípio misericór-dia; descer da cruz os povos crucificados.* Petrópolis: Vozes, 1994. p. 83-95.

[23] Aparecida 393.

[24] GUTIÉRREZ G. *We Drink from Our Own Wells...*, p. 9-18.

da libertação teológica, a parte teórica de um movimento histórico de libertação.[25]

Os irmãos Boff falam do método da TL em termos de um *círculo hermenêutico*[26] no qual fundações teóricas e práticas são a opção preferencial pelos pobres. Ela é *hermenêutica* porque tem uma forma epistemológica de ler realidades sociais e eclesiais tanto quanto a experiência da fé na história. E é um círculo porque é uma reflexão sobre os pobres do começo ao fim. A opção preferencial pelos pobres é seu fundamento principal porque vem de um encontro com Jesus que nos faz discípulos que seguem seus passos às margens da história. Essa opção reflete a fundamentação cristológica da TL, uma Cristologia fundada em dois pilares históricos: o *Jesus histórico* e a *experiência histórica dos pobres* ao caminhar com Jesus na sua luta por justiça e vida.[27]

Dentro desse círculo hermenêutico o teólogo da libertação está entre os pobres. Ele/ela é parte da comunidade de base e caminha junto com os pobres por libertação. Ele/ela tem a mesma experiência de fé com o os pobres e permite que o sofrimento toque sua pele. Em *Na companhia dos pobres*,[28] o teólogo da libertação é aquele que prega a Boa-Nova e ajuda os pobres a entenderem as causas de sua pobreza e opressão. Portanto, a TL dá ouvidos aos pobres, desenvolve uma reflexão sobre a fé e a práxis histórica deles, que é parte da vida, da fé e das práticas do teólogo da libertação. Essa reflexão acaba por se tornar artigos, ensaios e livros e retorna aos pobres para fortalecer sua fé e práxis histórica. A

---

[25] Sobre a espiritualidade libertadora e a irrupção dos pobres na América Latina, sugiro ver: GUTIÉRREZ, G. *We Drink from Our Own Wells*. Também: SOBRINO, J. *Espiritualidade da libertação*; estrutura e conteúdos. São Paulo: Loyola, 1992.

[26] Eles não utilizam o termo círculo hermenêutico, mas apresentam essa forma circular de fazer TL em torno da opção pelos pobres e da práxis histórica. BOFF, L.; BOFF, C. *Como fazer teologia da libertação*, p. 41-72.

[27] Jon Sobrino é certamente um dos que mais se dedica a essa reflexão cristológica: SOBRINO, J. *Jesus, o libertador*; a história de Jesus de Nazaré. 2. ed. Petrópolis: Vozes, 1996.

[28] Esse termo foi utilizado pelo médico antropologista Paul Farmer e pelo teólogo da libertação Gustavo Gutiérrez para caracterizar suas experiências entres os pobres, um como médico e o outro como sacerdote, e foi escolhido para ser o título de um livro de diálogo entre os dois. GRIFFIN, Michael; BLOCK, Jennie W. *In the Company of the Poor*; Conversations between Dr. Paul Farmer and Fr. Gustavo Gutiérrez. Maryknoll: Orbis Books, 2013.

TL apresenta a voz dos pobres e ao mesmo tempo dá poder a eles para serem agentes da própria libertação.

A TL é *a partir de baixo* porque surge entre os pobres. É *a partir de baixo* por causa da irrupção dos pobres na história. Ela mesma é a irrupção da voz dos pobres na reflexão teológica. A TL parte da perspectiva dos pobres e de sua experiência de fé e libertação. Ela não nega nem dispensa outras abordagens teológicas à fé cristã. Ela aborda todos os aspectos dessa fé a partir da perspectiva dos pobres e de sua práxis histórica. Portanto, a TL não é mais uma disciplina teológica, mas, em vez disso, é uma nova forma de fazer teologia que relê todas as disciplinas teológicas e aspectos tradicionais da perspectiva dos pobres. É isso que Sobrino faz em sua Cristologia. Ele reflete sobre dogmas cristológicos a partir da "perspectiva das vítimas da história na América Latina" (*Jesus, o libertador*),[29] assim como Leonardo Boff reflete no mistério da Trindade a partir da experiência de Deus-Trindade dos pobres congregados nas comunidades eclesiais de base (*A Santíssima Trindade é a melhor comunidade*).[30] Portanto, a TL, mesmo sendo *a partir de baixo*, é um diálogo com a tradição teológica cristã.

3. Doutrina Social da Igreja, Teologia da Libertação e justiça na assistência à saúde

Tendo a intenção de apresentar alguns pensamentos preliminares sobre uma ética da libertação que envolvem TL e DSI, vou rascunhar uma aplicação da DSI e da TL no contexto de justiça na área da saúde.

Justiça na área da saúde requer justiça social. Ações para promover justiça na saúde não podem ser isoladas do setor de saúde.[31] Uma intervenção social mais ampla é necessária para alcançar desigualdades sociais de forma que determinantes sociais de saúde influenciem

---

[29] SOBRINO, J. *A fé em Jesus Cristo;* ensaio a partir das vítimas. Petrópolis: Vozes, 2001.

[30] BOFF, Leonardo. *A Santíssima Trindade é a melhor comunidade*. Petrópolis: Vozes, 1988.

[31] Para uma compreensão mais aprofundada sobre a relação entre justiça social e saúde, veja: DANIELS, Norman. *Just Health*. New York: Cambridge University Press, 2008. ANAND, Sudhir; PETER, Fabienne; SEN, Amartya (orgs.). *Public Health, Ethics, and Equity*. New York: Oxford University Press, 2004.

positivamente a população. Infelizmente, esses determinantes têm exercido um papel negativo na saúde da população, afetando milhões de pessoas ao redor do mundo, especialmente os mais pobres.[32] Além disso, justiça na saúde requer um sistema de saúde que seja isento dos interesses do mercado livre. Os serviços de saúde não podem ser vistos como produtos acessíveis apenas para quem tem dinheiro. A mentalidade de que o livre mercado poderia eliminar desigualdades criou mais marginalização e impediu que pessoas tivessem acesso a bens essenciais dos quais precisavam para se desenvolverem integralmente. A assistência à saúde, como uma necessidade essencial para o desenvolvimento humano, precisa ser um direito humano no qual a atenção médica é um bem para ser distribuído entre todos, para promover saúde pública e desenvolvimento integral das sociedades humanas.[33]

O parágrafo anterior deixa claro que apoia uma perspectiva na qual a assistência à saúde é um direito humano, e precisamos de justiça social para acabar com as iniquidades no acesso aos serviços de saúde. Portanto, a questão que se impõe é: Como podemos desenvolver argumentos para apoiar uma normativa de direitos humanos na assistência à saúde e ações que promovam justiça social e saúde pública? Essa questão deve ser abordada a partir de uma perspectiva da libertação que inclua a voz dos pobres e marginalizados no debate sobre os cuidados de saúde. Essa perspectiva de libertação deve vir *a partir de baixo*, ou seja, da experiência dos que estão excluídos de acessar bens essenciais necessários para prosperar e viver com dignidade. Para promover justiça social e saúde para a população, a voz dos pobres deve ser ouvida. Não é uma tarefa fácil, mas deve ser realizada. Teorias abstratas de justiça, por si só, não são suficientes para promover justiça. Precisamos de um debate mais amplo, no qual os pobres possam mostrar sua face e sua voz.

---

[32] WERMUTH, Laurie Ann. *Global Inequality and Human Needs;* Health and Illness in an Increasingly Unequal World. Boston, MA: Allyn and Bacon, 2003.

[33] Um brilhante estudo de caráter médico e antropológico em diálogo com a TL, que apresenta a relação entre pobreza e saúde e argumenta em prol da assistência à saúde como um direito humano, é o estudo de Paul Farmer, publicado em vários livros. Para iniciar esse estudo, sugiro o livro *Pathologies of the Power;* Health, Human Rights, and the New War on the Poor. Berkeley: University of California Press, 2003.

Eles devem participar desse debate como agentes de transformação social. Qualquer teoria deve ser confrontada pelos pobres e sua realidade.

Consciente das limitações de teorias abstratas para a promoção de justiça social e saúde pública, entendo que o debate sobre justiça na saúde pode se beneficiar de um diálogo entre a DSI e a TL. A DSI apresenta alguns princípios[34] que apoiam um contexto de direitos humanos na assistência à saúde,[35] mas eles são insuficientes para conduzir a ações concretas na promoção da justiça social e da saúde pública porque essa doutrina é baseada em princípios abstratos. Uma abordagem libertadora é necessária para dar aos pobres o poder de serem agentes de transformação social em um processo de libertação que possa levá-los à justiça social. Consequentemente, os pobres participarão na promoção da justiça na saúde com ações contra as desigualdades sociais. A colaboração entre DSI e TL dá forma a uma ética libertadora que nos leva a nos juntar aos pobres e nos guia no combate às desigualdades na assistência à saúde a partir da perspectiva dos pobres. Essas duas abordagens são importantes para promover a justiça social e a justiça na saúde. Juntas elas oferecem uma contribuição significativa para o acesso à saúde. Elas têm potencial para nos guiar em um debate mais profundo sobre justiça social e desigualdade na saúde capaz de envolver os pobres no processo de tomada de decisões. Apenas uma abordagem libertadora na assistência à saúde pode trazer a DSI à realidade dos pobres e forçá-la a ser desafiada por aqueles que estão à margem do mundo, dando forma a um diálogo em que os pobres são agentes de transformação social e promoção de saúde.

Conclusão

A Doutrina Social da Igreja e a TL têm diferentes abordagens para lidar com questões sociais em perspectiva cristã. Como dito anteriormente, elas não são contraditórias, mas complementares. A primeira

---

[34] Aqui me refiro aos princípios da Doutrina Social da Igreja: PONTIFÍCIO CONSELHO "JUSTIÇA E PAZ". *Compêndio da Doutrina Social da Igreja*. São Paulo: Paulinas, 2005. n. 160-208.

[35] O Papa João XXIII, já em 1963, defendia a saúde como um direito humano. Carta encíclica *Pacem in Terris*. Sobre a paz de todos os povos, na base da verdade, justiça, caridade e liberdade (11.04.1963). São Paulo: Paulinas, 1963. n. 11.

tem uma visão universalista e a segunda, mais contextual. A primeira apresenta a voz da autoridade eclesial e a segunda reflete a voz dos pobres. A DSI é fruto da tradição da Igreja Católica como preocupação magisterial sobre injustiça social. Ela tenta mover a tradição católica para a área da justiça social visando apresentar a Boa-Nova de Jesus Cristo. Ela oferece princípios que desafiam a TL a traduzi-los numa práxis histórica em uma realidade concreta marcada pela pobreza e pela opressão. O diálogo com os pobres é a forma de começar essa tradução e – por que não? – de começar a inculturação da DSI na realidade dos pobres. Por outro lado, a TL desafia a DSI a se tornar humilde ao ouvir a voz dos pobres. Ela desafia a comunidade eclesial a estar entre eles, a ouvi-los e a falar como um mestre que caminha com os pobres, os receptores privilegiados do Evangelho (Lc 4,16-18), em sua realidade histórica. A DSI e a TL têm abordagens e metodologias diferentes, mas ambas querem promover paz e justiça no mundo.

Referências bibliográficas

ANAND, Sudhir; PETER, Fabienne; SEN, Amartya (orgs.). *Public Health, Ethics, and Equity*. New York: Oxford University Press, 2004.

BOFF, Leonardo. *Jesus Cristo libertador;* ensaio de cristologia crítica para o nosso tempo. Petrópolis: Vozes, 2012. 8. ed. 2001.

_____. *A Santíssima Trindade é a melhor comunidade.* Petrópolis: Vozes, 1988.

_____; BOFF, Clodovis. *Como fazer teologia da libertação.* 8. ed. Petrópolis: Vozes, 2001.

CONFERÊNCIA EPISCOPAL LATINO-AMERICANA (CELAM). *Documento de Aparecida.* Brasília/São Paulo: Edições CNBB/Paulus/Paulinas, 2007.

_____. *Documentos do CELAM;* Rio de Janeiro, Medellín, Puebla e Santo Domingo. São Paulo: Paulus, 2005.

DANIELS, Norman. *Just Health.* New York, Cambridge University Press, 2008.

FARMER, Paul. *Pathologies of Power;* Health, Human Rights, and the New War on the Poor. Berkeley: University of California Press, 2003.

FRANCISCO. Carta encíclica *Laudato Si'*. Sobre o cuidado da casa comum (24.05.2015). São Paulo: Paulinas, 2015. Coleção A Voz do Papa, 201.

_____. Exortação apostólica *Evangelii Gaudium*. Sobre o anúncio do evangelho no mundo atual (24.11.2013). São Paulo: Paulinas, 2013. Coleção A Voz do Papa, 198.

GRIFFIN, Michael; BLOCK, Jennie Weiss. *In the Company of the Poor;* Conversations between Dr. Paul Farmer and Fr. Gustavo Gutiérrez. Maryknoll, NY: Orbis Books, 2013.

GUTIÉRREZ, Gustavo. *Teologia da libertação*. 4. ed. Petrópolis: Vozes, 1983.

_____. *We Drink From Our Own Wells;* The Spiritual Journey of a People. 4th ed. Maryknoll, NY: Orbis Books, 2003.

LEE, Michael E. *Ignacio Ellacuría;* Essays on History, Liberation and Salvation. Maryknoll, NY: Orbis Books, 2013.

O'BRIEN, David J.; SHANNON, Thomas A. *Catholic Social Thought;* The Documentary Heritage. Maryknoll, NY: Orbis Books, 2010.

PONTIFÍCIO CONSELHO "JUSTIÇA E PAZ". *Compêndio da Doutrina Social da Igreja*. São Paulo: Paulinas, 2005.

SOBRINO, Jon. *A fé em Jesus Cristo;* ensaio a partir das vítimas. Petrópolis: Vozes, 2001.

_____. *Jesus, o libertador;* a história de Jesus de Nazaré. 2. ed. Petrópolis: Vozes, 1996.

_____. *O princípio misericórdia;* descer da cruz os povos crucificados. Petrópolis: Vozes, 1994.

WERMUTH, Laurie Ann. *Global Inequality and Human Needs;* Health and Illness in an Increasingly Unequal World. Boston, MA: Allyn and Bacon, 2003.

Humanização dos processos políticos a partir da Doutrina Social da Igreja

Sérgio Bernal Restrepo[1]

Introdução[2]

A compreensão correta do tema supõe partir da vocação da pessoa humana, a cujo serviço está toda a atividade política. Para tanto nos ajuda retornar à fundamentação oferecida pelo Concílio Vaticano II em sua reflexão sobre a sociedade, concebida como comunidade humana. O homem e a mulher como mistério só são compreendidos referindo-os ao mistério do Deus encarnado e feito como um de nós em tudo, menos no pecado. "Na realidade, o mistério do homem só no mistério do Verbo encarnado se esclarece verdadeiramente. Adão, o primeiro homem, era efetivamente figura do futuro, isto é, de Cristo Senhor. Cristo, novo

---

[1] *Sérgio Bernal Restrepo* é doutor em Ciências Sociais (Pontifícia Universidade Gregoriana – Roma), professor da Pontificia Universidad Javeriana (Bogotá, Colômbia) e consultor do Pontifício Conselho "Justiça e Paz".

[2] Texto traduzido do espanhol por José Antenor Velho, sdb.

Adão, na própria revelação do mistério do Pai e do seu amor, revela o homem a si mesmo e descobre-lhe a sua vocação sublime."[3]

O Deus da Revelação é um Deus comunitário, seguindo-se daí que o homem e a mulher, por sua mesma natureza de imagem de Deus, são chamados a ter como fim o próprio Deus, e a realizar-se em comunidade, mais ainda, em comunhão com seus semelhantes. Este é o verdadeiro fundamento da sociedade humana.

1. A concepção cristã da sociedade

Considerou-se tradicionalmente a pessoa humana como o eixo fundamental de todo o discurso social da Igreja. Da leitura da encíclica *Caritas in Veritate*, do Papa Bento XVI,[4] pareceria poder-se concluir que este eixo se desloca para a caridade. Não há dúvida sobre o valor dessa profunda reflexão teológica como uma contribuição para a melhor compreensão da Doutrina Social da Igreja (DSI). Entretanto, a leitura atenta da *Gaudium et Spes* mostra que a reflexão de Bento XVI não representa uma mudança, mas sim a confirmação dessa característica da DSI, que é sua continuidade e renovação permanente. Na realidade, creio que podemos encontrar a origem dessa reflexão na própria constituição pastoral do Concílio, mesmo sem um ulterior desenvolvimento explícito, quando se diz que "quando o Senhor Jesus reza ao Pai que 'todos sejam um..., como nós somos um' (Jo 17,21-22), abre perspectivas inacessíveis à razão humana, sugere alguma semelhança entre a união das pessoas divinas e a união dos filhos de Deus na verdade e na caridade".[5]

Aparece então, claramente, que o grande documento de Bento XVI tem suas raízes na constituição pastoral *Gaudium et Spes*. Na verdade, seguindo as atas do processo de elaboração daquilo que começou como Esquema XIII, descobre-se a dificuldade sentida pelos padres

---

[3] Constituição pastoral *Gaudium et Spes*. Sobre a Igreja no mundo atual (7.12.1965), n. 22. Daqui em diante = GS. In: VIER, Frederico (coord.). *Compêndio do Vaticano II*. Constituições, decretos, declarações. 29. ed. Petrópolis: Vozes, 2000.

[4] BENTO XVI. Carta encíclica *Caritas in Veritate*. Sobre o desenvolvimento humano integral na caridade e na verdade (29.06.2009). São Paulo: Paulinas, 2009. Coleção A Voz do Papa, 193. Daqui em diante = CV.

[5] GS 24.

conciliares de romper com a tradição escolástica em que se baseava o discurso social, e de utilizar pela primeira vez uma metodologia enriquecida com as contribuições das ciências sociais e com a humanidade para quem se destina a mensagem evangélica. O processo foi longo e árduo, mas o resultado foi um dos documentos conciliares de maior impacto na história recente da Igreja.

Paulo VI, no discurso de encerramento dos trabalhos do Concílio, descrevia a Igreja como *humani generis ancilla*, como serva da humanidade, não como instituição que quer manter um domínio sobre ela. Todo o Concílio, assim concebido, resulta num grande esforço para colocar em dia a missão evangelizadora pelo bem da humanidade, o que supõe conhecer sua situação histórica. Deixa-se de lado a abstração ontológica e visa-se ao homem real, o "fenômeno", como o papa o descreve. O homem que, com sua vivência, projeta problemas reais que exigem solução. O homem *como é* e situado no mundo.

Entretanto, não fica claro até que ponto os padres conciliares tinham uma consciência suficientemente explícita do que se pretendia, mas de qualquer modo deram um passo importante em relação à Doutrina Social da Igreja, incorporando a reflexão teológica ao Magistério, que até esse momento se apoiava talvez excessivamente nos pressupostos filosóficos e menos nas mesmas fontes da revelação. A visão renovada demonstra que as linhas de reflexão contidas nos documentos sociais encontram sua fonte primária na mesma Palavra revelada em que podemos descobrir a verdade última sobre o homem e o mundo segundo o plano de Deus.

É interessante notar, de fato, que, no Esquema apresentado à discussão, e mais precisamente no Anexo I, entregue aos padres para estudo e reflexão e do qual boa parte entrará na redação final da constituição, se fala de "sociedade" com uma conotação técnica, embora não exclusiva. As longas discussões foram esclarecendo os objetivos propostos e assim se chegará a ver que, ao falar da "comunidade humana", não se quer entrar num projeto meramente sociológico, mas que o sentido é teológico, moral.

Refletindo sobre a interação humana, que é o ponto de partida, dá-se maior ênfase ao *fraternum colloquium*. Poderíamos dizer que, deixando de lado o objeto material, o capítulo se centrará no objeto formal, ou seja, na maneira como, a partir da fé, vemos a inter-relação humana. E, dessa maneira, vai ao fundo da questão. Enquanto na proposta se falava de estruturas, no texto definitivo se fala de sua origem: as relações com as pessoas. E para garantir que isso fique claro, toma-se a relação como diálogo que supõe a consciência de si mesmo e do ser pessoal do outro. Enquanto a sociologia fala de "atores", "agentes" etc., a Igreja dará maior consideração aos membros da sociedade como "interlocutores".

Nessa concepção, o fundamento da sociedade parece relacionar-se intimamente com o mistério do Verbo encarnado em cada pessoa e que precisa "expressar-se" através de cada pessoa. A associação humana não tem sua origem exclusivamente na intenção de satisfazer as necessidades fundamentais, principalmente de ordem material. Sem negar a objetividade lógica encerrada nessa concepção, dá-se uma explicação muito mais profunda que, desde a sua própria formulação, evita toda forma de sociologismo fechado, de absolutismo, de abuso da pessoa ou negação dos seus direitos inalienáveis. Garante-se, assim, a fidelidade ao princípio central da Doutrina Social, que é colocar a pessoa no centro de toda realidade associativa, econômica, cultural.

Fica claro, então, o princípio do qual se poderiam tirar conclusões muito precisas: a sociedade não é constituída por coisas, mas por pessoas. A pessoa jamais poderá ser um objeto. A sociedade é, antes de tudo, uma realidade subjetiva no sentido de que é formada por sujeitos em interação no nível do "Tu", procurando criar o "Nós". As estruturas, no interior dessa concepção, conservam todo o seu valor, mas subordinado claramente ao valor central: a pessoa. Estão a seu serviço. Mais ainda, são uma consequência lógica da natureza social da pessoa. Estão intimamente relacionadas com as leis que regem a vida social, escritas pelo Criador na natureza espiritual e moral do homem. Logicamente, aqui se descreve a situação ideal, o "dever ser", que servirá de critério para avaliar as situações históricas concretas, as formas assumidas pela associação nos diversos contextos socioculturais.

Surge, assim, a visão cristã da sociedade elaborada a partir da mesma realidade do homem e da mulher situados historicamente, mas iluminada pela luz da Revelação divina. Dessa visão podemos concluir que a comunidade humana está a serviço do crescimento de cada pessoa em humanidade. O Verbo encarna-se em cada pessoa, fazendo com que a vocação de cada um seja exatamente expressar o Verbo, expressando-se a si mesmo, sobretudo mediante a entrega incondicional no serviço aos outros, como nos recorda o Concílio, segundo o qual a pessoa humana é a "única criatura na terra que Deus quis por si mesma, [e] não pode se encontrar plenamente a não ser por um dom sincero de si mesmo".[6] A sociedade, como comunidade de pessoas, deve criar todas as condições para que essa expressão seja possível em plenitude. Aqui está o fim da política como instituição fundamental da sociedade.

No documento social mais recente, a encíclica *Caritas in Veritate*, Bento XVI retoma tal fundamentação da interação humana: "A revelação cristã sobre a unidade do gênero humano pressupõe *uma interpretação metafísica do* humanum *na qual a relação seja elemento essencial*".[7] "A criatura humana realiza-se nas relações interpessoais: quanto mais as vive de forma autêntica, tanto mais amadurece a própria identidade pessoal. Não é se isolando que o homem se valoriza, mas relacionando-se com os outros e com Deus, pelo que estas relações são de importância fundamental. Isto vale também para os povos; por isso é muito útil para o seu desenvolvimento uma visão metafísica da relação entre as pessoas."[8]

2. A finalidade da ação política

Do que foi dito podemos concluir que a finalidade da política é a criação, manutenção e desenvolvimento da sociedade como comunidade, como família, como ambiente necessário para a realização plena de cada um e de todos os seus membros. Ela busca "a construção de uma cidade humana, pacífica, justa e fraterna, que possa ser uma oferenda agradável a Deus".[9] A finalidade da política foi entendida

---

[6] Ibidem.

[7] CV 55.

[8] CV 53.

[9] PAULO VI. Carta apostólica *Octogesima Adveniens*. Por ocasião do 80º aniversário da encíclica *Rerum Novarum* (14.05.1971). São Paulo: Paulinas, 1971. n. 37. Coleção A Voz do Papa, 68. Daqui em diante = OA.

tradicionalmente como a busca do bem comum, conceito enriquecido ao longo da elaboração da DSI. Hoje, temos uma descrição completa oferecida por Bento XVI. Para ele, "comprometer-se pelo bem comum é, por um lado, cuidar e, por outro, valer-se daquele conjunto de instituições que estruturam jurídica, civil, política e culturalmente a vida social, que deste modo toma a forma de *polis*, cidade".[10]

Paulo VI expressou, num dos melhores documentos sobre a DSI, a carta apostólica *Octogesima Adveniens*, o fundamento da ação política, que "deve ter como base de sustentação um esquema de sociedade, coerente nos meios concretos que escolhe e na sua inspiração, a qual deve alimentar-se numa concepção plena da vocação do homem e das suas diferentes expressões sociais".[11]

Considero importante recordar, como premissa ao que segue, a advertência feita pelo mesmo papa:

> Não compete nem ao Estado, nem sequer aos partidos políticos, que estariam fechados sobre si mesmos, procurar impor uma ideologia, por meios que viessem a redundar em ditadura dos espíritos, a pior de todas. É sim aos grupos culturais e religiosos – salvaguardada a liberdade de adesão que eles pressupõem – que assiste o direito de, pelas suas vias próprias e de maneira desinteressada, desenvolverem no corpo social essas convicções supremas acerca da natureza, da origem e do fim do homem e da sociedade. Neste ponto, é oportuno recordar o princípio proclamado no recente Concílio Vaticano II: "A verdade não se impõe de outro modo senão pela sua própria força de verdade, que penetra nos espíritos, ao mesmo tempo suave e fortemente".[12]

Remontando ao período anterior ao Vaticano II, vemos que Pio XI já definira a política como expressão da caridade, parecendo expressar a dimensão política de toda a atividade humana.

> Às vezes, os jovens se perguntam se, como católicos, não deveriam dedicar-se a algum tipo de política. E, depois de refletirem profundamente sobre o tema, conseguem criar para si mesmos as bases da

---

[10] CV 7.

[11] OA 25.

[12] Ibidem.

verdadeira, da boa, da grande política, aquela que tende ao bem maior, ao bem comum, ao bem da *polis*, da *civitas*, e ao redor da qual gravitam todas as atividades sociais. Agindo assim, os católicos compreendem e cumprem um dos grandes deveres cristãos, uma vez que, quanto mais vasto e importante seja o campo no qual se pode agir, maior será a obrigação. E é este o campo da política que tem a ver com os interesses de toda a sociedade e que, sob este aspecto, é o campo da mais vasta caridade, da caridade política, do qual se pode dizer que nenhum outro o supera, exceto o da religião. Neste espírito, os católicos e a Igreja devem considerar a política.[13]

Nos dois textos, que apresentei por inteiro, dado o seu grande valor, vemos que falar da ação política é falar da responsabilidade de todos os cidadãos sem delegar responsabilidades às elites de poder, aos partidos ou aos governantes, delegando a vocação pessoal.

Poderíamos dizer que a finalidade da política é o desenvolvimento de todas as pessoas e da pessoa por inteiro. Lamentavelmente, o predomínio do econômico sobre os demais valores foi deformando o conceito de desenvolvimento e também o da própria pessoa, vista a partir de uma única dimensão como produtora e consumidora. Por isso, é útil recordar como Paulo VI concebia o desenvolvimento, que, como humanização, foi admiravelmente descrito pelo papa como a passagem de condições menos humanas a condições mais humanas:

> "Mais humanas: a passagem da miséria à posse do necessário, a vitória sobre os flagelos sociais, o alargamento dos conhecimentos, a aquisição da cultura. Mais humanas também: a consideração crescente da dignidade dos outros, a orientação para o espírito de pobreza (cf. Mt 5,3), a cooperação no bem comum, a vontade da paz. Mais humanas ainda: o reconhecimento, pelo homem, dos valores supremos, e de Deus, que é a origem e o termo deles. Mais humanas, finalmente e sobretudo, a fé, dom de Deus acolhido pela boa vontade do homem, e a unidade na caridade de Cristo que nos chama a todos a participar como filhos na vida do Deus vivo, Pai de todos os homens".[14]

---

[13] PIO XI. Discurso aos dirigentes da Federação Universitária Católica (19.12.1927). In: BERTETTO, Domenico (a cura di). *Discorsi di Pio XI*. Torino: SEI, 1960. Vol. 1, p. 745.

[14] PAULO VI. Carta encíclica *Populorum Progressio*. Sobre o desenvolvimento dos povos (26.03.1967). São Paulo: Paulinas, 1990. n. 21. Coleção A Voz do Papa, 49. Daqui em diante = PP.

Esta visão é defendida por João Paulo II durante todo o seu pontificado. Para ele, o desenvolvimento dos povos depende principalmente de que se reconheçam como parte de uma única família, que colabora com verdadeira comunhão e é integrada por seres que não vivem simplesmente juntos um ao lado do outro. Na verdade, o desenvolvimento é a vocação do mundo e da humanidade. Mas desenvolvimento concebido de maneira integral e solidária. Podemos concluir, portanto, que a finalidade da política é o desenvolvimento assim entendido. Mas para que o desenvolvimento seja humano e humanizante, deve ser movido pela caridade e iluminado pela luz da razão e da fé.[15] Creio que é clara a relação entre as noções de desenvolvimento e de bem comum, compreendendo-se com esta concepção a afirmação de Bento XVI de que o desenvolvimento é o coração da DSI.[16]

Se aceitarmos tudo o que foi expresso até agora, o título desta reflexão resulta quase tautológico. Quero dizer que a política concebida a partir da perspectiva cristã é humanizadora por si mesma. No centro da sua preocupação está a pessoa: para ela existem a sociedade e todas as suas instituições. A pessoa em sua dignidade sublime por ser imagem e ser chamada a realizar em si a semelhança com seu Criador, natureza e vocação que constituem a origem dos direitos humanos. Trata-se da pessoa aceita em todas as suas dimensões e exigências resultantes de sua identidade. Todos os processos políticos têm por objetivo criar uma família unida pelo vínculo da caridade e da verdade, como o ambiente propício para o crescimento de todas e cada uma das pessoas em todas as dimensões de sua personalidade.

O desafio à ação política dos cristãos vem de uma sociedade excludente e desigual, fruto do sistema econômico dominante, que torna impossível a vivência da comunidade humana diante do fato doloroso de que "a maior parte dos homens e mulheres do nosso tempo vive o seu dia a dia precariamente, com funestas consequências".[17]

---

[15] CV 9.

[16] CV 13.

[17] FRANCISCO. Exortação apostólica *Evangelii Gaudium*. Sobre o anúncio do Evangelho no mundo atual (24.11.2013). São Paulo: Paulinas, 2013. n. 52. Coleção A Voz do Papa, 198. Daqui em diante = EG.

A utopia cristã formulada pelo rico Magistério Social da Igreja dá-nos a oportunidade de sonhar a sociedade inspirada em sua vivência, pelos valores do Evangelho.

3. A verdade

O pressuposto fundamental para conseguir que os processos políticos sejam realmente humanizantes é a compreensão adequada, a verdade sobre o homem e a mulher, ou seja, a concepção antropológica cristã. Quem talvez tenha dado a contribuição mais rica a respeito foi João Paulo II, cujo Magistério se apoiava nesta verdade que só se compreende com sua necessária relação com o Homem Jesus Cristo. *"A obediência à verdade sobre Deus e o homem* é a primeira condição da liberdade, permitindo-lhe ordenar as próprias necessidades, os próprios desejos e as modalidades da sua satisfação, segundo uma justa hierarquia, de modo que a posse das coisas seja para ele um meio de crescimento."[18]

Esta afirmação é o fundamento da dignidade da pessoa, de seus direitos inalienáveis, de ser o sujeito de todos os processos sociais, numa palavra, de ser o princípio e o fim de todas as instituições que devem ajudar a sua realização. Trata-se da pessoa destinada a um fim que transcende o puramente histórico. Justamente a ignorância dessa afirmação levou, ao longo da história, a todas as formas de totalitarismo opressor e alienante que terminaram em fracasso. "Se não se reconhece a verdade transcendente, triunfa a força do poder, e cada um tende a aproveitar-se ao máximo dos meios à sua disposição para impor o próprio interesse ou opinião, sem atender aos direitos do outro. Então o homem é respeitado apenas na medida em que for possível instrumentalizá-lo no sentido de uma afirmação egoísta. A raiz do totalitarismo moderno, portanto, deve ser individuada na negação da transcendente dignidade da pessoa humana, imagem visível de Deus invisível e, precisamente por isso, pela sua própria natureza, sujeito de direitos que ninguém pode violar: seja indivíduo, grupo, classe, Nação ou Estado. Nem tão pouco o pode fazer a maioria de um corpo social, lançando-se

---

[18] JOÃO PAULO II. Carta encíclica *Centesimus Annus*. No centenário da *Rerum Novarum* (1º.05.1991). São Paulo: Paulinas, 1991. n. 41. Coleção A Voz do Papa, 126. Daqui em diante = CA.

contra a minoria, marginalizando, oprimindo, explorando ou tentando destruí-la."[19]

Francisco expressou admiravelmente esta verdade: "Reconheçamos que, numa cultura onde cada um pretende ser portador de uma verdade subjetiva própria, torna-se difícil que os cidadãos queiram inserir-se num projeto comum que vai além dos benefícios e desejos pessoais".[20]

Pois bem, a compreensão desse princípio, como dissemos, torna-se impossível sem a necessária referência a Deus, fonte de toda verdade. O Papa Francisco sintetiza tal afirmação na *Evangelii Gaudium* quando afirma que "chegamos a ser plenamente humanos, quando somos mais do que humanos, quando permitimos a Deus que nos conduza para além de nós mesmos a fim de alcançarmos o nosso ser mais verdadeiro".[21] Esta verdade é fundamental para evitar cair na tentação de nos comprometermos com projetos destinados ao fracasso, como a história o demonstrou.

4. A gratuidade

O segundo pressuposto fundamental para a realização dessa família, e hoje valor inestimável para neutralizar a lógica do mercado, é a gratuidade, o dom de si mesmo inspirado pelo amor que não espera recompensa. Trata-se da "caridade na verdade, que Jesus Cristo testemunhou com a sua vida terrena e sobretudo com a sua morte e ressurreição, [que] é a força propulsora principal para o verdadeiro desenvolvimento de cada pessoa e da humanidade inteira".[22] A ideologia do mercado foi se apoderando das consciências, tornando sempre mais difícil a interação e contagiando todas as suas formas com a busca da ganância, material ou imaterial. O outro me interessa na medida em que pode proporcionar-me algum proveito, e assim acabo por usar os demais, não entrando em comunhão com eles. Sem percebermos, vamo-nos reduzindo aos poucos a mônadas *leibnizianas* condenadas ao isolamento desumanizante e incapazes "de usufruir da própria humanidade e de

---

[19] CA 44.

[20] EG 61.

[21] EG 8.

[22] CV 1.

entrar na relação de solidariedade e de comunhão com os outros homens para a qual Deus o criou. Com efeito, é mediante o livre dom de si que o homem se torna autenticamente ele próprio".[23] Com razão, Bento XVI adverte que "a 'cidade do homem' não se move apenas por relações feitas de direitos e de deveres, mas antes e sobretudo por relações de gratuidade, misericórdia e comunhão".[24]

Pois bem, essa entrega só é possível para quem é capaz de amar. O amor é a vocação do homem e a chave para chegar à sua plena compreensão. "O homem não pode viver sem amor. Ele permanece para si próprio um ser incompreensível e a sua vida é destituída de sentido, se não lhe for revelado o amor, se ele não se encontra com o amor, se o não experimenta e se o não torna algo seu próprio, se nele não participa vivamente."[25]

O *Compêndio da Doutrina Social da Igreja* faz uma boa síntese da gratuidade no âmbito da política: "A pessoa humana, mesmo participando ativamente na obra que tem por objetivo a satisfação das necessidades no seio da sociedade familiar, civil e política, não encontra a sua realização completa enquanto não supera a lógica da necessidade para projetar-se na lógica da gratuidade e do dom, a qual corresponde mais plenamente à sua essência e à sua vocação comunitária".[26]

5. Os direitos humanos

Superada a atitude apologética e especialmente com o Magistério de João XXIII, a Igreja proclama os direitos humanos que brotam da natureza humana dotada de inteligência e livre-arbítrio. Não se trata, portanto, de um presente, de algo devido à sociedade. São direitos universais e invioláveis aos quais não se pode renunciar por motivo algum.[27]

---

[23] CA 41.

[24] CV 6.

[25] JOÃO PAULO II. Carta encíclica *Redemptor Hominis* (4.03.1979). São Paulo: Paulinas, 1990. n. 10. Coleção A Voz do Papa, 90. Daqui em diante = RH.

[26] PONTIFÍCIO CONSELHO "JUSTIÇA E PAZ". *Compêndio da Doutrina Social da Igreja*. São Paulo: Paulinas, 2005. n. 391.

[27] JOÃO XXIII. Carta encíclica *Pacem in Terris*. Sobre a paz de todos os povos, na base da verdade, justiça, caridade e liberdade (11.04.1963). São Paulo: Paulinas, 1963. n. 9. Daqui em diante = PT.

Diante da proliferação de novos direitos e da violação sistemática dos direitos fundamentais, vale a pena retornar à sua concepção cristã, que foi contaminada com uma visão excessivamente legalista inspirada no direito romano, que desvirtua seu verdadeiro sentido. Não se trata de "dar para que me dês", segundo o aforismo romano, mas retornar ao seu verdadeiro sentido de dar a cada um o que é seu. Aqui, porém, mais uma vez, encontramos um erro que deve ser superado. Como entendemos o seu do outro? Tratando-se de algo apenas material, defrontamo-nos com grandes massas da humanidade que não teriam direitos, por nada possuírem de próprio. O que pertence ao homem e à mulher é sua mesma humanidade, a sua dignidade inviolável, os seus direitos inalienáveis (que não dependem da riqueza material), o fato de terem sido criados participantes da vida divina, de serem chamados a realizar em si a imagem do seu Criador. Devemos enfatizar, ainda, que a fonte dos direitos é a lei natural, a mesma natureza das pessoas, independentemente de sua condição social, econômica ou política. Sua natureza de seres criados para o amor, que não podem viver sem o amor. Só a partir dessa perspectiva devemos entender os direitos e deveres de cada pessoa.

Depois da *Declaração dos Direitos Humanos*, feita pelas Nações Unidas em 1948, gerou-se uma proliferação de direitos, alguns dos quais talvez não correspondam ao espírito da Carta Fundamental nem à concepção cristã. "Assiste-se hoje a uma grave contradição: enquanto, por um lado, se reivindicam pretensos direitos, de caráter arbitrário e libertino, querendo vê-los reconhecidos e promovidos pelas estruturas públicas, por outro existem direitos elementares e fundamentais violados e negados a boa parte da humanidade."[28]

Há uma íntima relação entre direitos humanos e bem comum. Daí que a política humanizante tem como função prioritária a promoção e proteção dos direitos humanos. Com grande acerto afirma João Paulo II que o "bem comum que a autoridade serve no estado, será plenamente realizado somente quando todos os cidadãos estiverem seguros dos seus direitos".[29]

---

[28] CV 43.

[29] RH 17.

Poderíamos analisar os direitos, um por um: à vida, a formar uma família, "*lugar primário da 'humanização'* da pessoa e da sociedade",[30] à educação, à participação, ao trabalho, à propriedade, à iniciativa de associação em todos os campos, a professar livremente uma religião. Contudo, e acolhendo os chamados do Espírito em numerosas manifestações eclesiais, quero deter-me na opção preferencial pelos pobres, pois considero que a pobreza traz consigo praticamente a violação de todos os direitos fundamentais da pessoa.

Os pobres sempre estiveram no coração da mensagem evangélica. Contudo, através dos séculos, enquanto seu número aumentava no mundo todo, por circunstâncias variadas, a Igreja pregou uma forma de caridade reduzida quase só à esmola que, muitas vezes, serviu para tranquilizar as consciências diante da injustiça estrutural. Os pastores da América Latina, sob o impulso do Vaticano II, iniciaram um discernimento que os levou a sentirem o chamado do Espírito a fazerem uma opção pelos pobres, os empobrecidos, os marginalizados, sem ignorar as consequências que tal opção poderia acarretar e sofrendo a perseguição que regou esta terra abençoada com o sangue de mártires.

Aos poucos, essa opção passou a ser a opção da Igreja universal, descrita por João Paulo II como "uma *forma especial* de primado na prática da caridade cristã, testemunhada por toda a Tradição da Igreja".[31]

Enfrentamos um dos mais formidáveis desafios à política humanizante. Alguns quiseram justificar a existência dos pobres apelando para a Escritura, mas, claramente, com uma falsa interpretação dos textos. A frase que aparece no Evangelho na boca de Jesus ("pobres sempre os tereis convosco", Jo 12,8), com clara referência ao Deuteronômio ("nunca deixará de haver pobre na terra", Dt 15,11), não tem um sentido fatalista, mas sim de denúncia dos efeitos do egoísmo humano e da injustiça e como um apelo à caridade. É doloroso constatar que os pobres sempre estiveram na história da humanidade e em não poucas ocasiões

---

[30] JOÃO PAULO II. Exortação apostólica pós-sinodal *Christifideles Laici*. Sobre a vocação e missão dos leigos na Igreja e no mundo (30.12.1988). São Paulo: Paulinas, 1990. n. 40. Coleção A Voz do Papa, 119.

[31] JOÃO PAULO II. Carta encíclica *Sollicitudo Rei Socialis*. Pelo vigésimo aniversário da encíclica *Populorum Progressio* (30.12.1987). São Paulo: Paulinas, 1988. n. 42. Coleção A Voz do Papa, 117. Daqui em diante = SRS.

foram vistos quase como uma bênção que permitia aos ricos exercer a caridade.

Graças aos estímulos provenientes das Igrejas que estão na América Latina, passou-se da resignação à atitude profética que se concretizou na opção preferencial pelos pobres. Como tem insistido o Papa Francisco, na Igreja caímos no engano de falar muito da pobreza, também demonstrando grande conhecimento das estatísticas, mas ficamos nas palavras, sem passar à ação para combater esta chaga vergonhosa. Uma ação política humanizante deve lutar contra as estruturas geradoras de pobreza, com audácia e determinação, mas sem cair no sonho da utopia. Atualmente, a política converteu-se em serva da economia, que acaba por condicionar todas as decisões que enfim sempre beneficiam os poderosos. É preciso devolver à política a sua função de garantidora e gestora do bem comum. Não podemos ir adiante deixando a orientação da economia e das finanças às forças cegas do mercado. Aquela que foi uma ciência converteu-se em ideologia. "Enquanto não forem radicalmente solucionados os problemas dos pobres, renunciando à autonomia absoluta dos mercados e da especulação financeira e atacando as causas estruturais da desigualdade social, não se resolverão os problemas do mundo e, em definitivo, problema algum. A desigualdade é a raiz dos males sociais."[32]

É função da política instaurar e defender a democracia que, precisamos reconhecer, ainda está por ser inventada. Enquanto existirem pobres na proporção atual, não podemos falar de democracia, que é, essencialmente, participação não só na tomada de decisões que afetam a todos, mas nos bens materiais e espirituais que constituem o patrimônio de toda sociedade. Precisamos buscar soluções efetivas para os problemas da desnutrição, do analfabetismo, das doenças endêmicas, do desemprego, da falta de moradia e de acesso aos serviços elementares, enfim, para toda uma série de carências que são fruto da má distribuição da riqueza acumulada por poucos. Não se inventou um sistema alternativo, mas precisamos acolher o desafio de humanizar o atual.

Vimos anteriormente que a ação política é vocação de todos. É preocupante o desinteresse crescente, especialmente entre os jovens, pela

---

[32] EG 202.

participação na política, resultado em parte do descrédito que a política e os políticos geraram quase universalmente. Corrupção e política parecem sinônimos. Daí precisarmos começar a formar as novas gerações para o compromisso político ativo. A DSI demonstrou com clareza o nexo existente entre evangelização e compromisso com a realidade em todos os níveis. Creio que o desinteresse dos cristãos pela política é fruto, em parte, de uma evangelização angelical, desencarnada, que não entendeu os desafios lançados pelo Vaticano II.

Essa participação supõe organizar a sociedade civil, fomentar o que João Paulo II chamou de subjetividade da sociedade, que se expressa através dos corpos intermédios nos quais se deve viver a verdadeira democracia permitindo ao Estado uma função subsidiária. Assim se evita que a pessoa fique sufocada pelas exigências do Estado e do mercado que certamente devem estar a seu serviço.[33]

O Papa Francisco sintetizou a relação entre evangelização e compromisso político enfatizando a necessidade da conversão que começa não com uma ideia, mas com o encontro pessoal com Cristo, com a aceitação da necessidade de tornar presente Deus e o seu Reino na vida de todos os dias: "[...] trata-se de amar a Deus, que reina no mundo. Na medida em que ele conseguir reinar entre nós, a vida social será um espaço de fraternidade, de justiça, de paz, de dignidade para todos. Por isso, tanto o anúncio como a experiência cristã tendem a provocar consequências sociais".[34] A formação para a ação política deve começar desde os primeiros anos promovendo a convivência fraterna, a solidariedade, a responsabilidade, a capacidade de optar autônoma e responsavelmente. De maneira especial, é preciso formar no discernimento a capacidade de escuta, que nos permite descobrir nos sinais dos tempos os apelos de Deus a compromissos históricos concretos. Há que se educar para a liberdade numa cultura alienante em que os progressos da tecnologia utilizados sem discernimento nos estão levando ao isolamento e a nos convertermos em indivíduos facilmente manipuláveis e manipulados pelos grandes poderes. Há que se formar na verdadeira fé. "Uma fé autêntica – que nunca é cômoda nem individualista – comporta sempre um profundo desejo

---

[33] CA 49.

[34] EG 180.

de mudar o mundo, transmitir valores, deixar a terra um pouco melhor depois da nossa passagem por ela."[35]

Conclusão

Nada melhor do que concluir esta reflexão com as palavras do Papa Francisco, que se convertem também na nossa prece a Deus:

> Peço a Deus que cresça o número de políticos capazes de entrar num autêntico diálogo que vise efetivamente sanar as raízes profundas e não a aparência dos males do nosso mundo. A política, tão denegrida, é uma sublime vocação, é uma das formas mais preciosas da caridade, porque busca o bem comum. Temos de nos convencer de que a caridade "é o princípio não só das microrrelações estabelecidas entre amigos, na família, no pequeno grupo, mas também das macrorrelações como relacionamentos sociais, econômicos, políticos". Rezo ao Senhor para que nos conceda mais políticos, que tenham verdadeiramente a peito a sociedade, o povo, a vida dos pobres. É indispensável que os governantes e o poder financeiro levantem o olhar e alarguem as suas perspectivas, procurando que haja trabalho digno, instrução e cuidados sanitários para todos os cidadãos. E porque não recorrer a Deus pedindo-lhe que inspire os seus planos? Estou convencido de que, a partir de uma abertura à transcendência, poder-se-ia formar uma nova mentalidade política e econômica que ajudaria a superar a dicotomia absoluta entre a economia e o bem comum social.[36]

Referências bibliográficas

BENTO XVI. Carta encíclica *Caritas in Veritate*. Sobre o desenvolvimento humano integral na caridade e na verdade (29.06.2009). São Paulo: Paulinas, 2009. Coleção A Voz do Papa, 193.

FRANCISCO. Exortação apostólica *Evangelii Gaudium*. Sobre o anúncio do Evangelho no mundo atual (24.11.2013). São Paulo: Paulinas, 2013. Coleção A Voz do Papa, 198.

JOÃO PAULO II. Carta encíclica *Centesimus Annus*. No centenário da *Rerum Novarum* (1º.05.1991). São Paulo: Paulinas, 1991. Coleção A Voz do Papa, 126.

---

[35] EG 183.

[36] EG 205.

_____. Carta encíclica *Sollicitudo Rei Socialis*. Pelo vigésimo aniversário da encíclica *Populorum Progressio* (30.12.1987). São Paulo: Paulinas, 1988. Coleção A Voz do Papa, 117.

_____. Carta encíclica *Redemptor Hominis* (4.03.1979). São Paulo: Paulinas, 1990. Coleção A Voz do Papa, 90.

_____. Exortação apostólica pós-sinodal *Christifideles Laici*. Sobre a vocação e missão dos leigos na Igreja e no mundo (30.12.1988). São Paulo: Paulinas, 1990. Coleção A Voz do Papa, 119.

JOÃO XXIII. Carta encíclica *Pacem in Terris*. Sobre a paz de todos os povos, na base da verdade, justiça, caridade e liberdade (11.04.1963). São Paulo: Paulinas, 1963.

PAULO VI. Carta apostólica *Octogesima Adveniens*. Por ocasião do 80º aniversário da encíclica *Rerum Novarum* (14.05.1971). São Paulo: Paulinas, 1971. Coleção A Voz do Papa, 68.

_____. Carta encíclica *Populorum Progressio*. Sobre o desenvolvimento dos povos (26.03.1967). São Paulo: Paulinas, 1990. Coleção A Voz do Papa, 49.

PIO XI. Discurso aos dirigentes da Federação Universitária Católica (19.12.1927). In: BERTETTO, Domenico (a cura di). *Discorsi di Pio XI*. Torino: SEI, 1960. Vol. 1, p. 745.

PONTIFÍCIO CONSELHO "JUSTIÇA E PAZ". *Compêndio da Doutrina Social da Igreja*. São Paulo: Paulinas, 2005.

VIER, Frederico (coord.). *Compêndio do Vaticano II*. Constituições, decretos e declarações. 29. ed. Petrópolis: Vozes, 2000.

5

O desafio do compromisso dos cristãos no mundo da política: do descrédito à esperança

Carlos Eduardo Ferré[1]

Introdução[2]

O objetivo desta reflexão é considerar como deve ser o compromisso dos cristãos no âmbito da política, num momento de desprestígio generalizado dessa atividade, e como tornar presente a boa-nova da esperança, que ajude a reabilitar uma ação que, com justiça, foi qualificada como uma das formas mais excelsas da caridade.

É evidente que – na atualidade – a política é uma das atividades mais desprestigiadas. Contudo, o que significa realmente esse desprestígio? Quem ou o que o gerou? Para responder a essa pergunta, analisarei em primeiro lugar quais foram as causas que o originaram ou, ao menos, as

---

[1] *Carlos Eduardo Ferré* é mestre em Doutrina Social da Igreja (Universidade Pontifícia de Salamanca), diretor do Centro de Estudos da Doutrina Social da Igreja "Paulo VI" e presidente da Associação Civil São Tomás Moro (Argentina).

[2] Texto traduzido do espanhol por José Antenor Velho, sdb.

que colaboraram para gerá-lo. Considerarei, em seguida, qual a contribuição do pensamento e a ação dos cristãos nesta matéria e, por último, tentarei enunciar algumas chaves que nos ajudem a resolver a questão.

Muitas vezes, quando se analisa este tema, faz-se referência imediata a questões de índole ética pessoal. Fala-se da corrupção que realmente existe. Entretanto, seria simplificar as coisas se permanecêssemos com esse diagnóstico. É de fundamental importância analisar outras questões de caráter objetivo, que atuam como suas causas desencadeadoras. Procurarei abordar algumas delas.

1. Diminuição do poder do Estado

O Estado sofreu, nas últimas décadas, uma diminuição objetiva do seu poder. Ele já não é a organização pela qual passam todas as decisões importantes que afetam a comunidade. Coincidiram nessa situação o processo de globalização – fundamentalmente em seu aspecto econômico-financeiro – e a ideologia da revolução neoconservadora, instalada num momento de hegemonia unilateral, como pensamento único.

Somou-se a isso o surgimento de novos atores transnacionais que detêm o poder de tomar decisões em áreas vitais para as comunidades políticas nacionais, que produziram um fenômeno que faz com que grupos concentrados de poder econômico, independentemente do Estado, resolvam questões que têm a ver com a vida dos cidadãos.

A concentração da riqueza produzida nas últimas décadas supera as cifras conhecidas e manifestou-se no quadro de uma mudança de época. Nessa situação de perda paulatina da soberania do Estado, o cidadão participa de uma comunidade política que diminuiu em boa parte – quando não totalmente – a sua capacidade de condução dos processos históricos e que – em muitos casos – nem sequer detém o monopólio da força para garantir o cumprimento da lei.

Isso significa que a soberania não só não reside no povo como tampouco se expressa no Estado. Na verdade, a soberania está em outro lugar não precisamente ao alcance dos cidadãos.

2. Redução da política a espetáculo: a era "midiocrática"

No interior desse processo deu-se outro, que foi o surgimento do *marketing* político como protagonista. O lugar da política deixou de ser o parlamento, os partidos, a rua, para circunscrever-se quase exclusivamente aos meios de comunicação, especialmente audiovisual, nos quais o debate se realiza com as regras das mídias e nos quais a cidadania tem a ilusão de participar, embora, em geral, só o faça como espectador.

O *marketing* político tornou notavelmente caro o exercício da política. A política voltou a ser uma atividade reservada àqueles que manejam muito dinheiro ou, ao menos, àqueles que têm boas ligações com os que o possuem. Os custos das campanhas são multimilionários. Mas o dinheiro utilizado para a política não é dinheiro legítimo, introduzindo o flagelo da corrupção, aquela praticada no seio do Estado que utiliza fundos provenientes do crime ou de agências de inteligência de Estados que intervêm nas políticas de outras nações.

Dessa forma, a corrupção converteu-se no combustível que faz funcionar a máquina política e que tem como única finalidade criar máquinas eleitorais eficientes para captar a maior quantidade de votos e legitimar quem detém o poder.

3. A ideia da impossibilidade ou inocuidade do compromisso

O individualismo foi um dos emblemas do pensamento único neoliberal. As maiorias foram convencidas de que os problemas sistêmicos podem ser resolvidos com soluções pessoais inteligentes, o que supostamente é impossível ao conjunto.

Os problemas sistêmicos requerem soluções complexas que só a política pode elaborar, mas, se o indivíduo isolado de sua comunidade acredita numa solução pessoal, dificilmente haverá de parar para analisar como poderia construir uma solução coletiva.

Isso se transforma na crença de que o compromisso político ou é impossível ou é inócuo, por isso deve-se desconfiar daqueles que o promovem. Tudo isso levou à deterioração da democracia.

4. A exclusão social

No mundo atual, surgiu um novo fenômeno, sofrido por amplos setores da população: a exclusão.

Muitos grupos sociais subsistem com recursos muito escassos e em condições indignas da condição humana. Às penúrias associadas à limitada satisfação de necessidades básicas deve-se acrescentar a dolorosa realidade da indiferença de outros setores sociais que, às vezes, não consideram a exclusão um problema que lhes pertença.

Em muitos casos, os excluídos também são responsabilizados por terem se separado ou por carecerem de condições que lhes permitam ser aceitos nas estruturas sociais existentes.

Essa situação de injustiça estrutural priva milhões de homens de compartilharem o mundo e a história que vivemos. Não obstante, este fenômeno surgido de decisões ou omissões que os homens tomaram em prejuízo de outros irmãos começa a fazer parte de uma realidade cotidiana que tende a tornar-se natural e, como tal, a ficar cristalizada no tempo.

É preciso tomar consciência e considerar que democracia e exclusão são situações que não podem coexistir, pois constituem uma contradição antagônica. Com exclusão não existe participação. Sem participação não há democracia.

Não se resolve o problema da exclusão incluindo os excluídos num sistema que continua excluindo porque sua natureza própria é ser excludente. A verdadeira solução para a exclusão é promover uma autêntica participação no sentido em que este valor é proposto pelo pensamento social da Igreja.

Durante o período marcado por governos autoritários, teve início o processo de concentração da riqueza e, ao mesmo tempo, de exclusão de setores sempre mais numerosos da população. Apesar das várias medidas tomadas, esse processo não se modificou substancialmente. Em alguns casos, foi potenciado a partir de governos eleitos pelo voto dos cidadãos. O fosso entre pobres e ricos continua registrando níveis escandalosos. Ao menos nas formas, chegou-se à democracia no plano político, enquanto, por outro lado, excluiu-se no plano socioeconômico, deixando os homens e as mulheres do nosso continente com uma evidente diminuição em sua capacidade de decisão.

5. A fragmentação social

Para ser autêntica, a participação deve levar em conta a dimensão social do homem. Não se pode exaltar a cidadania como fato individual e, ao mesmo tempo, desalentar ou conspirar diretamente contra a organização social que os homens vão criando livremente.

O caminho da participação e da democracia é construído a partir de experiências sucessivas e sempre mais complexas de comunidade, desde as quais os homens podem interagir de forma direta. A partir disso será possível elaborar novas formas de representação mais adequadas aos tempos em que vivemos.

O homem comum torna-se alheio, mero espectador de uma política feita por outros, gerando uma compreensível apatia que depois é criticada pelos mesmos que o afastaram objetivamente do seu lugar e da possibilidade de participar.

Isso significa que o círculo perverso de concentrar a riqueza em poucas mãos é seguido pela concentração de poder político, do qual são excluídos econômica, social e politicamente grandes setores da população, aqueles que em muitos casos são submetidos a um sistema clientelista financiado e alimentado com a corrupção.

Essas circunstâncias favoreceram sem dúvida uma democracia frágil, que se foi esvaziando de valores. Nesse contexto, só contava conseguir o controle do aparelho do Estado, obtendo para ele o número necessário de votos; esse número era importante ser conseguido a qualquer preço; fosse ele financiado e cooptado por grandes grupos financeiros internacionais, pelas máfias ou por dinheiro da corrupção, para acabar sendo votado por maiorias inorgânicas que, no melhor dos casos, estavam dispostas a dar o seu voto, mas não assumiam qualquer compromisso para o futuro, tão conscientes estavam de que sua participação se reduzia estritamente a isso: o voto. Voto que, em geral, não envolvia uma autêntica escolha de pessoas nem de programas de governo.

Há um vínculo existente entre exclusão social e qualidade da democracia, ou, em outros termos, entre desenvolvimento da justiça social e verdadeiro exercício da democracia.

6. A dívida externa

O elemento que mais condicionou as jovens democracias foi a dívida externa que pesou sobre os ombros dos latino-americanos.

Paralelamente, impediu-se o processo de renovação geracional no âmbito da política em geral e em todos os níveis sociais, dado que a repressão foi aplicada em especial e com maior violência sobre os jovens, enquanto se congelava a velha liderança política que, em geral, se converteu na protagonista da transição para o sistema republicano.

Ao mesmo tempo, a dissolução forçada das instituições políticas, sociais, corporativas etc. significou um retrocesso notório na participação orgânica nas decisões de homens e mulheres, com uma considerável perda de protagonismo individual e coletivo.

As democracias surgidas com essas fragilidades e esses condicionamentos não conseguiram despertar a adesão perseverante da cidadania, que se sente defraudada pelos resultados dos governos, mesmo daqueles que tentaram reverter a situação com medidas pró-inclusão, mas não souberam organizar e promover o aumento da participação popular para obter um nível maior de soberania, elaborando uma aliança do Estado com a sociedade que compense a assimetria de poder entre eles e os representantes dos grupos econômicos e financeiros unidos.

Mesmo as experiências que conseguiram aglutinar maior adesão popular não conduziram esses processos pelo caminho do fortalecimento da organização do poder popular que garanta a continuidade desses processos e, ao mesmo tempo, assegure a fidelidade aos princípios que associaram essas maiorias. Muitas vezes os dirigentes confiaram mais nos desgastados e fragilizados aparelhos estatais, supostamente controlados, do que na ação organizada do povo, que – dessa forma – se confunde num gregarismo que enfraquece o poder e a proteção histórica.

A política foi, então, perdendo o interesse dos cidadãos, que descreem das instituições, e gerou uma apatia que exclui da participação também aqueles que não são sujeitos da exclusão social.

De fato, desenvolve-se uma ação que consegue subtrair a prática política do seio da sociedade, "privatizando-a", ou, de outra maneira, tirando-a da esfera do bem comum.

A humanidade criou a política como instrumento para transformar a realidade, organizando os membros de uma comunidade e suas ideias e colocando o homem e a comunidade como centro da ação política.

Na experiência atual do nosso continente, o esforço da política deixa de consistir na organização das aspirações, para centrar sua preocupação exclusivamente na luta pela obtenção de espaços de poder. Alcançado o objetivo de ocupar o aparelho do Estado, o político reduzirá sua tarefa de governante à mera gestão, e isso acontece porque, decisivamente, ele gerencia planos e projetos desenhados por poderes alheios e muitas vezes anônimos.

É por isso que se torna necessário conceber e executar a ação política como instrumento de organização da comunidade segundo o bem comum, na passagem do inorgânico ao orgânico e do individualista ao social.

O contrário é apoiar a situação atual, em que a política aparece como patrimônio de uma classe – aquela que na lógica classista enfrenta-se com as outras –, gerando um processo de isolamento entre a "corporação política" ou "classe política" e o resto da comunidade.

Decisivamente, a redução do âmbito da política, do seu poder de decisão que costuma transformar os governantes em meros gestores, a redução dos sujeitos que intervêm, somada ao exercício de uma cidadania passiva, à transformação do cidadão em mero consumidor e à aceitação resignada de que as coisas são assim e não podem ser mudadas, não poderiam desembocar em outra coisa senão numa infravalorização do político.

7. A contribuição do pensamento social da Igreja

Quanto à contribuição proposta pela Doutrina Social da Igreja à concepção da política, justamente por ser bem conhecida pelos cristãos comprometidos no mundo da política, ater-me-ei mais às contribuições feitas pelo Papa Francisco em seu pontificado.

7.1. A contribuição da Evangelii Gaudium

A acentuação da dimensão evangelizadora e missionária da Igreja, proposta pelo pontificado de Francisco, ajuda-nos a abordar o tema, no entendimento de que o ato mesmo de evangelizar produz na história profundas mudanças em sua dimensão sociopolítica.

Francisco afirma, na *Evangelii Gaudium*, que "a verdadeira esperança cristã, que procura o reino escatológico, gera sempre história".[3]

De fato, como afirmado no *Documento de Aparecida*, "a missão do anúncio da Boa-Nova de Jesus Cristo tem uma destinação universal. Seu mandato de caridade alcança todas as dimensões da existência, todas as pessoas, todos os ambientes e todos os povos".[4] A missão da Igreja, com o risco de descumpri-la, não pode deixar de impulsionar a mudança no sentido do Reino para onde caminha, e este, por sua vez, espera para chegar até ela.

Essa mudança não é uma mudança qualquer. Não se trata de mera maquiagem. Muito pelo contrário, as mudanças que a Igreja se propõe e propõe à humanidade, a fim de realizá-las com todos os homens de boa vontade, vão ao coração de um sistema absolutamente injusto que, baseado no materialismo e no individualismo, produziu centenas de milhões de seres humanos transformados em "descartáveis" ou "prescindíveis", como os define, com a crueza da verdade, o *Documento de Aparecida*.

Um mundo em que importa o crescimento econômico, mas não o desenvolvimento integral dos povos e de todos os homens, requer propostas verdadeiramente revolucionárias de mudança e ações para realizá-la. É necessária a substituição de estruturas de pecado por estruturas virtuosas, fundadas na dignidade da pessoa, no destino universal dos bens e na solidariedade.

---

[3] FRANCISCO. Exortação apostólica *Evangelii Gaudium*. Sobre o anúncio do Evangelho no mundo atual (24.11.2013). São Paulo: Paulinas, 2013. n. 181. Coleção A Voz do Papa, 198. Daqui em diante = EG.

[4] CONSELHO EPISCOPAL LATINO-AMERICANO. *Documento de Aparecida*. Texto conclusivo da V Conferência Geral do Episcopado Latino-Americano e do Caribe. Brasília/São Paulo: Edições CNBB/Paulus/Paulinas, 2007. n. 380.

Em sua exortação apostólica, Francisco proclama: "Ficar surdo a este clamor, quando somos os instrumentos de Deus para ouvir o pobre, coloca-nos fora da vontade do Pai e do seu projeto, porque esse pobre 'clamaria ao Senhor contra ti, e aquilo se tornaria para ti um pecado' (Dt 15,9). E a falta de solidariedade, nas suas necessidades, influi diretamente sobre a nossa relação com Deus".[5]

Ele arremata o seu pensamento dizendo: "Ninguém deveria dizer que se mantém longe dos pobres, porque as suas opções de vida implicam prestar mais atenção a outras incumbências" e, se admite que a tarefa de transformar a realidade é primordialmente missão dos leigos, também insiste que "ninguém pode sentir-se exonerado da preocupação pelos pobres e pela justiça social".[6]

Outra questão ressaltada é a recuperação do conceito de povo pelo Papa Francisco. Isso se dá num momento da história em que tudo que é popular é desqualificado – sem qualquer análise – como populista, e em que a popularidade, valha a redundância, da categoria povo estava em seu mais baixo nível, a julgar pelo seu desuso nas ciências sociais e na linguagem dos dirigentes.

O pensamento popular compreende que o todo é superior à soma das partes. Concebe a comunidade como um organismo vivo com multiplicidade de funções diferenciadas, mas internecessárias e que se inter-relacionam, embora contraditoriamente. Para Francisco, a comunidade, porém, é dotada de uma força espiritual que atua centripetamente, tendendo para que as partes não atuem isoladamente, defendendo o próprio interesse. O seu limite é a busca do bem comum e o conflito não é resolvido pela supressão de um de seus termos, mas pela integração harmoniosa dos mesmos. O papa propõe uma unidade espiritual e concebe um centro intangível que se nutre das melhores e mais virtuosas experiências pessoais e coletivas promovendo um objetivo que só se pode obter com a construção de uma unidade consciente e livremente assumida.

---

[5] EG 187.

[6] EG 201.

Entendo que, nesses conceitos, que deveremos aprofundar, estão as chaves da recuperação da política e de uma decidida colaboração para levar adiante a democracia na medida do nosso século.

8. A contribuição concreta dos cristãos

O fracasso das ideologias materialistas está à vista de todos. Apesar disso, continuamos a viver segundo os seus paradigmas, também os que já foram historicamente derrotados.

O Povo de Deus, anunciador da Boa-Nova de Jesus, é quem hoje pode levar ao mundo a mensagem de esperança de uma verdadeira mudança. O cristão também pode levar à humanidade a certeza de que não nos fixaremos em nenhuma das mediações humanas que estamos construindo. Que não haveremos de cristalizar nenhum sistema econômico, político ou social, por mais êxito que tenha tido num determinado momento. Nosso ideal de perfeição, ao qual Cristo nos chamou quando nos mandou "ser perfeitos como Nosso Pai é perfeito", nos obriga a uma contínua revisão, porque sempre haverá uma necessidade que pede um novo direito, uma ofensa à dignidade de algum grupo ou setor que não tenha sido atendido ou que a dinâmica da história tenha prejudicado, uma solidariedade devida às gerações que nos dê continuidade, que não tenha sido levada em conta.

A participação, quanto à necessidade e o direito humano, pressupõe a satisfação de necessidades associadas, tais como o desenvolvimento do pensamento reflexivo, a criação e recriação de objetos materiais e de novas formas de vida social, a valorização pessoal e do grupo de pertença e a construção de uma identidade individual e social na comunidade local e nacional.

A partir do pensamento social da Igreja, podemos e devemos indagar sobre quais deveriam ser, hoje, as condições da democracia e, portanto, do exercício pleno da participação em nossa sociedade.

Não nos referimos aqui à democracia em seu aspecto processual ou formal. Referimo-nos à democracia como forma de vida, meta jamais totalmente alcançada e em permanente evolução, pelo que os homens e mulheres numa comunidade política em situação de verdadeira liberdade e igualdade decidem em conjunto, construindo as decisões de modo cooperativo e participativo, não só no âmbito estrito da política, mas em todos os espaços da realidade em que se exerce realmente o poder e em tudo que lhe diga respeito direta ou indiretamente.

Analisando a fundo o princípio de participação, concluímos que não há verdadeira participação se não existir um real protagonismo no momento da decisão, e que tampouco isso existe quando a participação se restringe a alguns aspectos da realidade social e deixa outros à margem, ou quando não se torna extensiva a todas as pessoas da comunidade.

Parece imprescindível definir e anunciar o conceito de participação como um Direito Humano fundamental, inerente à dignidade da pessoa humana, sem a qual não se pode viver em liberdade.

Ao mesmo tempo, é necessário expressar, para seu exercício correto, os deveres decorrentes do direito já definido, tais como responsabilidade, compromisso e organização solidária.

Para conceber uma democracia realmente participativa é preciso um novo modelo de cidadania. Uma democracia autenticamente participativa requer um cidadão dotado de maior poder do que aquele imaginado no século XIX pelas democracias representativas ou delegatórias. Consequentemente, o cidadão não pode reduzir-se ao âmbito da política eleitoral. Isto é, eleger e ser eleito para os cargos de governo.

Para uma democracia participativa, o cidadão deve ser uma pessoa à qual não seja restringido o direito de intervir com protagonismo e decisão em qualquer dos âmbitos nos quais o poder é exercido e manifestado. Também não se pode conceber um cidadão que só possa atuar de forma individual. A organização da comunidade não só deve ser acolhida pelo Estado como este deve promovê-la e facilitá-la como parte do papel que corresponde a uma verdadeira democracia; ou seja, o papel de participar permanentemente do poder para que cada homem e cada organização criada livremente por ele no seio da comunidade sejam dotados da parcela de decisão que lhes corresponde. Não pode ser alheio à decisão em matéria econômica. Deve contar com o direito de participar e decidir conjunta e ativamente em todo processo de produção, recuperando as melhores experiências de cogestão no âmbito da empresa e dos conselhos econômico-sociais, no âmbito público; de comercializar ao menos os produtos indispensáveis para seu sustento, assim como intervir na decisão de prover os serviços essenciais básicos, incluindo os de saúde e educação.

Se admitirmos viver na sociedade do conhecimento, é absolutamente indispensável que este também seja democratizado. O próprio direito à vida está em jogo quando se permite que o conhecimento seja objeto de apropriação privada. Sirvam de exemplos os abusos cometidos com o exercício do direito de patentes dos medicamentos. É imprescindível que se possibilite igualmente a todos o acesso às várias instâncias do conhecimento, considerando que é a única forma de dar ao homem ferramentas que o coloquem em igualdade de condições para poder participar em todos os âmbitos da vida comunitária.

Também se deverá democratizar o controle do crédito. À luz das experiências de um mercado global em matéria de finanças, é evidente que a participação como protagonista seja a nova chave de uma vida realmente democrática.

Além do mais, o cidadão de uma democracia participativa não deveria viver desvinculado do controle dos meios de comunicação de massa, tornando possível uma saudável vinculação entre democracia e informação que possibilite a igualdade de direito e igual possibilidade no exercício do direito de opinar.

Conclusão

Analisamos sucintamente um novo modelo de cidadania coerente com a democracia participativa. No plano estritamente político, dever-se-ia promover toda expressão de democracia direta ou semidireta, imaginando novas instâncias que tornem possível, aos homens do século XXI, instituições mais afins com sua época, levando em consideração que tudo isso é possível quando uma verdadeira justiça social tenha colocado a todos em posição de decidir.

Decisivamente, estamos persuadidos de que conceber e exercer a participação da forma proposta é dar à democracia e à própria política uma dimensão realmente humana que permita a todos nós poder construir a história que nos coube viver e que torne possível o desenvolvimento do homem, de todos os homens e do homem todo. É também a possibilidade de as novas gerações se enamorarem de uma política que lhes possibilite serem artífices do próprio destino.

Todas essas propostas supõem optar pelo tempo sobre o espaço, os processos como tanto ou mais importantes do que os resultados e, consequentemente, assumir a pedagogia da participação como parte da construção do Reino. Cabe a nós, cristãos, a responsabilidade de fazê-lo com a esperança colocada no Senhor. Não nos é pedido o resultado, mas o trabalho. Façamos a nossa tarefa, confiando que os frutos hão de ser dados por Deus em sua infinita misericórdia. E Deus, com certeza, nos dará a graça de poder realizá-lo.

Referências bibliográficas

CONSELHO EPISCOPAL LATINO-AMERICANO. *Documento de Aparecida*. Texto conclusivo da V Conferência Geral do Episcopado Latino-Americano e do Caribe. Brasília/São Paulo: Edições CNBB/Paulus/Paulinas, 2007.

FRANCISCO. Exortação apostólica *Evangelii Gaudium*. Sobre o anúncio do Evangelho no mundo atual (24.11.2013). São Paulo: Paulinas, 2013. Coleção A Voz do Papa, 198.

6

O desafio do compromisso dos cristãos no mundo da política: testemunho e santidade

Fernando Altemeyer Junior[1]

Introdução

A relação entre Doutrina Social da Igreja (DSI) e política é profunda, germinal e complexa. Ambas foram tecidas nestes tempos modernos como hábeis ferramentas da ação cidadã. Recordo uma frase de um irmão da nação *Kaingang*, do Oeste de Santa Catarina, perguntando à queima-roupa se eu era de verdade seu irmão. Quando respondi que sim, com convicção profunda, ele me olhou firme e, de forma categórica, proclamou o seu evangelho: "Se tu és meu irmão, então tu és um filho de Deus". Sem o saber, o valoroso líder *Kaingang* exprimia de forma lúcida a anterioridade antropológica do humano diante de Deus. Se

---

[1] *Fernando Altemeyer Junior* é doutor em Ciências Sociais (Pontifícia Universidade Católica – São Paulo), mestre em Teologia e Ciências da Religião (Université Catholique de Louvain – Bélgica) e professor da Pontifícia Universidade Católica de São Paulo: <http://lattes.cnpq.br/9117745188904512>.

irmãos, podemos dizer que somos filhos. E ao dizer que somos filhos do Pai comum, somos vocacionados a viver como irmãos. Devo dizer que DSI e política são também irmãs gêmeas nascidas sob a inspiração e vocação comuns de colocar em prática os valores da vida social justa. Para nós, cristãos, o compromisso maior é fazer a história tornar-se cada dia uma grandeza cristã e não elevar o Cristianismo à grande história.[2] Será sempre compromisso com os sujeitos da história. Compromisso com uma nova história e o sopro do provisório. E, enfim, um compromisso diário com o mundo da política, construtora de cidadãos novos e livres.

Há sintonias profundas em nossas práticas e, às vezes, irrompem doloridos o conflito e a distância nervosa entre DSI e política. O critério de julgamento são os crucificados na história. No Brasil, temos atualmente 500 mil presos em celas onde cabem 200 mil! Há no mundo, segundo a OIT, 215 milhões de crianças em trabalho escravo. Muitos povos indígenas estão sendo exterminados, e biomas, rios e florestas bradam aos céus diante de uma destruição sistêmica e voraz. Há, entretanto, um horizonte utópico que é a ressurreição das pessoas, dos valores e a emergência dos povos como sujeitos e protagonistas. Cruz e ressurreição devem ser assumidas como paradigmas vitais na história dos povos crucificados. Esta tensão entre morte e vida, que é o segredo do Cristianismo, subverte todas as armas ideológicas da morte e abre horizontes para a novidade na história sempre provisória e sempre a caminho. A ressurreição é a novidade cristã que nos leva do descrédito à esperança. E, ainda, aos portais de novas esperanças graças à força do Divino Espírito Santo, que renova a face da terra e da política. Sempre ao lado dos pobres, e pobre para os pobres. Simplicidade e austeridade como maneiras de ser e viver a nova política.

---

[2] LUBAC, Henri de. *Paradojas*. Madrid: PPC, 1997. p. 103.

1. DSI e política: entre a promoção e a salvação do humano

Afirmamos que há sintonia entre política e DSI quando os cristãos e os cidadãos de todas as correntes sociais e políticas agem e vivem motivados por valores e projetos comunitários e universais, particularmente a paz e a equidade. Como afirma a Didaqué ou Instrução dos Doze Apóstolos: "Julgue de forma justa e corrija as culpas sem distinguir as pessoas".[3]

Há sintonia quando cristãos e cidadãos não se acomodam à mesmice e ao *status quo*, defendendo privilégios, nepotismos ou, em alguns casos, até participando de pequenas corrupções institucionais ou confessionais, olvidando que política e religião são instrumentos de algo maior, que é a fraternidade e a solidariedade. Um cristão iluminado pela DSI deve "rejeitar grupos ocultos de poder que pretendem condicionar ou subverter o funcionamento das legítimas instituições".[4]

Há conflito entre DSI e política quando não se cuida do exercício do poder e se faz da democracia uma palavra vazia e oca que tira a esperança dos empobrecidos e dos crucificados por meio do sistema neoliberal idolátrico e totalitário. Como escreveu profeticamente o frade dominicano Carlos Josaphat Pinto de Oliveira, em 1963, às portas do golpe militar: "O objetivo do combate não é aniquilar alguém, é remover a injustiça, o ódio e a miséria que fazem causa comum na conspiração contra a autêntica felicidade, e contra a paz verdadeira. O Cristianismo não é por sua natureza conservador ou revolucionário; ele é proclamação e sede de justiça. Exige dos seus fiéis que se empenhem por uma ordem justa, conservando aquela porventura existente, e buscando introduzir uma nova estrutura, quando a antiga é iníqua ou caduca no seu conjunto".[5]

Há conflito quando os grupos do poder econômico e das transnacionais compram a consciência de milhões de cidadãos e até corrompem

---

[3] Didaqué, 4, 3.

[4] PONTIFÍCIO CONSELHO "JUSTIÇA E PAZ". *Compêndio da Doutrina Social da Igreja*. São Paulo: Paulinas, 2005. p. 313.

[5] JOSAPHAT, Carlos. *Evangelho e revolução social*. São Paulo: Livraria Duas Cidades, 1963. p. 87; 89.

os cristãos subvertendo a democracia, instilando-lhes o ódio no coração e na mente para destruir a participação das pessoas, para acirrar cisões e manipulações e, finalmente, para organizar no parlamento ou nas bolsas de valores opções econômicas e sociais injustas ou a aprovação de leis iníquas que atingem a vida e a dignidade humana. A Igreja que pratica a DSI se descobre livre, pois não depende dos ricos e do capital, mas da verdade e do Evangelho. Não mais se submete ao domínio das forças totalitárias, mas se faz humilde serva do Cristo ao lado dos pequenos, das mulheres, dos negros e das culturas. E põe em prática as novidades do Concílio Vaticano II, em particular as inéditas decisões pastorais da *Gaudium et Spes*.[6]

Há sintonia entre DSI e política quando um cristão exerce um cargo público ou estatal e faz confluir as energias de todos para um plano diretor que estimule a juventude e os grupos da sociedade civil para viver melhor em nossas cidades, superando o medo e a inércia que paralisam e empobrecem a vida e os sonhos. Isso equivale a lutar coerente e firmemente contra as estruturas de pecado, ou, como denominamos na América Latina, pecado estrutural, para vislumbrar a Terra sem Males sonhada pelo ancestral povo guarani no coração de nosso subcontinente. Essa luta une fé e política, oração e ação. Assim escrevia o beato Paulo VI na *Populorum Progressio*: "A esta oração [a fervorosa oração de todos ao Onipotente] deve corresponder, em cada um, o compromisso decidido de se empenhar, segundo as suas possibilidades e forças, na luta contra o subdesenvolvimento. Deem-se as mãos fraternalmente, as pessoas, os grupos sociais e as nações, o forte ajudando o fraco a crescer, oferecendo-lhe toda a sua competência, entusiasmo e amor desinteressado. Mais do que qualquer outro, aquele que está animado de verdadeira caridade é engenhoso em descobrir as causas da miséria, encontrar os meios de a combater e vencê-la resolutamente".[7]

Há conflito quando os leigos cristãos fogem da política "como o diabo da cruz" e quando políticos corruptos fazem ouvidos surdos aos

---

[6] Vide Apêndice 1.

[7] PAULO VI. Carta encíclica *Populorum Progressio*. Sobre a necessidade de promover o desenvolvimento dos povos (26.03.1967). São Paulo: Paulinas, 1990. n. 75. Coleção A Voz do Papa, 49.

clamores de comunidades organizadas. Esse diálogo de surdos acaba por produzir uma sociedade doente e apática. Milhões de jovens são adestrados como cães raivosos ou adormecidos por ópio e narcóticos ideológicos e pela mídia dominante para negar a política e gritar que é suja e conspurcada. E, ao transformar-se em analfabeto e inerte político, acaba colaborando para que os grupos dominantes mantenham a pior política, que é a da dominação e da mentira. A crise da política e a perda de sensibilidade na Modernidade líquida foram diagnosticadas por Bauman e Donskis como uma nova forma de cegueira moral que hoje atinge milhões de cidadãos em todo o Ocidente decadente.[8] Assistimos em muitas democracias ao aumento dos índices de abstenção e de votos nulos e brancos nas eleições. No Brasil, no recente pleito presidencial de 5 de outubro de 2014, chegou-se a 27% do total de eleitores. Apesar disso, e por uma estranha teimosia subterrânea e rebelde, alguns pobres organizados assumem passo a passo o primado da sociedade civil tornando-a um laboratório único para gestar uma convivência social mais livre e mais justa nas inovadoras revoluções moleculares.

Os pobres sabem que "a pobreza alegre e voluntária dá robustez. Na verdade, só os humildes, que comprimem os lábios do amor dos bens temporais, chuparão como leite as riquezas do mar – Dt 33,19. Dificilmente se separam os lobos do cadáver, as formigas do grão, as moscas do mel, os ribaldos da taberna, as meretrizes do prostíbulo e os mercadores da praça. Por amor de Jesus, os humildes chuparam as riquezas do mar como se fosse leite".[9]

Há distinção entre a esfera política e a esfera religiosa, mas não oposição ou incompatibilidade absolutas. Escrevia o cardeal de São Paulo, Dom Odilo Pedro Scherer: "O Evangelho de Cristo, base para a fé dos cristãos, propõe uma relação pessoal com Deus, mas também pede relações novas e coerentes com o próximo. Os cristãos têm muito com que contribuir para o convívio social e não se devem omitir nem ser impedidos de participar generosamente dessa tarefa".[10] O ser humano

---

[8] BAUMAN, Zygmunt; DONSKIS, Leonidas. *Cegueira moral. A perda da sensibilidade na modernidade líquida*. Rio de Janeiro: Zahar, 2014.

[9] SANTO ANTONIO. *Obras completas*. Porto: Lello e Irmão, 1987. p. 509; 511.

[10] *O Estado de S.Paulo*, 10.05.2014, p. A2.

vive as dimensões vitais como caminhos necessários e conectados de sua própria humanização. O que seria de nós sem a política? O que seria de nós sem uma sexualidade madura e personalizada? O que seria de nós sem fazer dia a dia uma democracia ativa e consciente? O que seria de nós sem a abertura para Deus e a transcendência? O que seria da política sem cidadania e valores? Tudo seria reduzido ao consumo e à mercadoria que vende e compra as pessoas sem realizar a arte do bem comum, oferecendo felicidade fugaz e mentirosa.[11]

É hora de dialogar e encontrar cristãos maduros no exercício da vida democrática, presentes em ONGs, movimentos sociais e partidos, tendo como critério a beleza do bem comum. Como disse Padre Louis-Joseph Lebret: "O objetivo é salvar e elevar o homem. O homem todo e toda a humanidade. Salvar o homem, salvar o homem na totalidade de seu ser; logo, antes de mais nada, salvar o espírito. Sim, o respeito a cada homem; pois a neutralidade é traição".[12]

Os desafios concretos de interpretação pela DSI e de ação da política são imensos e confusos. A hora exige lucidez e profundidade sapiencial. Vejamos alguns pontos ferventes: "Como falar em países emergentes se ainda a Rússia invade a Ucrânia e rouba a Crimeia diante de todo o planeta? Como pensar na emergência de novos mercados se o desemprego atinge níveis alarmantes na Espanha, Itália, Grécia e vizinhos da rica Europa? Isto sem falar do Leste Europeu e tampouco dos dramas africanos seculares. A presença norte-americana em guerras por petróleo, na sustentação de mais uma guerra genocida da Administração do Estado de Israel contra a faixa de Gaza, com centenas de mortos, é algo que nos deixa perplexos e doentes. A exploração feita pela China das matérias-primas da África, o sofrimento dos empobrecidos na Europa, com novos muros de Berlim contra imigrantes, demonstra uma realidade que é mascarada pela mídia internacional. É sintomático que o início do bombardeio contra civis, matando dezenas de mulheres e de crianças palestinas, ocorresse no mesmo tempo cronológico em que,

---

[11] LIPOVETSKY, Gilles. *A felicidade paradoxal, ensaio sobre a sociedade de hiperconsumo*. São Paulo: Companhia das Letras, 2007.

[12] LEBRET, Louis-Joseph. *Princípios para a ação*. 8. ed. São Paulo: Livraria Duas Cidades, 1984. p. 15.

no Brasil, jogavam Alemanha e Argentina para decidir quem seria o campeão mundial de futebol. Este velamento dos sofrimentos de milhares de pessoas é a outra face do Mercado Global e genocida. Calam e escondem os massacres na Síria por conta dos interesses russos. Calam os massacres na Palestina e Gaza por conta dos interesses americanos. Submergem países inteiros, como Líbia, Iraque, depois de destroçar estes povos e economias por interesses mesquinhos e venda de armas de dizimação em massa. Os imperialismos criam pequenos ditadores nos países satélites para depois derrubá-los como em um jogo de cartas marcadas".[13] Muito para pensar e muito para mudar. Temos tesouros guardados por séculos que nos podem alimentar. São os Padres da Igreja em seus textos sobre a questão social. Recordo dentre eles estes quatro precursores: Basílio Magno, Gregório de Nissa, Gregório de Nazianzo e João Crisóstomo. Deles herdamos a sensibilidade ética em face dos pobres das grandes cidades, a quem devemos defender ardorosamente. Escreve São Basílio Magno: "Não te tornes um traficante das desgraças humanas; não acendas a cólera de Deus por motivo de riquezas supérfluas. Não agraves as feridas causadas pelos chicotes. Vós, se acreditais em mim, escancarais todas as portas dos depósitos, com toda a liberalidade permiti a saída da riqueza. Como um grande rio fecundo, percorrendo a terra por milhares de canais, assim vós, dividindo a fortuna em diversos caminhos para as casas dos pobres".[14]

A política é a forma mais elevada do amor, disseram a nós os papas Pio XI e o beato Paulo VI. E sabemos que a maior prova de amor é dar a vida pelos irmãos e irmãs. Conectar DSI e política é realizar, portanto, um exercício de memória histórica e lembrar-se dos que vivem este compromisso radical da verdade e do amor. Sem concessões e sem submissões aos ídolos modernos. Como verdadeiras testemunhas da cruz e da ressurreição. Inseridos no mundo e, ao mesmo tempo, sementes de outro mundo possível. Como exprime a *Carta a Diogneto* falando da cidadania política dos cristãos em seu agir no mundo: "Habitam pátrias próprias, mas como peregrinos: participam de tudo como cidadãos, e

---

[13] ALTEMEYER JUNIOR, Fernando. Uma análise crítico-propositiva da realidade. In: PESSINI, Leo; ZACHARIAS, Ronaldo. *Ética teológica e transformações sociais. A utopia de uma nova realidade.* Aparecida: Santuário, 2014. p. 51-52.

[14] VV. AA. *Os padres e a questão social.* Petrópolis: Vozes, 1986. p. 17-18.

tudo sofrem como estrangeiros. Toda terra estrangeira é para eles uma pátria e toda pátria uma terra estrangeira. Casam como todos e geram filhos, mas não abandonam à violência os recém-nascidos. Servem-se da mesma mesa, mas não do mesmo leito. Encontram-se na carne, mas não vivem segundo a carne. Moram na terra e são regidos pelo céu. Obedecem às leis estabelecidas e superam as leis com as próprias vidas. Amam todos e por todos são perseguidos. Não são reconhecidos, mas são condenados à morte; são condenados à morte e ganham a vida. São pobres, mas enriquecem muita gente; de tudo carecem, mas em tudo abundam. São desonrados, e nas desonras são glorificados; injuriados, são também justificados. Insultados, bendizem; ultrajados, prestam as devidas honras. Fazendo o bem, são punidos como maus; fustigados, alegram-se, como se recebessem a vida. São hostilizados pelos judeus como estrangeiros; são perseguidos pelos gregos, e os que os odeiam não sabem dizer a causa do ódio. Numa palavra, o que a alma é no corpo, isso são os cristãos no mundo".[15]

A anterioridade antropológica irrompe como compromisso com a humanidade inteira e como amor oblativo à criação. Fazemos política como modo de expressão profunda da Encarnação do Verbo de Deus. Assumimos a terra por conta dos valores celestes, sem sublimação nem alienação. Quando o humano sofre, é Deus quem pena. Quando o humano vive plenamente, a glória de Deus acontece serenamente. Daí que a tarefa primordial da DSI é tirar os povos crucificados da cruz e participar da Ressurreição que acontece pela ação do Espírito de Deus que se faz amor político.

2. DSI e política: entre a cruz e a Ressurreição[16]

Agora é preciso inserir a anterioridade teológica da política lida a partir da fé para ver o lado oposto desta mesma moeda. A fé cristã vive da memória histórica crucificada e da experiência e proclamação da Ressurreição. Este paradoxo está umbilicalmente articulado. Não há fé sem uma e outra. A fé política vive da memória personalizada

---

[15] *Carta a Diogneto.* Disponível em: <http://www.origenescristianos.es/diogneto.pdf>.

[16] ALTEMEYER JUNIOR, Fernando. A luta contra a amnésia. *O Mensageiro de Santo Antônio*, ano 58, n. 572 (março 2014) 10-13.

da experiência pascal. Recordamos que o Cristo vivo é o mesmo Jesus morto como prisioneiro político sob Pôncio Pilatos, como professamos nos credos apostólico e niceno-constantinopolitano. A fé política vive da memória viva da entrega de Jesus na cruz para nos salvar. Vive de um amor preferencial e libertador que se faz semente que dá vida abundante e plena aos que nele creem. A memória da cruz e da Ressurreição é celebrada e atualizada em cada Eucaristia e experimentada em todas as dimensões antropológicas: histórica, econômica, política e amorosa plena da graça de Deus.

A memória da presença do Deus Vivo irrompe forte quando assumimos a expressão: "Fazei isto em memória de mim" (Lc 22,19b), tal qual Jesus na última ceia. A fé cristã é, portanto, sempre o memorial de um crucificado político e social, que é atualizado no tempo pela experiência eterna da misericórdia e da compaixão. Sem memória perdemos esse tesouro divino, e sem sua atualização congelamos e mumificamos a epifania de Deus. Memória e esperança sempre caminham juntas. Não podemos aceitar a amnésia e lutamos contra ela. Os teólogos da América Latina assumiram a memória como uma categoria essencial para dar sentido e valor à ação da Igreja no contexto conflitivo de nossas sociedades desiguais e injustas. A teologia na América Latina pensa a fé cristã respondendo às perguntas dos aflitos e faz memória das cruzes para viver a ressurreição proposta e realizada por Cristo.

A teologia é viva quando se preocupa com os pobres do continente e se assume como teologia da cruz e memória dos crucificados. No passado da Cristandade colonial, o ouro, os escravos e as especiarias eram as grandes molas propulsoras para o estabelecimento da Cristandade. A religião sempre foi usada para dar ao projeto econômico a necessária legitimação de cunho sacral. Isto se vê claramente nas bulas papais, onde o chefe da Igreja oficializava a ampliação comercial lusitana como uma conquista espiritual.[17]

O *Martirológio romano*, traduzido ao português pela Conferência Episcopal de Portugal, afirma, voltando seu olhar para a história dos povos crucificados: "A Igreja peregrina celebrou, desde os primeiros

---

[17] AZZI, Riolando. *A cristandade colonial, um projeto autoritário*. São Paulo: Paulus, 1987.

tempos da sua existência, os Apóstolos e mártires de Cristo, que, pelo derramamento do seu sangue, a exemplo do Salvador padecente sobre a cruz, na esperança da ressurreição deram o supremo testemunho da fé e da caridade (Ap 22,14)". Esta fidelidade litúrgica é mantida pela Igreja há séculos e foi assumida pelas Igrejas locais como um testemunho de amor aos pobres na defesa do Evangelho integral. João Paulo II afirmava, em carta aos bispos do Brasil de 9 de abril de 1986: "Os pobres deste país, que têm nos senhores os seus pastores, os pobres deste continente são os primeiros a sentir urgente necessidade deste evangelho da libertação radical e integral. Sonegá-lo seria defraudá-los e desiludi-los".[18]

Nestes cinco séculos de presença cristã na América Latina recordamos uma lista de patriarcas que não podem ser esquecidos pelas novas gerações e novas igrejas. São nomes marcantes para a Igreja dos pobres comprometida com a liberdade e o Evangelho encarnado de Nosso Senhor Jesus Cristo. Destacamos alguns: Bartolomeu de las Casas, Pedro Claver, Martinho de Lima, Francisco Solano, Turíbio de Mongrovejo, Rosa de Lima, Antônio Maria Claret, José Antônio Pereira Ibiapina, Rubens Cândido Padim, Richard Shaull, Hugo Assmann, Fernando Gomes, Manuel Larrain, Milton Schwantes, Orestes Stragliotto, Ronaldo Muñoz, Enrique Angel Angelelli e Óscar Arnulfo Romero y Gadámez.

Somada a essa lista de patriarcas da fé temos a lista daqueles que foram mortos por causa da Igreja e da justiça social, daqueles que mantiveram firme seu amor preferencial pelos pobres e são reconhecidos e relembrados como mártires e sementes de novas Igrejas. São os(as) filhos(as) amados(as) desta Igreja que oferecem a sua própria vida em oferenda no altar de Deus. Alguns destes nomes a recordar: Santo Dias da Silva, Adelaide Molinari, Cleusa Nascimento, Dorothy Mae Stang, Josimo Moraes Tavares, Ezequiel Ramin, Rodolpho Lunkenbein, João Bosco Penido Burnier, Antônio Pereira Neto, Francisco de Pancas, Purinha de Linhares, Paulo Vinhas de Vitória, Verino Sossai de Nova Venécia e Gabriel Felix Roger Maire (ver lista completa dos mártires latino-americanos no Apêndice II).

---

[18] JOÃO PAULO II. Carta aos bispos da Conferência Episcopal dos Bispos do Brasil (9.04.1986). Disponível em: <https://w2.vatican.va/content/john-paul-ii/pt/letters/1986/documents/hf_jp-ii_let_19860409_conf-episcopale-brasile.html>.

A lista de mártires precisa ser completada pelos profetas da esperança que enfrentaram as ditaduras militares de nosso continente. Do Brasil lembramo-nos de uma lista de padres banidos pelo regime ditatorial que vigorou de 1964 a 1985 e que está sendo passada a limpo pela Comissão da Verdade para que aconteça a justiça, a memória e a verdade. Lembramos, por obrigação com a verdade, dos nomes e das vidas dos padres Lawrence Rosenbaugh, Romano Zufferey, Giorgio Callegari, Vito Miracapillo, Joseph Wauthier, Jan Honoré Talpe, José Pendandola, José Comblin, Francisco Jentel, Giuseppe Fontabella, Francisco Lage. Sofreram o degredo do país que amavam e serviam porque ficaram ao lado dos trabalhadores, dos empobrecidos e, principalmente, dos camponeses e indígenas. Há também aqueles que foram torturados pelos agentes do Estado e por grupos paramilitares. Gente que pagou caro em seu próprio corpo e mente por defender a justiça, o Evangelho da verdade. Eis alguns nomes de religiosos perseguidos com inquéritos militares: Alípio Cristiano de Freitas, Francisco Lage Pessoa, José Eduardo Augusti, Francisco Benedetti Filho, Leonilde Boscaine, Oscar Albino Fuhr, Affonso Ritter, Hélio Soares do Amaral, Roberto Egídio Pezzi, Mariano Callegari, Carlos Gilberto Machado Moraes, Giulio Vicini, Yara Spadini, Angelo Gianola, Geraldo Oliveira Lima, Gerson da Conceição, Paulo Martinechen Neto, Antônio Alberto Soligo, Jan Talpe, Alexandre Vannucchi Leme, entre centenas de leigos cristãos, líderes sindicais, catequistas, ministros da palavra, coordenadores de centros de defesa dos direitos humanos e grupos indígenas e quilombolas.

Nos quatro primeiros séculos da Igreja, serão aproximadamente 200 mil os cristãos perseguidos, torturados e mortos pelo Império Romano, em 129 anos de perseguição e 120 anos de relativa tranquilidade, dos anos 64 a 313 d.C. Todas as gerações conheceram o sofrimento e tiveram testemunhas e heróis. Todas as Igrejas precisavam estar preparadas para o martírio e a prisão. Todos guardavam as memórias dessas pessoas e cantavam seus louvores. Ao lado de cada mártir há pelo menos cem cristãos que tiveram de suportar prisão, tortura, desterro, condenação às minas e confisco de bens.[19] Ainda hoje a nuvem de már-

---

[19] LESBAUPIN, Ivo. *A bem-aventurança da perseguição*. A vida dos cristãos no Império Romano. 2. ed. Petrópolis: Vozes, 1977.

tires cristãos é imensa. Milhares de lideranças sindicais, estudantis e camponesas foram mortas e torturadas por ditaduras cívico-militares e não temos sequer seus nomes, rostos e biografias em nossas capelas, colégios católicos e universidades. Povos inteiros e dezenas de batizados foram novamente crucificados pelos novos impérios e ídolos da morte. Restou-nos a memória seletiva de padres, religiosas e bispos assassinados e que, por não serem pobres, puderam ter preservado o seu testemunho. Nos últimos cinquenta anos, após a conclusão do Concílio Vaticano II, em 1965, a Igreja volta a viver o drama das catacumbas romanas e recebe a honra do martírio em quase todo o continente e em muitas Igrejas cristãs, particularmente na confissão católica, na metodista, na luterana e em muitas Igrejas pentecostais.[20] Recordar é preciso e viver, ainda mais.

No Brasil, entre 1964 e 1985, houve 695 processos judiciais em nome da idolatria do Estado contra milhares de cidadãos, e dentre eles alguns cristãos. Foram coletados pelo Projeto Brasil Nunca Mais (BNM), da Arquidiocese de São Paulo, sob a direção do Cardeal Paulo Evaristo Arns.[21] No imenso dossiê constam os nomes de padres, bispos, religiosos e leigos da Igreja Católica perseguidos pela ditadura cívico-militar no Brasil. Três desses processos datam do ano de 1964 e os demais são de 1968 ou anos posteriores. O mais clamoroso foi o processo de número 100, contra os frades da Ordem Dominicana, em São Paulo. Foram acusados de manter ligações com Carlos Marighella. Foram presos Fr. Betto, Fr. Fernando Brito, Fr. Yves do Amaral Lesbaupin e Fr. Tito de Alencar Lima, entre outros frades aprisionados em todo o Brasil, torturados até a morte, como Fr. Tito de Alencar Lima.

Lembramos, a título de exemplo: o processo BNM 595 contra 34 religiosos de várias congregações, padres, ex-padres e professores de Teologia ligados à Igreja de Belo Horizonte-MG, só por terem assinado um manifesto contra o assassinato do estudante Edson Luís Lima Souto, em 29 de março de 1968. Em Porto Alegre-RS, foi aberto o processo

---

[20] FERRARI, M. P. P. *El martírio en América Latina*. Mexico: Misiones Culturales de B.C., 1982.

[21] ARNS, Paulo Evaristo Cardeal (Mitra Arquidiocesana de São Paulo). *Brasil, nunca mais;* um relato para a história. 40. ed. Petrópolis: Vozes, 2011.

BNM 453 contra a apresentação de peça teatral no salão paroquial em Vila Niterói, Canoas. Oito pessoas foram denunciadas. A situação era tão patética e absurda que um processo, BNM 470, foi aberto contra o seminarista jesuíta espanhol Francisco Carlos Velez Gonzales, residente no Brasil, por ter feito editar e divulgar uma versão da encíclica *Populorum Progressio*, de Paulo VI. O processo BNM 136 foi aberto contra 8 padres e ex-padres da Diocese de Itabira-MG, para atingir frontalmente o então bispo Dom Marcos Antônio Noronha. O processo BNM 65, feito contra Madre Maurina Borges da Silveira, em Ribeirão Preto-SP, sua posterior deportação para o México e a consequente excomunhão dos delegados torturadores da cidade de Ribeirão Preto: Miguel Lamano e Renato Ribeiro Soares. No processo BNM 467 foram acusados e torturados a professora e educadora Maria Nilde Mascellani, o jornalista Dermi Azevedo, Darcy Andozia Azevedo, e o filho de ambos, Carlos Alexandre Azevedo, também torturado no Departamento Estadual de Ordem Política e Social (DEOPS) paulista com um ano e oito meses de idade, em 1974. Neste mesmo processo foram presos e torturados os membros da Pastoral Operária de São Paulo, entre os quais Waldemar Rossi. Foram presos sob o comando do então delegado torturador, Sérgio Paranhos Fleury. Waldemar Rossi foi julgado e absolvido pela Justiça Militar em 1978. Em julho de 1980, Waldemar Rossi é que falaria ao Papa João Paulo II, em nome dos trabalhadores brasileiros, no estádio do Pacaembu, comentando as dores dos operários e da Igreja com eles comprometida.

Toda a perseguição comandada por generais ditadores em todos os países da amada América Latina e que se tornou diabólico aparelho de tortura financiado por algumas empresas e grupos econômicos com o suporte logístico das elites nacionais e de agentes do governo norte-americano precisa ser desnudada. Esses algozes ensinaram as técnicas de tortura para os torturadores nacionais e supervisionaram a repressão através das embaixadas e dos adidos militares, particularmente da França, Espanha e Estados Unidos. Tudo isso inspirado na Ideologia de Segurança Nacional que endeusava o Estado destruindo a dignidade da pessoa humana e perseguindo a fé cristã do resto de Israel que permanecia fiel aos pobres, ao Evangelho e à justiça. Fazer memória, hoje, em nossas Igrejas, desses personagens históricos significa redescobrir o sentido de sua entrega e valorizar esses crucificados na proclamação do Evangelho libertador.

Quem poderia esquecer, na Igreja Católica, os anos de sofrimento pelos quais passou a Igreja no Chile durante a ditadura de direita do general Augusto Pinochet? Como não se comover com as dores das Mães e *Abuelas de Plaza de Mayo* da amada irmã Argentina? Quem poderia olvidar o sofrimento do primaz da Ucrânia, Dom Josyf Slipyj, preso pelo regime comunista soviético, submetido a torturas contínuas e trabalhos forçados na Sibéria desde 1940 até sua libertação, em 12 de fevereiro de 1963, aos 70 anos?

Como não celebrar a memória da perseguição da Igreja salvadorenha com dezenas de catequistas assassinados em anos de guerra, e muitas religiosas, sacerdotes e inclusive o arcebispo da capital San Salvador, o mártir e santo Óscar Arnulfo Romero?

Não se pode deixar no anonimato os nomes dos 13 sacerdotes e 2 bispos assassinados pela ditadura militar argentina. É preciso proclamar nos telhados a palavra do Pastor e Bispo Enrique Angel Angelelli, o qual, ao tomar posse da Diocese de La Rioja, disse aos diocesanos: "Eu não vim para ser servido, mas para servir. Servir a todos, sem qualquer distinção de classes sociais, modos de pensar ou de crer; como Jesus, quero ser servidor de nossos irmãos, os pobres".[22]

O século XX foi um século de martírios e perseguições feitas contra os cristãos de muitas Igrejas e países, com grandes testemunhos do Evangelho nos tempos de hoje, configurando uma nova "nuvem de mártires", como mártires da caridade, na pessoa de tantos que morreram por epidemias e doenças ao trabalhar no meio dos pobres e das calamidades a que estes estão submetidos; mártires da justiça, basicamente vivendo no hemisfério sul do planeta, na América Latina, África e continente asiático; mártires das máfias e do terrorismo, enfim, os inúmeros e desconhecidos mártires nos extermínios coletivos dos totalitarismos e ditaduras atuantes no mundo atual.[23]

---

[22] Disponível em: <http://www.juandanielestevez.com.ar/repo/modulos/buscador/documentos/4-de-agosto-Asesinato-de-Monsenor-Angelelli.pdf>.

[23] RICCARDI, A. *O século do martírio. Os extermínios colectivos e o martírio individual dos cristãos do século XX*. Lisboa: Quetzal, 2002.

Sabemos que a Igreja "continua o seu peregrinar entre as perseguições do mundo e as consolações de Deus".[24] E fazer memória das perseguições não é opcional. É uma obrigação e uma celebração necessária para manter a fidelidade à mensagem e à prática de Jesus, pois, "assim como Cristo consumou a obra da redenção na pobreza e na perseguição, assim a Igreja é chamada a seguir o mesmo caminho a fim de comunicar aos homens os frutos da salvação".[25]

A celebração-memória dos mártires não é um momento fúnebre e nostálgico. "Não é uma lista de atrocidades repugnantes, analisadas em sua insensatez e ineficácia; não é tampouco um triunfalismo. É muito mais. É a celebração e confirmação da causa pela qual tantos foram sacrificados; é uma comemoração da vida, da promessa, da plenitude pascal de Jesus e dos seus. É, portanto, a celebração do amor que dá sentido à morte. Se presta respeito e se homenageia aos que levaram a sério a Deus, ao povo, à Igreja e a eles mesmos."[26]

Celebrar os mártires é guardar a memória do sangue derramado pela Igreja e por Cristo como obrigação da fé viva e verdadeira. Não é algo opcional ou que possa ser olvidado. Não podemos sublimar as derrotas e essas mortes sofridas nem cair em um masoquismo dolorista. O mártir é um profeta que segue a cruz de Cristo com humildade e faz a entrega da sua vida pela vida de outros. O mártir é alguém coerente com os valores que prega. A memória de nossa fé passa pela vida daqueles que entregam suas vidas pelos pobres, pela Igreja e por Cristo. A luta contra a amnésia começa com a celebração de suas vidas, de suas lutas, de seus sonhos e de suas causas. Esta é uma das chaves para que a DSI seja fecunda e profética. Fazer memória, verdade e justiça para que a violência não prevaleça e que a vida não seja roubada e vilipendiada tal como sofreram na carne milhares de crianças na América Latina.[27]

---

[24] AGOSTINHO, Santo. *A cidade de Deus*. Petrópolis: Vozes, 2012. v. 2, XVIII, 51,2.

[25] VIER, Frederico (coord.). *Compêndio do Vaticano II*. Constituições, decretos, declarações. 29. ed. Petrópolis: Vozes, 2000. (Constituição dogmática *Lumen Gentium*. Sobre a Igreja, n. 8.)

[26] MARINS, J.; TREVISAN, T. M.; CHANONA, C. *Martírio;* memória perigosa na América Latina. São Paulo: Paulus, 1984. p. 25.

[27] COMISSÃO DA VERDADE DO ESTADO DE SÃO PAULO "RUBENS PAIVA". *Infância roubada. Crianças atingidas pela ditadura militar no Brasil*. São Paulo: Assembleia Legislativa, 2014.

Que possamos retomar as pontes originárias entre DSI e política, com memória clara e ação decidida! Que possamos reconhecer muitos dos personagens históricos exemplares que realizaram por suas vidas um papel conectivo e luminoso para toda a Igreja! Recordo estes cristãos políticos que são imprescindíveis, tais como: Frederic Ozanam, Edmond Michelet, Clotário Blest, Alceu Amoroso Lima, André Franco Montoro, Plínio Arruda Sampaio, Konrad Adenauer e, sobretudo, Giorgio La Pira, jurista e prefeito de Florença, verdadeiro santo político italiano. João Paulo II disse, em 18 de outubro de 1991, durante a segunda visita ao Brasil: "Mais uma vez vos digo: o Brasil precisa de santos, de muitos santos! A santidade é a prova mais clara, mais convincente da vitalidade da Igreja em todos os tempos e em todos os lugares".[28] Hoje podemos replicar: "O Brasil precisa ainda mais de santos políticos" para poder seguir, como cristãos políticos, o caminho da confiança em Deus. Faremos coro ao pedido orante de Luis Espinal, sacerdote assassinado na Bolívia: "Treina-nos, Senhor, para que nos lancemos ao impossível, porque por trás do impossível está a tua graça e a tua presença: não cairemos no vazio. O futuro é um enigma, nosso caminho penetra na névoa; porém queremos continuar nos ofertando, porque tu estás esperando no meio da noite, com mil olhos humanos transbordando lágrimas".[29]

Conclusão

Concluo dizendo que estas duas irmãs gêmeas, a Doutrina Social da Igreja e a política, só precisam manter o grande compromisso com a irmãzinha pequenina chamada Esperança. Assim pediu Francisco, bispo de Roma, em 24 de julho de 2013, na visita ao Hospital São Francisco de Assis na Providência de Deus, no Rio de Janeiro: "Não deixem que lhes roubem a esperança! Não deixem que lhes roubem a esperança! Mas

---

[28] JOÃO PAULO II. Homilia pronunciada na Missa de Beatificação de Madre Paulina (18.10.1991). Disponível em: <http://w2.vatican.va/content/john-paul-ii/pt/homilies/1991/documents/hf_jp-ii_hom_19911018_florianopolis.html>

[29] GUTIÉRREZ, Gustavo. *Hablar de Dios desde el sufrimiento del inocente.* Una reflexión sobre el libro de Job. Lima: Instituto Bartolomé de las Casas, 1986. p. 202.

digo também: Não roubemos a esperança, pelo contrário, tornemo-nos todos portadores de esperança!".[30]

Referências bibliográficas

AGOSTINHO, Santo. *A cidade de Deus.* Petrópolis: Vozes, 2012. v. 2, XVIII, 51,2.

ALTEMEYER JUNIOR, Fernando. A luta contra a amnésia. *O Mensageiro de Santo Antônio,* ano 58, n. 572 (mar. 2014) 10-13.

_____. Uma análise crítico-propositiva da realidade. In: PESSINI, Leo; ZACHARIAS, Ronaldo. *Ética teológica e transformações sociais. A utopia de uma nova realidade.* Aparecida: Santuário, 2014. p. 43-62.

ARNS, Paulo Evaristo Cardeal (Mitra Arquidiocesana de São Paulo). *Brasil, nunca mais;* um relato para a história. 40. ed. Petrópolis: Vozes, 2011.

AZZI, Riolando. *A cristandade colonial, um projeto autoritário.* São Paulo: Paulus, 1987.

BAUMAN, Zygmunt; DONSKIS, Leonidas. *Cegueira moral. A perda da sensibilidade na modernidade líquida.* Rio de Janeiro: Zahar, 2014.

BONHOEFFER, Dietrich. *Resistência e submissão.* 2. ed. Rio de Janeiro/ São Leopoldo: Paz e Terra/Sinodal, 1980.

CASALDÁLIGA, Dom Pedro. *Creio na justiça e na esperança.* Rio de Janeiro: Civilização Brasileira, 1978.

CHANONA, C.; TREVISAN, T. M.; MARINS, J. *Memoria peligrosa;* heróes y mártires en la Iglesia latino-americana. México: Centro de Reflexión Teológica, 1989.

COMISSÃO DA VERDADE DO ESTADO DE SÃO PAULO "RUBENS PAIVA". *Infância roubada. Crianças atingidas pela ditadura militar no Brasil.* São Paulo: Assembleia Legislativa, 2014.

CONFERÊNCIA EPISCOPAL PORTUGUESA. *Martirológio romano.* Fátima: Secretariado Nacional de Liturgia, 2013.

---

[30] FRANCISCO, Papa. Discurso pronunciado durante a visita ao Hospital São Francisco de Assis na Providência de Deus, no Rio de Janeiro (24.07.2013). Disponível em: <https://w2.vatican.va/content/francesco/pt/speeches/2013/july/documents/papa-francesco_20130724_gmg-ospedale-rio.html>.

DIANA, Marta. *Buscando el Reino;* la opción por los pobres de los argentinos que siguieron al Concílio Vaticano II. Buenos Aires: Planeta, 2013.

ELLACURÍA, Ignacio. *Conversión de la Iglesia al Reino de Dios;* para anunciarlo y realizarlo en la historia. San Salvador-CA: UCA, 1985.

_____; SOBRINO, Jon. *Mysterium Liberationis;* Conceptos fundamentales de la Teología de la Liberación. Madrid: Trotta, 1990. Tomos I e II.

FERRARI, M. P. P. *El martírio en America Latina.* Mexico: Misiones Culturales de B.C., 1982.

GUTIÉRREZ, Gustavo. *Hablar de Dios desde el sufrimiento del inocente.* Una reflexión sobre el libro de Job. Lima: Instituto Bartolomé de las Casas, 1986.

JORDÁ, M. *Cura obrero asesinado en Chile;* el sacerdote Juan Alsina. Santiago: Rehue, 1990.

JOSAPHAT, Carlos. *Evangelho e revolução social.* São Paulo: Livraria Duas Cidades, 1963.

JOSE, Emiliano. *As asas invisíveis do padre Renzo.* São Paulo: Casa Amarela, 2002.

LEBRET, Louis-Joseph. *Princípios para a ação.* 8. ed. São Paulo: Livraria Duas Cidades, 1984.

LESBAUPIN, Ivo. *A bem-aventurança da perseguição;* a vida dos cristãos no Império Romano. 2. ed. Petrópolis: Vozes, 1977.

LIPOVETSKY, Gilles. *A felicidade paradoxal, ensaio sobre a sociedade de hiperconsumo.* São Paulo: Companhia das Letras, 2007.

LUBAC, Henri de Lubac. *Paradojas.* Madrid: PPC, 1997.

MARINS, J.; TREVISAN, T. M.; CHANONA, C. *Martírio;* memória perigosa na América Latina. São Paulo: Paulus, 1984 (com suplemento fotográfico dos mártires).

MOVIMENTO DE JUSTIÇA E LIBERTAÇÃO. *Pela justiça e libertação.* São Paulo: Comissão de Justiça e Paz, 18.09.1977. mimeo.

PONTIFÍCIO CONSELHO "JUSTIÇA E PAZ". *Compêndio da Doutrina Social da Igreja.* São Paulo: Paulinas, 2005.

RICCARDI, A. *O século do martírio. Os extermínios colectivos e o martírio individual dos cristãos do século XX.* Lisboa: Quetzal, 2002.

SANTO ANTONIO. *Obras completas.* Porto: Lello e Irmão, 1987.

SCAVO, N. *A lista de Bergoglio.* São Paulo: Loyola/Paulinas/Paulus, 2013.

SOBRINO, Jon. *Monseñor Romero;* testigo de la verdad. Buenos Aires: Ciudad Nueva, 2012.

_____; MARTIN-BARÓ, I.; CARDENAL, R. (orgs.). *La voz de los sin voz;* la palabra viva de Monseñor Romero. San Salvador: UCA, 1980.

TAMAYO, J. J. (org.). *Ignacio Ellacuría;* teólogo mártir por la liberación del pueblo. Madrid: Nueva Utopia, 1990.

VIER, Frederico (coord.) *Compêndio do Vaticano II.* Constituições, decretos e declarações. 29. ed. Petrópolis: Vozes, 2000.

VV. AA. *Os padres e a questão social.* Petrópolis: Vozes, 1986.

_____. *Práxis del martírio;* ayer y hoy. Bogotá: Cepla Editores, 1977.

_____. *Y-Juca-Pirama.* O índio: aquele que deve morrer. Brasília: CIMI, 1973. Mimeo.

Links

<http://reflexaobiblica.spaceblog.com.br/170645/DIDAQUE-COMPLETO-EM-PORTUGUES/>

<http://www.origenescristianos.es/diogneto.pdf>

<http://www.vatican.va/holy_father/john_paul_ii/homilies/1991/documents/hf_jp-ii_hom_19911018_florianopolis_po.html>

<http://www.vatican.va/holy_father/john_paul_ii/letters/1986/documents/hf_jp-ii_let_19860409_conf-episcopale-brasile_po.html>

<http://martiresargentinos.blogspot.com.br/2012/07/monsenor-enrique-angelelli.html>

<http://w2.vatican.va/content/francesco/pt/speeches/2013/july/documents/papa-francesco_20130724_gmg-ospedale-rio.html>

<http://www.vatican.va/holy_father/paul_vi/encyclicals/documents/hf_p-vi_enc_26031967_populorum_po.html>

<http://www.fides.org/pt/missionaries/34463-last>

<http://www.servicioskoinonia.org/martirologio/paises.htm>

<http://www.ihu.unisinos.br/martires-latino-americanos>

<http://latinoamericana.org/digital/2014AgendaLatino-americanaBrasil.pdf>

Apêndice 1
As novas chaves políticas da *Gaudium et Spes*

Alguns passos foram assumidos pelos 3.060 padres conciliares presentes no evento pentecostal do Concílio Vaticano II. Entre uma das riquezas está a mutação escrita e assumida pela Igreja Católica em seu documento *Gaudium et Spes*. Nele a comunidade cristã realiza algumas viradas históricas e teológicas que irão repercutir diretamente no tema da DSI e em sua relação com a política:

1. da Igreja, universo à parte, para a Igreja integrada no mundo, a serviço dos homens: 1-3;

2. da Igreja apegada a uma doutrina e a uma moral válidas por si mesmas para a Igreja sensível aos novos problemas do mundo, procurando junto com todos os homens uma solução que corresponda às suas aspirações mais profundas: 4-11;

3. de uma noção abstrata de pessoa para o respeito do homem concreto, de sua consciência e de sua liberdade: 12-18;

4. da rejeição pura e simples do ateísmo para a consideração histórica do fenômeno, em suas raízes nem sempre negativas, e para o diálogo universal com todos os homens, que participam, mesmo sem o saber, do mistério de Cristo: 19-22;

5. de uma filosofia da sociedade humana para a consideração concreta da comunidade humana em que desabroche a pessoa, participando da responsabilidade e dos benefícios sociais: 23-32;

6. de uma visão estática do mundo para a acentuação da importância da atividade e do progresso humanos, em vista da realização do desígnio de Deus sobre o mundo: 33-39;

7. de uma Igreja alheia ao progresso humano para uma Igreja empenhada na promoção humana e na construção do mundo, com o qual também cresce: 40-45;

8. de uma concepção predominantemente jurídica do contrato matrimonial, finalizado pela procriação, para uma concepção mais antropológica, baseada na comunidade conjugal de vida e de amor: 47-52;

9. de uma Igreja ensimesmada na sua própria tradição cultural para uma Igreja aberta ao pluralismo cultural do mundo moderno: 53-62;

10. de uma Igreja que aceita pura e simplesmente as condições atuais da economia mundial para uma Igreja que se empenha seriamente no processo do desenvolvimento econômico equitativo de todos os povos: 63-66;

11. de uma concepção cristã presa ao sistema capitalista ocidental para uma concepção cristã que valoriza o trabalho, preconiza a reforma da empresa e prega o direito de todos à propriedade: 67-72;

12. de uma Igreja comprometida politicamente com as classes dominantes para a uma Igreja que prega a participação de todos na vida pública em regime pluralista, mas se concebe como sinal do caráter e da vocação transcendentes do homem: 73-76;

13. de uma teologia de guerra justa para o empenho em fomentar um direito internacional que condene todo conflito armado entre as nações e os povos: 77-82;

14. do nacionalismo estreito para a cooperação internacional em todos os níveis, concebida como principal tarefa dos cristãos com o mundo de hoje: 83-90;

15. da separação entre os homens para o diálogo universal em busca da verdade, como instrumento de promoção de uma humanidade fraternal: 91-93.

(cf. *Nostra Aetate* 5) (texto mimeografado do eminente teólogo e professor Dr. Francisco Catão).

Apêndice 2
Lista nominal de mártires latino-americanos pós-Vaticano II

(País; nome completo; ministério eclesial; data do martírio)

Argentina: †Daniel Bombara; Leigo; 10/12/75. †Pe. Carlos Dorniak, Salesiano; 21/03/75. †José Manuel González; Leigo; 25/04/75. †Elizabeth Fress; Leiga; xx/09/76. †Pe. Jorge Óscar Adur; Assuncionista – com os seminaristas Raúl Rodriguez e Carlos Di Pietro; 21/09/80. †Salvador Barbeito; Seminarista palotino; 04/07/76. †Emílio Barletti; Seminarista palotino; 04/07/76. †Ir. Rennee Léonie Duquet, Missionária; 10/12/77. †Pe. Pedro Duffau; Palotino; 04/07/76. †Ir. Alice Domon; Missionária, 08/12/77. †Daniel Antero Esquivel; Leigo; 01/02/77. †Héctor Jesús Ferreirós; Ex-sacerdote; 30/03/77. †Pe. Pablo Gazzarri; Diocesano; 29/11/77. †Thelma Jara; Leiga; xx/02/1979. †Pe. Alfredo Kelly; Palotino; 04/07/76. †Pe. Alfredo Leaden; Palotino; 04/07/76. †Pe. Carlos Francisco Mugica; Diocesano; 11/05/74. †Juan Daniel Puigjane; Leigo; 15/08/72. †Pe. Mauricio Silva Iribarnegaray; Irmãozinhos do Evangelho; 14/06/77. †Pe. Pedro Fourcade; Diocesano; 08/03/76. †Pe. Armando Carlos Bustos; Frade franciscano capuchinho, ofm cap.; 08/04/77. †Pe. Francisco Soares; Diocesano; 15/02/76. †Pe. Gabriel Longueville; Sacerdote operário diocesano; 18/07/76. †Pe. Carlos de Dios Murias; Frade franciscano conventual; 18/07/76. †Dom Enrique Angel Angelelli; Bispo diocesano de La Rioja; 04/08/76. †María del Carmen Maggi; Leiga; 23/03/76. †Pe. Miguel Angel Urusa Nicolau; Sacerdote salesiano; 27/01/77. †Carlos H. Ponce de León; Bispo diocesano de San Nicolás; 11/07/77. †Wenceslao Pedernera; Leigo; 25/07/76. †Pe. Nelio Rougier; Sacerdote da Fraternidade Charles de Foucault; 15/03/75. †José Tedeschi; Ex-sacerdote salesiano; 02/02/76. †Claudio Hugo Lepratti; Leigo; 19/12/2001.

Bolívia: †Néstor Paz Zamora; Leigo, seminarista; 08/10/70. †Pe. Luis Espinal; Jesuíta; 22/03/80. †Pe. Maurice Lefebvre; Oblato de Maria Imaculada; 21/08/71. †Wilhelm (Guillermo) Kruegler; Missionário de Maryknoll; 07/08/62. †Pe. Raymond Hermann; Missionário norte-americano, sacerdote diocesano; 20/10/75.

Brasil: † Margarida Maria Alves; Leiga; 12/08/83. †Marçal de Souza Tupã-i; Leigo indígena; 25/11/83. †Ir. Dorothy Mae Stang; Irmãs de Nossa Senhora de Namur; 12/02/2005. †Galdino Jesus dos Santos; Leigo, indígena; 21/04/97. † Pe. Ezequiele Ramin; Missionários Combonianos; 24/07/85. †Vilmar José de Castro; Leigo; 23/10/86. †Raimundo Ferreira Lima, o Gringo; Leigo; 29/05/80. †Roseli Correa da Silva; Leiga; 31/03/87. †Frei Tito de Alencar Lima; Frade da Ordem dos Pregadores, op; 12/08/74. †Pe. Josimo Moraes Tavares; Sacerdote diocesano; 10/05/86. †João Ventinha; Leigo; 23/10/87. †Ir. Cleusa Carolina Rody Coelho; Missionárias Agostinianas Recoletas; 28/04/85. †Ir. Adelaide Molinari; Filhas do Amor Divino; 14/04/85. †Pe. Rodolfo Lunkenbein e índio Simão Bororo; Salesianos; 15/07/76. †Dorcelina de Oliveira Folador; Leiga, ex-prefeita de Mundo Novo-MS; 30/10/99. †Maria Filomena Lopes Filha; Franciscanas da Imaculada Conceição; 07/06/90. †Francisco Domingo Ramos; Leigo; 05/02/88. †Pe. Antônio Henrique Pereira Neto; Diocesano; 26/05/69. †Pe. João Bosco Penido Burnier; Sacerdote jesuíta; 12/10/76. †Pe. Manuel Campo Ruiz; Sacerdote marianista; 18/12/92. †João Canuto; Leigo; 18/12/85. †Expedito Ribeiro de Souza; Leigo; 02/02/91. †Eugenio Lyra Silva; Leigo, advogado cristão; 22/09/77. †Eloy Ferreira da Silva; Leigo; 16/12/84. †Franz de Castro Holwarth; Leigo, advogado; 14/02/81. †Pe. Mauricio Maraglio; Missionário italiano; 20/10/86. †Alexandre Vannucchi Leme; Leigo; 17/03/73. †Santo Dias da Silva; Leigo, ministro da Eucaristia e líder sindical; 30/10/79. †Sebastião Rosa Paz; Leigo, líder sindical e cantor popular; 29/08/84. †Pe. Gabriel Félix Maire; Sacerdote diocesano; 23/12/89. †Francisco (Chico) Mendes; Leigo e líder ecologista; 22/12/88. †Ir. Vicente Cañas; Irmão jesuíta; 16/05/87.

Chile: †José Patricio León; Leigo, animador da JEC e militante político; 04/01/75. †Carlos Prats e sua esposa Sofia Cuthbert; Leigos; 30/09/74. †Pe. Gerardo Poblete Fernandéz; Sacerdote salesiano; 21/10/73. †Pe. Juan Alcina Hurtós; Missionário da Catalunha, sacerdote diocesano; 19/09/73. †Pe. Andrés Jarlan Pourcel; Missionário francês; 04/09/84. †Pe. Antonio Llidó Mengual; Missionário de Valencia, sacerdote diocesano; 25/10/73. †Omar Venturelli Leonelli; Ex-sacerdote; 04/10/73. †Arturo Hillerns; Leigo, médico; 15/09/73. †Pe. Miguel Woodward Yriberry; Sacerdote diocesano chileno-britânico; 18/09/73.

†German Cortés; Leigo, ex-seminarista dos Missionários da Sagrada Família; 18/01/78. †Etienne Marie Luis Pesle de Menil; Missionário francês, ex-sacerdote; 19/09/73.

Colômbia: †Pe. Bernardo López Arroyave; Sacerdote diocesano; 25/05/87. †Pe. Tiberio Fernandez; Sacerdote diocesano; 17/04/90. †Pe. Javier Cirujano; Missionário espanhol; 28/05/93. †Ir. Michel Angel Quiroga; Marianista; 18/09/98. †Ir. Hildegard Feldman; Missionária Bethlemita; 09/09/90. †Ramon Rojas, Leigo; 09/09/90. †Ir. Luz Marina Valencia; Imaculada Conceição; 21/03/87. †Pe. Samuel Hernán Calderón; Sacerdote diocesano; 08/12/97. †Dom Jesús Emilio Jaramillo Monsalve; Bispo diocesano de Arauca; 02/10/89. †Pe. Alvaro Ulcué Chocue; Sacerdote diocesano; 10/11/84. †Misael Ramírez; Leigo catequista, animador de comunidades; 15/07/81. †Pe. Sergio Restrepo; Sacerdote jesuíta; 01/06/89 †Ir. Yolanda Cerón; Religiosa; Congregação da Companhia de Maria; 19/09/01. †Pe. José Reynal-Restrepo; Sacerdote jesuíta, 01/09/2011. †Pe. Jaime León Restrepo Lopez; Sacerdote diocesano; 17/01/88. †Pe. Aurelio Rueda; Sacerdote diocesano; 12/07/76; †Alejandro Rey; Leigo; 25/10/83; †Jacinto Quiroga; Leigo; 25/10/83.

Costa Rica: †Luis Rosales; Leigo, líder dos plantadores de bananas; 15/08/84. †Oscar Fallas e companheiros; Leigos, líderes do movimento ecologista; 07/12/94. †Gil Tablada; Leigo; 18/11/70.

El Salvador: †Jesús Jiménez Chuz; Leigo e ministro da Palavra; 01/09/79. †Dom Roberto Joaquım Ramos Umaña; Bispo do Ordinariato Militar; 25/06/93. †Ismael Enrique Pineda; Leigo, promotor de Caritas nacional; 09/06/80. †Ir. Ita Ford; Missionária de Maryknoll; 02/12/80. †Ir. Maura Elizabeth Clarke; Missionária de Maryknoll; 02/02/80. †Jean Marie Donovan; Missionária leiga; 02/02/80. †Ir. Dorothy Kazel; Ordem das Ursulinas; 02/02/80. †Ir. Silvia Maribel Arriola; Religiosas para el Pueblo; 17/01/81. †Ismael Enrique Pineda; Leigo, promotor de Caritas nacional e arquidiocesana; 09/06/80. †Maria Ercilia e Ana Corália Martinez; Leigas catequistas, socorristas da Cruz Vermelha; 21/01/80. †Pe. Ignacio Ellacuría; Pe. Ignacio Martín-Baró; Pe. Segundo Montes; Pe. Juan Ramón Moreno; Pe. Amando López; Pe. Joaquín López y López; Jesuítas – a funcionária Elba Julia Ramos e a filha Celina Maricet Ramos, leigas; 16/11//89. †Felipe de Jesús Chacon; Leigo, catequista; 26/08/77. †Roberto Antonio Orellana; Leigo, catequista; 20/01/79. †Jorge Alberto Gomez; Leigo, catequista; 20/01/79. †David Alberto Caballero; Leigo, catequista; 20/01/79. †Angel Morales; Leigo; catequista; 20/01/79. †Pe. Octavio Ortiz Luna; Sacerdote diocesano; 20/01/79. †Pe. Rafael Palácios; Sacerdote diocesano; 20/06/79. †Isaura Esperanza Chaguita; Leiga, catequista; 05/05/80. †Pe. Manuel Antonio Reyes Monico; Sacerdote diocesano; 06/10/80. †Pe. Marcial Serrano; Sacerdote diocesano; 28/11/80. †Pe. Ernesto Barrera; Sacerdote diocesano; 28/11/78. †José Orlando Anaya Alas; Leigo, catequista; 03/09/80. †María Magdalena Enriquez; Leiga; 03/10/80. †Pe. Alfonso Navarro Oviedo; Sacerdote diocesano; 11/05/77. †Luís Alfredo Torres; Leigo; 12/05/77. †Jose Othmaro Caceres; Diácono; 25/07/80. †Dom Oscar Arnulfo Romero y Gadamez; Arcebispo de San Salvador; 24/03/80. †Pe. Rutílio Grande; Jesuíta; 12/03/77. †Pe. Ernesto Abregó; Sacerdote diocesano; 23/11/80. †Pe. Cosma Spezzoto; Frade franciscano missionário italiano; 14/06/80. †Pe. Alírio Napoleón Macias; Sacerdote diocesano; 04/08/79. †Jacobus Andres Koster e companheiros; Leigo holandês, cineasta de equipe de TV holandesa; 17/03/82. †Felipe Salinas; Diácono permanente; 01/11/81. †Marianela Garcia Villas; Leiga, presidente da Comissão de Direitos Humanos; 14/03/83. †Alfonso Acevedo, Leigo, catequista; 12/09/82.

Equador: †Dom Alejandro Labaka; Vigário apostólico de Aguarico; e Ir. Inés Arango, Religiosa terciária capuchinha, 21/07/87. †Segundo Francisco Guamán; Leigo, indígena; 23/01/83. †Felipa Pucha e companheiros; Leigos, indígenas; 17/06/83. †Lázaro Condo; Leigo, catequista indígena; 26/09/74. †Cristóbal Pajuña; Leigo, catequista indígena; 26/09/74.

Guatemala: †Simón Hernández; Indígena, ministro da Palavra; 01/11/81. †Policarpo Chem, Leigo, ministro da Palavra; 10/09/84. †Sergio Alejandro Ortiz; Seminarista; 21/07/84. †Julio Quevedo Quezada; Leigo, catequista; 15/07/91. †Domingo Cahuec Sic; Leigo, indígena do povo Achi; 08/01/82. †Pe. Wilhelm Woods; Padres de Maryknoll; 21/11/76. †Pe. Walter Voordeckers; Missionário de Skeut; 12/05/80. †Ligia Isabel Martinez; Leiga, educadora de escola primária; 01/10/81. †Mario Mujia Cordova (Wee-Wee); Leigo; 20/07/79. †Pe. Carlos Pérez

Alonso; Sacerdote jesuíta; 02/08/81. †Pe. José Maria Gran Cierera; Missionário do Sagrado Coração; 05/06/80. †Serge Berten; Seminarista, missionário Skeut; 19/01/82. †Dora Clemencia Azmintia Menchi; Leiga, professora; 10/01/82. †Angel Martinez Rodriguez; Leigo, missionário; 25/07/81. †Pe. Faustino Villanueva; Espanhol, missionário do Sagrado Coração; 10/07/80. †Pe. Carlos Alberto Galvez Galindo; Sacerdote diocesano; 14/05/81. †Gaspar Vivi; Leigo, catequista; 31/01/80. †Myrna Mack; Leiga, antropóloga; 11/09/90. †Pe. Alfonso Stessel; Missionário belga; 19/12/94. †Ir. Moises Cisneros; Marista; 29/04/91. †Ir. Barbara Ann Ford; Missionária Hermanas de la Caridad de Nova York; 05/05/2001. †Pe. Augusto Ramírez Monastério; Frade franciscano; 07/11/83. †Raúl José Leger; Leigo, missionário canadense; 25/07/81. †Rosário Godoy de Cuevas; Leiga; 04/04/85. †Pe. Stanley Francisco Rother; Missionário americano; 28/07/81. †Ir. Felipe Balam Tomás; Missionário da Caridade; 09/02/85. †Dom Juan Gerardi Condera; Bispo emérito de Santa Cruz del Quiché; 26/04/98. †Maria Ramirez Anay; Leiga; 31/03/80. †Vicente Menchu; Leigo, indígena; 31/01/80. †Herlindo Cifuente; Leigo; 01/05/80. †Pe. Hermogenes López Coarchita; Sacerdote; 30/06/78. †Maria Victoria De la Roca; Religiosa, Ordem Bethlemita; 06/01/82. †Prudencio Mendoza Mejia; Seminarista; 12/12/83. †Ir. James Arnold Miller; Religioso lassalista; 13/02/82. †Pe. Juan Alonso Fernandez; Missionário do Sagrado Coração; 15/02/81. †Pe. Marco Tulio Maruzzo Rappo; Frade franciscano; 01/07/81. †Luis Navarrete; Leigo, catequista; 01/07/81. †Pe. Carlos Morales; Ordem dos Pregadores, op; 20/01/82. †Pe. Conrado De La Cruz; Missionário Skeut; 01/05/80. †Maria Romualda Carney; Leiga, catequista; 15/08/89.

Haiti: †Mariano Delaunay; Leigo, professor; 01/07/90; †Charlot Jacqueline; Leigo, alfabetizador da missão Alfa; 19/09/86. †Joseph Lafontant; Leigo, advogado; 10/07/88. †Pe. Ti Jan; Sacerdote diocesano, Porto Príncipe; 03/08/99. †Jean Marie Vincent; Religioso Monfortino; 28/08/94. Os mais conhecidos são: †Yves Volel; Advogado; Defensor dos direitos humanos; 13/10/87. †Antoine Isemery; Defensor dos direitos humanos; 11/09/93. †Lucien Daumec e o filho Frantz Daumec; xx/06/64.

Honduras: †Honorio Alejandro Nuñez; Seminarista; 30/10/81. †Pe. William Arsenault; Sacerdote; 20/04/86. †Riccy Maribel Martinez; Leiga; 13/07/91. †Pe. Jim Guadalupe Carney; Sacerdote jesuíta; 19/09/83. †Elpidio Cruz; Leigo, funcionário da Caritas; 23/11/81. †Pe. Iván Betancourt; Sacerdote diocesano; 25/06/75. †Jeronimo Cypher; Sacerdote franciscano; 25/06/75. †Os doze Mártires de Olancho: Bernardo Rivera, Maria Elena Bolívar, Roque Andrade, Arnulfo Gomez, Juan B. Montoya, Máximo Aguilera, Ruth Garcia, Fausto Cruz, Alejandro Figueroa, Lincoln Coleman, Oscar O. Ortiz e Francisco Colindres; Leigos; 25/06/75. †José Osmán Rodriguez, leigo, ministro da Palavra; 07/10/78. †Lucio Aguirre; Leigo, da Caritas Internacional; 08/12/81. †Miguel Angel Pavón e Moisés Landaverde; Leigos; da Comissão de Direitos Humanos; 14/01/80.

México: †Pe. Juan Morán; Sacerdote diocesano; 09/06/79. †Digna Ochoa Plácido; Leiga, advogada e ex-religiosa; 19/10/2001. †Pe. José Hipólito Cervantes Arce; Sacerdote diocesano; 07/03/82. †Massacre de Acteal; 42 Leigos indígenas e crianças de Chiapas; 22/12/97. †Pe. Rodolfo Aguilar Alvarez; Sacerdote diocesano; 21/03/77. †Ir. Luz Marina Valencia Treviño; Missionárias da Imaculada Conceição; 21/03/81. †Pe. Juan Morán Samaniego; Sacerdote diocesano; 09/06/79. †Jerônimo; Leigo, catequista indígena; 08/07/78. †Pe. Rodolfo Escamilla Garcia; Sacerdote diocesano; 27/04/77.

Nicarágua: †Emiliano Pérez Obando; Leigo, ministro da Palavra; 03/03/82. †Felipe e Mary Barreda; Leigos, casal membro do Conselho de pastoral e animadores de comunidades; xx/09/83. †Pe. Francisco Luís Espinoza; Sacerdote diocesano; 20/09/78. †Ir. Mariano Blanco; Irmão Marista; 20/06/79. †Ir. Mauren Courtney; Congregação de Santa Inês; 01/01/90. †Ir. Teresa Rosales; Congregação de Santa Inês; 01/01/90. †Presentación Ponce; Leiga; 18/03/81. †Frei Tomas Zavaleta, Franciscano salvadorenho; 03/07/87. †Arlen Siu; Leiga, estudante; 01/08/75.

Panamá: †Pe. Nicolás van Kleef; Sacerdote vicentino; 08/05/89. †Pe. Jesús Hector Gallego Herrera; Sacerdote diocesano; 09/06/71.

Paraguai: †Albino Amarilla; Leigo, catequista; 16/02/81. †Arturo Bernal; Leigo, dirigente das Ligas Agrárias; 07/07/76.

Peru: †Dom Alberto Koenigsknecht; Bispo prelado de Juli; 10/02/86. †Pe. Victor Raúl Acuña; Diocesano; 03/12/87. †Pe. Miguel Tomaszeck; Missionário franciscano; 09/08/91. †Pe. Zbigniew Strzalkowski; Missionário franciscano; 09/08/81. †Pe. Alessandro Dordi Negroni; Missionário; 25/08/91. †Ir. Agustina Maria Rivas; Congregação do Bom Pastor; 27/09/90. †Pe. Vicente Hondarza Gomez; Sacerdote diocesano; 14/06/83. †Dom Julio Gonzalez; Bispo diocesano; Diocese de El Puno; 06/01/86. †Ir. Irene McCormack e companheiros; Congregação São José do Sagrado Coração; 21/05/91. †Pascuala Rosado Cornejo; Leiga, Comunidad Urbana Autogestionaria de Huaycán; 06/03/96. †Julio Rocca; Leigo, cooperante italiano; 01/10/92. †Ir. Joan Sawyer; Religiosa de São Columbano; 14/12/83. †Estela Pajuelo Grimani; Leiga, lavradora; 15/01/81. †Pe. Teodoro Santos Mejía; Sacerdote diocesano; 16/06/89; Ir. María Luisa Obregón; Religiosa; 30/09/90; †María Elena Moyano; Leiga, ativista comunitária afro-peruana; 15/02/92.

Porto Rico: †Pedro Albizu Campos; Leigo; 21/04/65. †Pe. Eliseo Castellano; Diocesano; 27/07/91.

República Dominicana: †Dionisio Frías; Leigo; 30/06/75. †Florinda Soriano Muñoz (Mamá Tingó); Leiga; 01/11/74. †Pe. Arthur MacKinnon; Missionários de Scarboro; 22/06/65.

Uruguai: †Julio Expósito Vitali; Leigo; 01/09/71. †Héctor Gutiérrez; Leigo, militante; 18/05/76. †Zelmar Michellini; Leigo; 18/05/76.

Venezuela: †Ir. Felisa Urrutía; Religiosa; 18/03/91. †Sérgio Rodríguez; Leigo; 23/09/93.

7

A opção preferencial pela riqueza

Celso Luiz Tracco[1]

Introdução

Este artigo aborda o atual sistema econômico financeiro, capitalista neoliberal, à luz da Doutrina Social da Igreja. Faz uma breve retrospectiva dos vários sistemas econômicos desde a Antiguidade, mostrando que a mão de obra, portanto o trabalho humano, sempre foi a parte mais fraca na relação capital/trabalho. Além disso, a base da atividade econômica sempre foi, de uma maneira ou de outra, a exploração dos fracos e excluídos pelos fortes e poderosos. O artigo também procura mostrar que a riqueza, em escala global, aumentou significativamente; no entanto, a desigualdade social também aumentou, e num ritmo mais acelerado do que a riqueza. Esta situação vem sendo denunciada pela Igreja Católica há décadas. Queremos refletir sobre esse paradoxo entre a enorme massa de recursos gerada pela humanidade e a desproporcionalidade da divisão desses recursos. A alternativa de uma economia de

---

[1] *Celso Luiz Tracco* é mestre em Teologia Sistemática (Pontifícia Universidade Católica - São Paulo) e foi professor do UNISAL: <http://lattes.cnpq.br/2862399237818264>.

inclusão, onde o ponto central seja o homem e não o lucro, encerra este artigo.

1. A exclusão social pela riqueza[2] e a teologia cristã

A busca incessante do homem pela riqueza material sempre conduziu à exploração dos mais fracos ou dos mais ineptos pelo mais forte ou mais preparado. Um dos códigos de conduta mais antigos que se conhece, o de Hamurabi (datado por volta de 1750 anos a.C.),[3] trata de leis civis, penais e também econômicas, como a taxação de juros.[4] Indicava claramente em seus artigos específicos que o devedor deveria ter algumas proteções em relação ao credor. Há quase quatro mil anos já havia uma clara interferência do Estado na regulamentação de um pacto privado de natureza econômica. A sociedade mais organizada já sentia a necessidade de leis para defender os mais fracos.

Na tradição judaico-cristã, o Deus do Antigo Testamento sempre defendeu os mais fracos, os mais humildes, contra os poderosos detentores dos poderes temporais. No livro do Êxodo, encontramos o Código da Aliança (Ex 20ss), onde, para o povo eleito, o próprio Deus estabelece regras morais para evitar a usura: "Se emprestares dinheiro a um compatriota, ao indigente que está em teu meio, não agirás com ele como credor que impõe juros" (Ex 22,24). Deus estabelece com os hebreus, o seu povo, no deserto, um código de conduta para uma nova vida na terra prometida, após a libertação do Egito, onde haviam permanecido escravos por cerca de quatrocentos anos.

Essa escravidão também teve a sua origem em uma conjuntura econômica. José, filho de Jacó, vendido como escravo pelos irmãos,

---

[2] A riqueza no sentido empregado pelo autor tem uma natureza negativa; é associada à ambição, ganância, avareza; está mais perto do termo bíblico Mamom (o deus dinheiro), o qual, muitas vezes, leva à destruição do homem e, por isso, foi ao longo da história identificado com o Maligno.

[3] GRENZER, Matthias. *O projeto do êxodo*. São Paulo: Paulinas, 2007. p. 168-173.

[4] Na época de Hamurabi, a moeda em metal ainda não havia sido criada. Atribui-se o surgimento da moeda em disco de metal apenas no século VIII a.C., na região da Turquia atual. Hamurabi refere-se aos juros sobre as trocas de mercadorias, popularmente conhecida como escambo.

tornou-se, pela graça de Deus, administrador dos bens do Faraó e do Egito. Em sete anos de abundância, acumulou tanto trigo que nem se podia medir (Gn 41,49). Ao mesmo tempo, a seca em Canaã fez com que Jacó e seus descendentes fossem buscar refúgio no Egito, sendo acolhidos pelo irmão que julgavam morto. Como se lê no relato bíblico, Deus defende os fracos e necessitados, mostrando que a riqueza, quando utilizada para o bem comum e, portanto, compartilhada, não é um mal em si mesma. A opção preferencial de Deus não é pela riqueza material, mas pelo necessitado, pelo oprimido, pelos que não têm voz, pelos pobres e desamparados. Felizes são aqueles que o seguem, pois a riqueza e, principalmente, o acúmulo não devem significar a essência da vida de ninguém!

Infelizmente, não foi isso que se viu no desenvolvimento da sociedade israelita. O povo eleito nem sempre foi fiel a Deus. São inúmeros os exemplos do fosso existente entre ricos e pobres, entre a riqueza e a miséria, denunciados pelos autores bíblicos. Com essas iniquidades todos sofriam as consequências. As espetaculares riqueza e sabedoria de Salomão não impediram a divisão do reino de Israel (1Rs 10,14–11,13), que afinal desgraçou a nação hebraica. Em Pr 10,15 lemos: "A fortuna do rico é sua fortaleza, o mal dos fracos é sua indigência". Podemos pensar que o autor tinha uma visão positiva da riqueza, visto que os pobres eram fracos e os ricos, fortes; no entanto, mais adiante, encontramos: "Oprimir o fraco é ultrajar o Criador, honrá-lo é ter piedade do indigente" (Pr 14,31); ou ainda: "Não despojes o fraco, por ser fraco, nem oprimas o pobre no julgamento. Porque o Senhor disputará a sua causa e tirará a vida dos que os defraudaram" (Pr 22,22-23). Em muitos outros provérbios encontramos que o Senhor ouvirá, contra os poderosos, o lamento dos mais fracos. Nos livros proféticos, apenas citando alguns, lemos, em Amós (8,4-8), a indignação de Deus contra os defraudadores e exploradores, e, em Isaías, as denúncias de injustiças sociais são abundantes, particularmente quando se trata "das viúvas, dos órfãos e dos pobres [...]; das práticas corruptas que assumem uma aparência de legitimidade [...]; da acumulação das propriedades e de bens [...]; da violência e de crime de sangue [...]; de uma política que se caracteriza pela fraude, pela mentira e pela opressão [...]; de um estilo de vida luxuoso e dissoluto [...].[5] Os livros mais tardios do Eclesiastes e do Eclesiástico trabalham, igualmente, a temática da exploração do pobre pelo rico, evidentemente a condenando. Durante séculos, na literatura veterotestamentária, tanto pré quanto pós-exílica, os autores bíblicos preocupam-se com a injustiça social, denunciando os governantes e os poderosos, mostrando que suas condutas afastam o povo da Aliança de seu único Deus.

No Novo Testamento, Jesus menciona a riqueza não apenas como exploração social, ou usurpação, mas como ofensa a Deus, uma ação contrária ao plano de salvação, pois o Deus da Nova Aliança se revela a todos e, preferencialmente, aos mais fracos, indefesos e marginalizados pela sociedade judaica. Os sinóticos nos indicam o caminho da salvação definitiva: não podemos servir a dois senhores, a Deus e ao Dinheiro (Mt 6,24); o que fazer para ganhar a vida eterna (Mt 19,16-22); sobre a legitimidade de cobrar impostos: dar a César o que é de César, e a Deus o que é de Deus (Mc 12,13-17); a verdadeira doação: o óbolo da viúva (Lc 21,1-4); não se compra o que é necessário para a vida eterna: a parábola da virgens imprevidentes (Mt 25,1-13). A base social da doutrina cristã é amar a Deus sobre todas as coisas e amar ao próximo como a si mesmo, uma base de fraternidade, de compaixão, de comunidade e solidariedade. Não foi isso que prevaleceu ao longo dos séculos, independentemente das diversas formas de governo político e do desenvolvimento das diversas atividades econômicas. A sociedade, mesmo sofrendo suas consequências, segue, irracionalmente, a eterna busca pela riqueza terrena, ainda que racionalmente entenda que a felicidade não está no dinheiro ou no acúmulo de bens materiais.

Mesmo sendo o Cristianismo a religião hegemônica no Ocidente, verificamos que a busca humana pelo poder e pela riqueza não se arrefeceu ao longo dos séculos. No início da era cristã, o modelo político/econômico que prevaleceu foi o de um Estado imperial (monarquia) com um sistema de produção baseado na escravidão e na cobrança de tributos dos povos conquistados. O comércio era uma importante variável econômica, facilitado por meio de estradas e portos e, como tudo,

---

[5] MIES, Françoise (org.). *Bíblia e economia;* servir a Deus ou ao dinheiro. São Paulo: Loyola, 2007. p. 48.

controlado pelo Estado. Praticamente toda a riqueza produzida pelo Império ficava concentrada nas mãos de seus governantes, que destinavam os recursos de acordo com suas paixões, desejos e vontades.

Com a queda do Império Romano e a completa desestruturação social, política e econômica do Ocidente, vimos surgir mais tarde, na Idade Média, um sistema de governo denominado feudal. O sistema econômico do feudalismo era apenas de produção local, baseado no campesinato, nos servos da gleba e nos artesãos. Não havia grande atividade comercial nem importância econômica nas pequenas cidades. O senhor feudal era o senhor de tudo e de todos em suas terras.

O fim do feudalismo viu surgir os grandes Estados Nacionais e o sistema econômico preponderante passou a ser o mercantilismo, a riqueza baseada na troca de mercadorias e no acúmulo, principalmente de metais preciosos. Esse sistema foi muito alimentado pelo colonialismo europeu dos séculos XVI e XVII, que visava explorar as novas terras conquistadas (Novo Mundo) de modo implacável e voraz. O comércio passou a ser o motor do enriquecimento. Com raras exceções,[6] a riqueza acumulada ficava nas mãos das famílias reais e da nobreza, vivendo o povo, como nos modelos anteriores, na mais absoluta pobreza. Nascia-se nobre ou nascia-se pobre.

No final do século XVIII surgiram as bases políticas e econômicas atualizadas e modificadas ao longo desses dois séculos, as quais vigoram até nossos dias. A Revolução Francesa trouxe, em seu bojo, um sistema de governo democrático, republicano, onde, pelo menos teoricamente, o povo, com todas as suas classes sociais, elege seus governantes. A partir daqui os governantes não têm mais o "direito divino" de governar. O Estado republicano é um estado laico.

---

[6] O sistema bancário, apesar de ser muito diferente dos moldes atuais, já era uma realidade no fim da Idade Média europeia. Várias famílias ricas financiavam expedições marítimas, guerras e governos, em atividades de risco por puro interesse lucrativo. Ordens religiosas cristãs também funcionavam como bancos, auferindo lucros por empréstimos e custódias. No entanto, o movimento monetário era restrito, pois a usura sempre foi condenada e passível de punição pela Inquisição. BURNS, Edward McNall. *História da civilização ocidental*. Porto Alegre: Globo, 1970. p. 491-493.

Outro fator importante, que promoveu profundas transformações sociais, foi a Revolução Industrial, que definiu o capitalismo como sistema econômico determinante. A produção de bens se intensificou e, com o tempo, isso permitiu o acesso e o ingresso da maioria da população ao mercado de consumo. A base de pensamento do capitalismo será o liberalismo, uma espécie de livre pensar em termos econômicos.[7] Propaga o empreendedorismo e a iniciativa particular. Se há mercado para o seu produto, fabrique-o! Venda e lucre, pois a roda da fortuna não irá parar de girar!

Em termos de governo, tudo deve ser do povo e para o povo, mas, na verdade, o poder econômico é que vai dominar a política e suas decisões. O sucesso econômico do modelo capitalista foi imediato. Agora já se poderia fazer fortuna, mesmo nascendo pobre, ou sem título de nobreza. O que valia, a partir daí, era o conhecimento dos meios de produção, a estratégia, a criatividade, o tirocínio. Outro fator que continuava sendo importante eram as amizades políticas para que as leis fossem feitas em favor dos interesses capitalistas.

Logo se percebeu que a virtude de enriquecer não era para todos. Novamente os pobres, agora na forma de operários ou camponeses, continuavam a viver sob severas e precárias condições. A exploração continuavam dos operários europeus durante o século XIX levou o Papa Leão XIII a publicar a encíclica *Rerum Novarum*, em 1891, documento que deu início à Doutrina Social da Igreja.[8] Pela publicação da *Rerum Novarum*, a Igreja, ao mesmo tempo que procurava proteger os interesses dos operários europeus, tentava afastá-los da atração da ideologia socialista/comunista, predominantemente ateia. Na segunda metade do século XIX, antes da publicação dessa encíclica, surgiu, como antítese ao capitalismo, uma nova ordem econômica: o comunismo. O novo sistema se instalou em regimes de governo não democráticos, com uma organização central da economia e institucionalmente ateu. Esse

---

[7] O liberalismo econômico está na base da produção de bens visando ao lucro e só pode ocorrer em um ambiente de liberdade de ação, pois não há a certeza de sucesso. Todo o progresso econômico transcorre em uma esfera de tentativas e erros, dependendo da iniciativa e dos riscos assumidos pelo empreendedor.

[8] LEÃO XIII. Carta encíclica *Rerum Novarum*. Sobre a condição dos operários (15.05.1891). São Paulo: Paulinas, 1980. Coleção A Voz do Papa, 6.

modelo foi particularmente importante na Europa Oriental durante boa parte do século XX, vindo a desmoronar na década de 1990.

Hoje, o que encontramos é o regime capitalista, soberano em todas as partes do mundo, não importando se o sistema político é democrático ou não, se é monárquico ou republicano, presidencialista ou parlamentarista, se é ditatorial, pseudoliberal, ou mesmo oficialmente socialista. O sistema financeiro é superior à ideologia política. Também não importa qual é a religião preponderante em um determinado país. A exemplo do antigo regime imperial romano, onde não importava qual era o deus dos povos conquistados, pois todos eram aceitos no panteão de Roma, os deuses atuais também são aceitos pelo sistema financeiro internacional, desde que seus seguidores continuem pagando tributos ao deus que realmente rege todos os cordéis da sociedade pós-moderna, o deus Dinheiro. Tal sociedade idolatra a busca pela riqueza e não se preocupa com seus pecados sociais, uma vez que, para ela, o sentido da vida não é o ser humano e sua salvação eterna, mas a felicidade temporal.

A grande arte do poder financeiro é saber o que deve proporcionar ao povo, ou pelo menos a uma parte desse povo, para que este se sinta "feliz" e continue apoiando, "democraticamente", aqueles que efetivamente se apoderam da maior parte da riqueza produzida por todos. Na hipocrisia da sociedade pós-moderna, é um pecado e um crime ofender um cidadão, e é claro que concordamos com isso, mas o mesmo sistema econômico/político mata de fome e de exclusão milhões de pessoas por ano e, para a grande maioria da sociedade, isto é apenas uma "curiosidade" estatística.

Nesta breve retrospectiva histórica, concluímos que os sistemas políticos evoluíram nos últimos séculos. A maioria dos países possui regimes democráticos com liberdades individuais e livre participação de seus cidadãos em suas decisões políticas; mas, quanto à questão econômica, pelo menos em escala mundial, ainda temos muito que caminhar. A enorme maioria da população segue sendo excluída dos bens que deveriam ser de todos. Uns poucos seguem se apoderando de quase tudo e a grande maioria segue possuindo quase nada. Impossível não pensar, economicamente, no provérbio escrito há mais de 2.500 anos:

"A fortuna dos ricos é sua fortaleza, o mal dos fracos é sua indigência" (Pr 10,15). À luz da Doutrina Social da Igreja, pretendemos aventar uma economia de inclusão, de solidariedade, de justiça e paz social.

2. O sistema financeiro, o novo império, e a especulação em escala global

No século XX, o sistema capitalista, por várias razões, dividiu o mundo em países desenvolvidos (centrais) e subdesenvolvidos (periféricos). O sistema financeiro internacional, que se alimenta com seus empréstimos (crédito) e aufere lucros (juros), passa a ter uma ação em escala global. Evidentemente, os países centrais, mais capitalizados e mais preparados para as crises, dependem menos do capital especulativo do que os países emergentes ou com baixo grau de desenvolvimento. A antiga preocupação de Hamurabi, há quatro mil anos, regulamentando juros e dando alguma proteção ao devedor, continua válida; porém, com a sofisticação da tecnologia atual, é muito mais difícil regulamentar os grandes fundos de investidores, que podem simplesmente asfixiar economicamente um determinado país e sua população por meio da agiotagem. Some-se a isso a proverbial tendência dos governantes e de seus protegidos à corrupção, e podemos entender o caos social que o atual sistema econômico financeiro pode gerar.

Devemos admitir que o sistema capitalista trouxe uma enorme riqueza geral e bem-estar para a grande maioria das pessoas que vive nos países desenvolvidos. Em termos de governo, mesmo com todos os seus defeitos inerentes, o regime democrático também tem suas virtudes, principalmente em populações nas quais as desigualdades sociais não são tão gritantes. Após as grandes transformações sociais que ocorreram, principalmente na Europa e em outros países avançados economicamente,[9] a grande massa da população vive hoje mais e melhor se comparada a qualquer outra época. Ela goza de garantias individuais e do acesso à saúde e educação, além de outras conquistas sociais. Não é por acaso que milhares de africanos arriscam suas vidas todos os dias para entrar ilegalmente na Europa pelo mar Mediterrâneo, que não

---

[9] HOBSBAWM, Eric. *Era dos extremos; o breve século XX: 1914-1991.* São Paulo: Companhia das Letras, 2012, cap. 10 - Revolução social.

deveria, mas se tornou um *enorme cemitério*.[10] Do mesmo modo, sabemos que existem milhões de imigrantes ilegais nos Estados Unidos, sem seguridade social. Mas, para aqueles que conseguem se manter dentro do sistema econômico, podemos dizer que há uma qualidade de vida muito respeitável, não alcançada em nenhum outro momento da história humana. O problema está com aqueles que são excluídos do sistema. Os indigentes do sistema atual continuam sendo como os pobres de Israel, os escravos do Império Romano, os servos da gleba do feudalismo, os *sans-culottes* da Revolução Francesa.[11] Esses excluídos formam hoje uma enorme massa humana não considerada pelo sistema porque não consomem e, assim, não produzem para aqueles que se beneficiam da riqueza. O aspecto principal da sociedade atual não é a valorização da vida humana, mas o lucro obtido pela atividade econômico/financeira, seja ela digna ou não. O que importa são os fins lucrativos, não os meios, éticos e morais. Nicolau Maquiavel, um filósofo político, descreveu muito bem, há cinco séculos, o que se tornou uma forma de vida global.[12]

No entanto, este sistema gera um aumento significativo da riqueza mundial. Conforme dados do Fundo Monetário Internacional, o PIB mundial dobrou de tamanho nos últimos 25 anos e aumentou 11 vezes desde 1950; no mesmo período a população aumentou 2,8 vezes.[13] Contudo, a distribuição da riqueza não foi equânime, e a desigualdade econômica e social é uma das principais marcas da sociedade atual.

---

[10] FRANCISCO. Pronunciamento feito por ocasião da visita ao Parlamento Europeu e ao Conselho da Europa em Estrasburgo (25/11/2014). Disponível em: <http://w2.vatican.va/content/francesco/pt/travels/2014/outside/documents/papa-francesco--strasburgo-2014.html>.

[11] *Sans-culotte* foi a denominação dada pela aristocracia francesa aos artesãos, trabalhadores pobres que participaram da Revolução Francesa. *Culotte* era uma espécie de calção amarrado na altura dos joelhos, usado pela nobreza. Equivale aos termos atuais de descamisado, sem-terra, sem-teto, morador de rua.

[12] Nicolau Maquiavel foi o mais famoso filósofo político da Renascença. Sua obra *O príncipe* foi escrita entre 1515 e 1516 e publicada em 1532, após sua morte; tornou-se um clássico da literatura política.

[13] ALVES, José Eustáquio Dinis. A emergência de um mundo novo no século XXI? Disponível em: <http://www.ie.ufrj.br/aparte/pdfs/a_emergencia_de_novo_mundo.pdf>.

Citando um dado estarrecedor, as 85 (oitenta e cinco) pessoas mais ricas do mundo possuem uma fortuna equivalente à soma dos 3.500.000.000 de habitantes mais pobres (metade da população mundial). Por qualquer comparação que se faça, chegaremos à mesma conclusão: o capitalismo, com sua prática de liberdade de ação, de empreendedorismo, de liberdade de comércio, realmente produz riquezas em larga escala, mas não as distribui equilibradamente, ao contrário, concentra mais e mais a riqueza gerada pela humanidade. Cremos ser um risco cair na medíocre paz de nossa consciência e nos apegarmos ao fato de que pobres sempre os teremos (Mt 26,11), no sentido de uma predeterminação, de um desígnio de Deus ou de um fatalismo. Devemos pensar que sempre teremos pobres pela iniquidade, pela ambição, pela falta de solidariedade, pelo egoísmo inerente à sociedade humana. A pobreza, estrutural dentro do sistema econômico, não existe por falta de recursos; existe por falta de amor e compaixão do ser humano. Basta olhar os noticiários e já nos damos conta dos milhares de refugiados econômicos e também políticos que, por falta de condições estruturais em seus países pobres, se lançam todos os dias à procura de uma nova "terra prometida".

Vamos nos servir de um relatório do *Credit Suisse*[14] sobre a riqueza do mundo. Independentemente da forma como a estatística foi elaborada. O relatório mostra quão grande e dramática é a desigualdade social no mundo. Ele foca, em seu segundo capítulo, o que chama de "a riqueza dos indivíduos adultos". Calcula-se que a população adulta mundial girava em torno de 4,9 bilhões em 2013. O mesmo relatório informa uma riqueza mundial estimada em US$ 241 trilhões.[15]

O primeiro dado assustador se dá na distribuição desta riqueza: apenas 9% da população adulta mundial detém 83% da riqueza do globo; enquanto 22% detém 14%, e 69% da população detém apenas 3% da riqueza, ou seja, 7 em cada 10 adultos (mais de 3 bilhões de pessoas) que vivem neste mundo lutam para sobreviver com uma renda menor

---

[14] *Credit Suisse – Global Wealth Report 2013.* Disponível em: <http://resistir.info/varios/global_wealth_report_2013.pdf>.

[15] Riqueza, no contexto deste relatório, não significa Produto Interno Bruto, mas a riqueza disponível pertencente à pessoa: seus bens patrimoniais e sua renda anual. Indiretamente, riqueza é associada à capacidade de consumo.

que US$ 500 por ano. Claro que o número frio, estatístico, deveria ser aprofundado. Muitos desses adultos podem estar na faculdade e não ter emprego, podem ter escolhido um modo de vida alternativo e querer viver fora do sistema econômico, podem viver em comunidades onde não possuem nada em seu nome etc. Mas também podemos considerar que grande parte desse número é formada por pessoas que vivem na mais cruel pobreza, na África, na Índia e em outros países da Ásia e da América Latina, principalmente.

A tabela seguinte mostra a riqueza por continente ou região. Se dividirmos a riqueza do continente/região pela sua população total, obteremos os seguintes números:[16]

Local	Riqueza US$ trilhões	População milhões habitantes	Riqueza *per capita* US$
África	2,711	800	3.400
Ásia Pacífico	48,075	1.900	25.300
China	22,191	1.300	17.070
Europa	76,254	750	101.700
Índia	3,600	1.200	3.000
América Latina[16]	9,139	500	18.300
América do Norte	78,898	450	175.000

Uma simples análise comparativa dos números da tabela apenas comprova a tese debatida nos meios acadêmicos e o que a Doutrina Social da Igreja proclama: os recursos existentes no mundo são fartos para sustentar todos os seus habitantes, porém eles estão muito mal distribuídos e não há vontade política dos líderes mundiais para que essa situação seja revertida. A disparidade é flagrante e estarrecedora. A humanidade, devotando sua busca ao deus Dinheiro, exclui populações inteiras das mínimas condições de vida. As diferenças sociais existentes no mundo atual são vergonhosas. A exploração econômica do homem pelo seu irmão é a principal fonte de renda deste sistema financeiro. Fica fácil entender por que as fábricas poluidoras estão em países mais pobres, ou por que alguns países não se dedicam à preservação das

---

[16] Sem o México, incluído na América do Norte

florestas nativas. A floresta vale mais deitada do que em pé. Quem paga por isso? Como pedir entendimento e maior conscientização sobre o meio ambiente para uma pessoa com fome ou com a saúde precária? A hipocrisia dos mais ricos chega a ser um acinte! Fácil também é perceber que os governos de países pobres são facilmente corrompidos, dentro do mundo "catequizado" pelo dinheiro. Parece ser difícil não resistir à tentação, permanecer fiel aos valores morais e pensar no bem comum ou no bem-estar do próximo. A lógica parece ser a de se apropriar ao máximo dos bens públicos, no menor espaço de tempo, pois os fins seguem justificando os meios.

O que o sistema capitalista neoliberal não consegue, ou não tem interesse em conseguir, é produzir, nos países periféricos, meios capazes de mudar as estruturas injustas, como, por exemplo, uma educação eficaz, estabelecendo uma forma duradoura de inclusão social. Segundo o Papa Francisco, "uma mudança nas estruturas, sem se gerar novas convicções e atitudes, fará com que essas mesmas estruturas, mais cedo ou mais tarde, se tornem corruptas, pesadas e ineficazes".[17] Parece ser conveniente que elas permaneçam como estão, pois a sua riqueza deve ser "transportada" para os investidores internacionais através de meios legais, ou mesmo ilegais, ajudados, em geral, por governantes corruptos que exploram seu próprio povo. A exploração colonial ainda não terminou; apenas se sofisticou. Hoje não se dá mais pelas armas ou pelas leis limitadoras da liberdade feitas pelas metrópoles, mas pelas leis do mercado financeiro, as quais visam, como no passado, apenas aos interesses dos fortes, poderosos e donos dos capitais.

3. A outra face da moeda: o consumismo como norma de vida

A outra face do sistema capitalista neoliberal é a pretensa recompensa dada para a população que consegue ter uma determinada renda, representada pela oferta de bens e serviços. O mercado oferece, a quem pode pagar, uma notável abundância de bens e serviços disponíveis

---

[17] FRANCISCO. Exortação apostólica *Evangelii Gaudium*. Sobre o anúncio do Evangelho no mundo atual (24.11.2013). São Paulo: Paulinas, 2013. n. 189. Coleção A Voz do Papa, 198. Daqui em diante = EG.

para todos os gostos e para todos os bolsos. Como a lógica do sistema neoliberal visa exclusivamente ao lucro e não ao real bem-estar das pessoas, usa de todas as artimanhas e técnicas de vendas conhecidas para convencer e aumentar o desejo de compra de seu público-alvo.

O padrão de consumo do mundo é, atualmente, ditado pelo Ocidente, notadamente pelos países do hemisfério norte. Os motivos são óbvios, pois, se voltarmos a analisar a tabela publicada antes, constataremos que, naquelas populações, há uma concentração da riqueza. Como o sistema prioriza o lucro e não as reais necessidades da população, ele irá produzir e ofertar aquilo que dá retorno imediato. Aos demais países do mundo é, de certa forma, imposto aquele mesmo padrão de consumo. Com a velocidade das comunicações e o investimento em propaganda, os bens e serviços mais desejados tornam-se sucesso mundial, verdadeiros ídolos que serão adorados, desejados, venerados e comprados.

É fácil notar que uma determinada marca de carro de luxo é desejo de consumo mundial, uma famosa marca de bolsa ou de roupa é "absolutamente necessária" para a vida de milhões de pessoas. Assim como *smartphones*, alimentos industrializados, guloseimas, padrão de estética, computadores, *softwares*, cafeteiras, roupas, artigos esportivos, corte de cabelo, tatuagem, *piercing* etc. Tudo deve ser de padrão global. E para aqueles que não podem pagar? Para aqueles que não estão entre os 10% mais ricos? Bem, o sistema dá um jeito de torná-los felizes também, quer através de imitações mais baratas, quer de produtos clandestinos, o chamado mercado paralelo. O sistema econômico veio para todos, todos são chamados à felicidade, todos "merecem" ter sua participação assegurada no "paraíso do consumo". Não há ideologia que resista a um *shopping center*, os modernos templos de idolatria consumista. A aldeia global profetizada por McLuhan[18] em termos de comunicação midiática, para os padrões de consumo, já existe e é vibrante.

---

[18] Marshall McLuhan foi um filósofo e sociólogo canadense (1911-1980). Desenvolveu a teoria de que o meio é mais importante que o conteúdo da mensagem. Podemos entender que um *shopping center*, pelas suas características, é reconhecido em qualquer lugar do mundo, assim como uma igreja, independentemente da cultura local.

O consumismo cria outros dois "filhos" do deus da riqueza: o desperdício e a destruição do meio ambiente. Paradoxalmente, a riqueza proporciona o bem-estar para poucos e a destruição do planeta para todos. Como o ser humano é insaciável, deseja consumir sempre mais e precisa estar "atualizado" com as últimas tendências. Seu padrão de consumo gera quantidades enormes de bens descartáveis. O lixo, ou os produtos descartados, transformaram-se em uma das maiores preocupações ambientais. A cultura do descartável não pensa no bem comum ou na solidariedade; no fundo, é uma cultura que privilegia o egoísmo, o individualismo, a arrogância, pois o que importa não é se os bens são duráveis, ou se ainda estão bons para o uso, o que importa é estar na última tendência da moda. O desperdício vai além dos bens industriais, passando também pelos alimentos. Apenas no Brasil, a Embrapa estima que se perdem quarenta mil toneladas de alimentos por dia, que poderiam alimentar 19 milhões de pessoas.[19]

A produção e o consumo de bens industriais e a destruição das florestas são, segundo organismos internacionais, os maiores responsáveis pelo efeito estufa e o aquecimento do planeta. Vemos todos os dias os efeitos no clima. No entanto, os países mais desenvolvidos, os maiores responsáveis por isso, consideram sempre, em primeiro lugar, o custo de uma adaptação e o lucro que irão perder se optarem por uma produção menos poluente, e não a vida humana, em uma atitude mesquinha e descabida. A valorização do deus Dinheiro gera ambição, ganância, excesso de consumo, arrogância, individualismo em escala global e, ao final, levará à destruição de todos, tanto os incluídos como os excluídos, pois vivemos no mesmo planeta, já esgotado em muitos recursos.

Mas se muitos estão felizes e os demais esperam um dia chegar a ter essa felicidade, uma vez que apenas almejam ser grandes consumidores, como pensar em uma economia comunitária, inclusiva e solidária nestes tempos? Como pensar em uma economia que deveria estar voltada para a população de determinada região? Como evitar a destruição da natureza e do meio ambiente, produzindo menos e, portanto,

---

[19] Ver matéria divulgada pela Rede Brasil Atual em 20.05.2014. Disponível em: <http://www.redebrasilatual.com.br/ambiente/2014/05/desperdicio-de-alimentos-no-brasil-chega-a-40-mil-toneladas-por-dia-3443.html>.

ganhando menos? Como evitar o uso intenso da tecnologia e da robotização, que gera a aplicação limitada de mão de obra, num mundo onde existem centenas de milhões de pessoas sem trabalho? Como pensar em reduzir a ganância e a ambição de um sistema que se alimenta da desgraça dos humildes, gerando mais e mais desigualdade? Como evitar um sistema que produz refugiados, que expulsa o homem de sua terra, que inunda as cidades com pessoas que vivem sem renda, sem esperança, sem dignidade?

O mundo necessita de novos e muitos profetas que enfrentem, denunciem e anunciem uma nova ordem econômica. Um sistema econômico que parta para a inclusão e não para a exclusão, que permita o lucro, mas que não viva pelo lucro, que respeite a diversidade dos povos não impondo seu padrão de consumo autoritário; um sistema econômico que respeite a dignidade de todos os seres humanos. O mundo precisa do Deus da vida, precisa de fraternidade, de solidariedade, de colaboração entre os irmãos. O deus Dinheiro promove a falsa sensação de felicidade, transitória e passageira, mas também promove a iniquidade, a morte e a desilusão. O Deus da vida promove a paz, a união, o amor entre os irmãos, a ajuda humanitária, o bem-estar duradouro para todos. Se ontem foi dito que o sábado está para o homem e não o homem para o sábado (Mc 2,27), também podemos dizer que a humanidade não deve estar a serviço do dinheiro, mas o dinheiro a serviço da humanidade. Os homens devem estar a serviço uns dos outros.

4. A utopia de uma economia inclusiva

Em uma simples análise histórica, verifica-se que, ao longo dos milênios, a atividade econômica desenvolvida pela humanidade levou a alguns pontos positivos: é inegável que o ser humano, com sua inteligência, iniciativa e empreendedorismo, conseguiu superar alguns dos diversos obstáculos naturais e teve uma adaptação e superação das dificuldades, tornando sua vida mais longeva, mais prazerosa, mais saudável e mais produtiva. O homem, recebendo de Deus a terra e tudo o que ela contém, dominou-a e submeteu-a (Gn 1,26-31). Mas, infelizmente, a humanidade não cumpriu vários outros ensinamentos de Deus; os benefícios auferidos da terra não são distribuídos para todos (Ex 23,10-12).

O homem, ao longo de sua história econômica, em geral, procurou o caminho da exploração de seu semelhante, ou por via direta, aprisionando-o na escravidão, ou indiretamente, aprisionando-o por dívidas, legais ou não, mantendo-o na ignorância, criando leis injustas que, de uma forma ou de outra, dificultam a vida de muitos. A constante atualização e sofisticação dos bens de produção, dos métodos de trabalho, da informação, são evoluções tecnológicas importantes que podem trazer bem-estar para todos, mas a relação de poder do mais forte sobre o mais fraco não mudou desde os tempos bíblicos. A exploração do homem pelo homem é uma chaga que a humanidade ainda não extirpou.

Seria possível uma nova solução para o atual sistema econômico para que se torne mais equilibrado na redistribuição da riqueza? A Doutrina Social da Igreja reflete sobre uma nova maneira de pensar a economia. Deve-se pensar em uma economia de inclusão social, baseada nos seguintes pilares básicos: a dignidade humana, a solidariedade, a subsidiariedade, o bem comum. Acreditamos que, no tempo devido, a humanidade encontrará uma solução, dentro desses princípios, pois parece claro que estamos chegando a um momento de esgotamento de recursos naturais; as variações climáticas já são um assunto de debate global e medidas urgentes precisam ser tomadas. Resta saber se encontraremos a solução pela conscientização e, portanto, de modo planejado e cognitivo, baseada no bem comum, ou se essa solução virá depois de uma catástrofe, já esperada e denunciada por muitas entidades, incluindo a Igreja. Algumas ações emergenciais parecem gozar de amplo consenso, mas, por motivos políticos e econômicos ambiciosos e egoístas, ainda não foram tomadas.

Por princípio, deve-se pensar em um desenvolvimento integral e solidário para o maior número de países;[20] na verdade, para todos os países. Está claro que hoje nenhum país, nem o mais rico do mundo, conseguirá resolver os seus problemas sociais isoladamente. As drogas, o tráfico ilegal de pessoas e armas, a corrupção endêmica, o terrorismo, as questões ecológicas, a segurança interna, os cuidados com a produção agrícola, os refugiados políticos e econômicos exigem soluções

---

[20] PONTIFÍCIO CONSELHO "JUSTIÇA E PAZ". *Compêndio da Doutrina Social da Igreja.* 7. ed. São Paulo: Paulinas, 2011. n. 213. Daqui em diante = CDSI.

globais e integradas. A integração das economias e dos países é um caminho sem volta. Quanto mais fechados em si mesmos, mais dificuldades de crescimento. Os países mais ricos e desenvolvidos devem proporcionar meios e recursos para que os demais países melhorem o nível de bem-estar para os seus cidadãos. Não haverá muros, barreiras, mares ou força humana que impeçam um homem de querer viver melhor em outro lugar. Ele vai preferir arriscar-se, e até dar a própria vida em busca de dias melhores, do que, passivamente, morrer de fome. A atual geração de riquezas e sua distribuição entre os países é uma vergonha escandalosa e deve ser modificada.

> Nota-se, sempre mais difusamente, a exigência de modelos de desenvolvimento que prevejam não apenas "elevar todos os povos ao nível que hoje gozam somente os países mais ricos, mas construir no trabalho solidário uma vida mais digna, fazer crescer efetivamente a dignidade e a criatividade de cada pessoa, a sua capacidade de corresponder à própria vocação e, portanto, ao apelo de Deus".[21]

A verdadeira economia solidária deve enfrentar e eliminar as causas estruturais da pobreza, tais como: a desigualdade social, a falta de escolaridade, de saneamento básico, de um sistema de saúde, de moradia, de locomoção, trabalho digno etc. O sistema econômico deveria priorizar o investimento no homem, fixando-o no seu lugar de nascimento, dando condições básicas para o seu próprio desenvolvimento. Eles, os pobres, devem ser sujeitos de sua sustentabilidade, de seu progresso material, e não objetos de políticas hipocritamente altruístas que apenas os reduzem a uma situação indigna, à passividade e a uma nova forma de servidão, tornando-os continuamente dependentes de ajuda. Um sistema econômico sustentável para todos deve ter a valorização do bem comum como primeiro princípio da economia. Tal prática não deve permanecer "apenas" no plano internacional, mas também, igualmente, nos planos nacionais, pois sabemos que a desigualdade acontece também dentro das sociedades dos países ricos e que nem todos gozam dos privilégios da riqueza gerada por suas economias. Sabemos que nos países pobres as classes dominantes se apoderam da quase totalidade

---

[21] CDSI 373.

da riqueza gerada, condenando indiretamente à morte prematura milhares de seus cidadãos que vivem na miséria extrema.

O trabalho, no atual sistema neoliberal, é visto como apenas mais um elemento de produção, e muito desvalorizado, em relação ao capital. Como o sistema tem, em sua lógica, a maximização do lucro e a contínua redução de custos, e como a mão de obra é, em geral, abundante, o trabalho é desqualificado, não tendo valor em si mesmo. Isso se acentua cada vez mais com o desenvolvimento tecnológico. Em um novo sistema econômico, eliminar essa disparidade é um desafio que precisa ser enfrentado. O atual sistema neoliberal não quer regulamentações, por isso não tem muitos problemas em mudar suas linhas de produção entre países ou até entre continentes, gerando ainda mais desigualdades econômicas e sociais e todos os males a elas acoplados.

A Doutrina Social da Igreja menciona duas dimensões do trabalho humano, a objetiva e a subjetiva. A objetiva constitui o aspecto contingente da atividade do homem, que varia incessantemente nas suas modalidades com o mudar das condições técnicas, culturais, sociais e políticas. Ou seja, é o trabalho como atividade, como o fazer do ser humano. A subjetiva se configura, por seu turno, como a sua dimensão estável, porque não depende do que o homem realiza concretamente nem do gênero de atividade que exerce, mas só e exclusivamente da sua dignidade de ser útil.[22] É a dignidade que intrinsecamente traz o trabalho, que provoca a sensação que todo ser humano tem de se sentir participante, envolvido, de como o seu trabalho sustenta dignamente sua família e ajuda sua comunidade e colabora com a sociedade. É o trabalho que dignifica o ser humano.[23]

As crises econômicas, muitas delas geradas intrinsecamente dentro do sistema, provocam demissões em massa em vários países ao redor do mundo. Dentro dos princípios da sociedade líquida,[24] o trabalho já

---

[22] CDSI 162.

[23] JOÃO PAULO II. Carta encíclica *Laborem Exercens*. Sobre o trabalho humano no 90º aniversário da *Rerum Novarum* (14.09.1981). São Paulo: Paulinas, 1981. n. 5-8. Coleção A Voz do Papa, 99.

[24] BAUMAN, Zygmunt. *Modernidade líquida*. Rio de Janeiro: Zahar, 2003. Também: *Vida líquida*. Rio de Janeiro: Zahar, 2007. De acordo com a análise de Bauman, os valores da nossa cultura ocidental pós-moderna diluem-se como a água que escorre das nossas mãos; nada é para durar.

não é mais visto como algo sedimentado. A relação do indivíduo empregado com seu empregador, em geral, é superficial, burocrática, estando um interessado na remuneração e benefícios e o outro, na redução de custos. Essa relação gera alienação e falta de comprometimento do trabalhador em termos de suas funções, de seu crescimento pessoal, da dimensão subjetiva do trabalho. O trabalho não pode ser visto apenas como apêndice, como variável de custo do sistema produtivo. O benefício da atividade econômica deve estar a serviço do homem e não o homem a serviço do lucro da atividade econômica.

Por outro lado, deve-se investir na conscientização de um consumo sustentável. O atual nível de consumo cada vez mais crescente irá conduzir o mundo a catástrofes ambientais, além da contínua destruição da flora e da fauna, da poluição das águas e do ar. É preciso reavaliar o atual padrão de consumo e, necessariamente, os países ricos deverão dar sua contribuição, uma vez que eles são os que mais consomem. A busca de equilíbrio será necessária, pois os desastres ambientais afetarão a todos, ricos e pobres. A solidariedade e o bem comum são uma exigência dos dias atuais, como disse o Papa Francisco em seu discurso na FAO: "Peço também para que a comunidade internacional saiba escutar o chamado desta conferência e considere uma expressão da comum consciência da humanidade: dar de comer aos famintos para salvar a vida do planeta".[25]

Finalmente, a busca pelo deus Dinheiro leva, invariavelmente, ao pecado da corrupção. A luta contra esse mal deveria originar medidas em escala mundial, não apenas de ONGs, que já fazem um excelente trabalho, mas de regulamentações claras entre organismos internacionais para combater eficazmente a corrupção político/empresarial. A movimentação financeira é facilmente internacionalizada, sem controles, e muitas empresas e empresários de países ricos, e também de países pobres, se beneficiam de alguma forma dessa prática. O dinheiro desviado pelo sistema é, em última análise, um crime contra a humanidade, pois inibe que se invista em escolas, melhores salários para os

---

[25] FRANCISCO. Discurso pronunciado à FAO por ocasião da II Conferência Internacional sobre a Alimentação (20.11.2014). Disponível em: <http://w2.vatican.va/content/francesco/pt/speeches/2014/november/documents/papa-francesco_20141120_visita-fao.html#DISCURSO_À_PLENÁRIA_DA_CONFERÊNCIA_>.

trabalhadores, hospitais, saúde, saneamento básico, transportes etc., além de trazer aumentos de preços e, em geral, de impostos, elevando ainda mais a já pesada carga dos mais desfavorecidos.

Conclusão

Uma sociedade sem exclusões, participativa e solidária, com a permanente ajuda ao próximo e aos necessitados, é um desejo de Deus, expresso de forma clara nas Escrituras e na interpretação econômica da Doutrina Social da Igreja. "A desigualdade é a raiz dos males sociais."[26]

> A dignidade da cada pessoa humana e o bem comum são questões que deveriam estruturar toda a política econômica, mas às vezes parecem somente apêndices adicionados de fora para completar um discurso político sem perspectivas nem programas de verdadeiro desenvolvimento integral.[27]

O atual sistema capitalista neoliberal, notadamente consumista, explorador e perdulário, incentiva a ambição e o individualismo, e está levando a humanidade ao caos social e ambiental. As mudanças para uma economia de inclusão, na qual o centro seja a vida humana, são imperativas para a melhoria geral e integral da sociedade. Devemos seguir orando e pedindo a Deus para que nossos dirigentes, políticos e empresários sejam iluminados e trabalhem efetivamente para diminuir as desigualdades sociais que a humanidade vive, pois só assim poderemos pensar em uma sociedade onde reinam a justiça e a paz.

Referências bibliográficas

BENTO XVI. Carta encíclica *Caritas in Veritate*. Sobre o desenvolvimento humano integral na caridade e na verdade (29.06.2009). São Paulo: Paulinas, 2009. Coleção A Voz do Papa, 193.

CONSELHO EPISCOPAL LATINO AMERICANO E DO CARIBE. *Documento de Aparecida*. Brasília/São Paulo: Edições CNBB/ Paulus/Paulinas, 2007.

---

[26] EG 202.

[27] EG 203.

FRANCISCO. Exortação apostólica *Evangelii Gaudium*. Sobre o anúncio do Evangelho no mundo atual (24.11.2013). São Paulo: Paulinas, 2013. Coleção A Voz do Papa, 198.

GAUDIN, Thierry. *Economia cognitiva;* uma introdução. São Paulo: Beca. 1999.

GRENZER, Matthias. *O projeto do êxodo.* São Paulo: Paulinas, 2007.

HEIMANN, Eduard. *História das teorias econômicas.* Rio de Janeiro: Zahar, 1971.

HOBSBAWM, Eric. *Era dos extremos;* o breve século XX: 1914-1991. 2. ed. Trad.: Marcos Santarrita. São Paulo: Cia. das Letras, 2012.

HUBERMAN, Leo. *História da riqueza do homem.* Rio de Janeiro: Zahar, 1969.

JOÃO PAULO II. Carta encíclica *Laborem Exercens.* Sobre o trabalho humano no 90º aniversário da *Rerum Novarum* (14.09.1981). São Paulo: Paulinas, 1981. Coleção A Voz do Papa, 99.

LANDAUER, Carl. *Sistemas econômicos contemporâneos.* Rio de Janeiro: Zahar, 1966. v. 2.

LEÃO XIII. Carta encíclica *Rerum Novarum.* Sobre a condição dos operários (15.05.1891). São Paulo: Paulinas, 1980. Coleção A Voz do Papa, 6.

MIES, Françoise (org.). *Bíblia e economia;* servir a Deus ou ao dinheiro. São Paulo: Loyola, 2007.

PONTIFÍCIO CONSELHO JUSTIÇA E PAZ. *Compêndio da Doutrina Social da Igreja.* 7. ed. São Paulo: Paulinas, 2011.

SMELSER, Neil J. *A sociologia da vida econômica.* São Paulo: Livraria Editora Pioneira, 1968.

8

Reciprocidade, fraternidade, justiça: uma revolução da concepção da economia

Antonio Aparecido Alves[1]

Introdução

A proposta desta reflexão é apontar as dimensões de reciprocidade, fraternidade e justiça que devem estar presentes em uma nova concepção de economia. Esses elementos aparecem com destaque na encíclica *Caritas in Veritate* do Papa emérito Bento XVI, sobretudo no Capítulo III, que tem como título "Fraternidade, desenvolvimento econômico e sociedade civil".[2]

O ponto central do seu pensamento é que é possível viver relações autenticamente humanas de amizade e camaradagem, de solidariedade e reciprocidade, mesmo no âmbito da atividade econômica e não

---

[1] *Antonio Aparecido Alves* é doutor em Teologia (Pontifícia Universidade Católica do Rio de Janeiro) e professor da Faculdade Católica de São José dos Campos: <http://lattes.cnpq.br/3791534863027783>.

[2] BENTO XVI. Carta encíclica *Caritas in Veritate*. Sobre o desenvolvimento humano integral na caridade e na verdade (29.06.2009). São Paulo: Paulinas, 2009. Coleção A Voz do Papa, 193. Daqui em diante = CV.

apenas fora dela ou "depois" dela (amigos amigos, negócios à parte, como costumamos dizer). A área econômica não é eticamente neutra, nem de natureza desumana e antissocial. Pertence à atividade do homem; e precisamente porque é humana deve ser eticamente estruturada e institucionalizada.[3]

Assim, a atividade econômica não pode prescindir da gratuidade, que difunde e alimenta a solidariedade e a responsabilidade pela justiça e o bem comum nos diversos sujeitos e atores sociais. Desse modo, é possível que atuem no mercado em condições de igual oportunidade empresas que buscam fins diversos, como as privadas e as públicas, bem como as várias organizações produtivas com fins mutualistas e sociais, como cooperativas e outras de fim social. Seria necessário valorizar as iniciativas que pretendam ir além da lógica da venda e do lucro como um fim em si mesmo.[4]

Buscando destacar esse rosto humano da economia, o Papa Francisco reporta-se à etimologia da palavra "economia" afirmando que, como indica o próprio termo, ela deveria ser a arte de alcançar uma adequada administração da casa comum, que é o mundo inteiro,[5] de tal modo que se deveria assegurar o bem-estar econômico a todos os países. No que tange à Igreja, é seu dever cooperar de forma eficaz para que os pobres vivam com dignidade e haja a inclusão de todos, e não somente falar de temas sociais ou criticar os governos.[6]

1. A questão da desigualdade social

Ao se falar de um rosto humano para a economia, com relações de reciprocidade, fraternidade e justiça, não se pode deixar de contemplar o rosto sofredor daqueles que são vítimas de uma economia sem coração. O Papa Francisco afirma que "a desigualdade é a raiz dos males

---

[3] CV 6.

[4] CV 36.

[5] FRANCISCO. Exortação apostólica *Evangelii Gaudium*. Sobre o anúncio do Evangelho no mundo atual (24.11.2013). São Paulo: Paulinas, 2013. n. 206. Coleção A Voz do Papa, 198. Daqui em diante = EG.

[6] EG 207.

sociais",[7] a mesma constatação que já fizera o Papa emérito Bento XVI ao afirmar, na *Caritas in Veritate*:

> O aumento sistemático das desigualdades entre grupos sociais no interior de um mesmo país e entre as populações dos diversos países, ou seja, o aumento maciço da pobreza em sentido relativo, tende não só a minar a coesão social – e, por este caminho, põe em risco a democracia –, mas tem também um impacto negativo no plano econômico com a progressiva corrosão do "capital social", isto é, daquele conjunto de relações de confiança, de credibilidade, de respeito das regras, indispensáveis em qualquer convivência civil.[8]

A desigualdade social não é um acidente de percurso na lógica econômica, mas fruto de uma economia desumana que exclui e mata[9] e pode ser entendida na perspectiva do Ensino Social do atual pontífice como a questão social de nosso tempo.[10] A desigualdade social impacta sobre a vida em sociedade, pois é a partir dela que decorre a violência, seja entre os indivíduos, seja entre os diversos povos, porque "o sistema social e econômico é injusto na sua raiz".[11] Corajosamente, o Papa Francisco nos convida a dizer "não" ao fetichismo do dinheiro e à "ditadura de uma economia sem rosto e sem um objetivo verdadeiramente humano".[12]

Um retrospecto histórico ajuda-nos nesta questão da desigualdade. A Doutrina Social da Igreja sempre afirmou que a lógica econômica não pode ser um mecanismo cego e automático, mas deve estar dentro de um contexto ético e daí tirar os próprios objetivos e as motivações

---

[7] EG 202.

[8] CV 32.

[9] EG 53.

[10] Entendemos a questão social como "uma aporia fundamental sobre a qual uma sociedade experimenta o enigma de sua coesão e tenta conjurar o risco de sua fratura. Ela é um desafio que interroga, põe em questão a capacidade de uma sociedade de existir como um conjunto ligado por relações de interdependência". CASTEL, Robert. *As metamorfoses da questão social. Uma crônica do salário.* 11. ed. Petrópolis: Vozes, 2011. p. 30.

[11] EG 59.

[12] EG 55.

últimas, guiada pelos princípios sociais da justiça e da caridade.[13] Por outro lado, ela sempre condenou um sistema econômico imperialista que considera o lucro como motor essencial do progresso econômico, a concorrência como lei suprema da economia, a propriedade privada dos bens de produção como direito absoluto.[14] O grande princípio é sempre que "o homem é o autor, centro e fim de toda a vida econômico-social"[15] e, por isso, a economia deve estar voltada para a pessoa e suas necessidades.

O princípio personalista está, portanto, na base da Doutrina Social da Igreja;[16] para ela, é sobre a pessoa que deveria girar toda a organização econômica, visto que sua finalidade deveria ser satisfazer as necessidades humanas,[17] em um quadro de reciprocidade, fraternidade e justiça. É nesta perspectiva que poderiam ser respondidas as perguntas básicas da atividade econômica, a saber:

1ª) Que bens deveriam ser produzidos? Há diversos modos de organizar a produção. O mais conhecido é o modo autocrático, em que o dono ou o gerente decidem o que produzir para obter o máximo de lucro. Há, porém, formas em que a decisão do que produzir é tomada de forma cogestional entre os diversos fatores que concorrem para a atividade produtiva, no quadro de uma democracia econômica. Temos, assim, o modo cooperativo, de comunhão, solidário, o das empresas privadas com finalidade social. Deveriam ser produzidos todos aqueles bens necessários à satisfação das necessidades humanas.[18]

---

[13] PIO XI. Carta encíclica *Quadragesimo Anno*. Sobre a restauração e o aperfeiçoamento da ordem social em conformidade com a lei evangélica no 40º aniversário da encíclica de Leão XIII *Rerum Novarum* (15.05.1931). São Paulo: Paulinas, 1969. n. 42-43; 88. Coleção A Voz do Papa, 14. Daqui em diante = QA.

[14] QA 109. PAULO VI. Carta encíclica *Populorum Progressio*. Sobre o desenvolvimento dos povos (26.03.1967). São Paulo: Paulinas, 1990. n. 26. Coleção A Voz do Papa, 49.

[15] VIER, Frederico (coord.). *Compêndio do Vaticano II*. Constituições, decretos, declarações. 29. ed. Petrópolis: Vozes, 2000. Constituição pastoral *Gaudium et Spes*. Sobre a Igreja no mundo atual, n. 63. Daqui em diante = GS.

[16] GS 64. PP 26.

[17] QA 75.

[18] CIRAVEGNA, Daniele. *Per um nuovo umanesimo nell'economia*. L'enciclica *Caritas in Veritate* nella Dottrina sociale della Chiesa. Torino: ElleDici, 2012. p. 119.

2ª) Como dever-se-ia produzir? Neste caso poderíamos falar de uma produção de reciprocidade, mas que não se confunda com reciprocidade-amizade de quem faz algo gratuito em favor de um amigo. A economia de produção de reciprocidade é entendida como atividade produtiva, na qual o sujeito que se beneficiará do produto concorre para produzi-lo, o que, de um lado, elevará a qualidade do produto e, de outro, dará lugar à criação de relevantes bens relacionais.[19] Parece a realização da utopia bíblica: "Quem fizer casas, nelas vai morar, quem plantar vinhedos, dos seus frutos vai comer. Ninguém construirá para outro morar, ninguém plantará para outro comer" (Is 65,21).

3ª) Para quem produzir? Nesta perspectiva personalista e de solidariedade, a resposta seria produzir para o conjunto da sociedade, mas com predileção pelos seus membros mais vulneráveis.

Feito esse *excursus* histórico, retomamos a problemática da questão social atual representada pela desigualdade social. Esse sistema iníquo se mantém à custa do consumismo materialista, a nova ideologia presente em nossos dias, que São João Paulo II já denunciara como nefasto[20] e que o atual pontífice faz questão de dizer que é danoso ao tecido social.[21] Falando aos jovens em Seul, em 15 de agosto de 2014, ele acentuou que é preciso resistir ao canto da sereia representado por este modelo econômico:

> Combatam o fascínio do materialismo que sufoca os autênticos valores espirituais e culturais e também o espírito de desenfreada competição que gera egoísmo e conflitos; rejeitem modelos econômicos desumanos que criam novas formas de pobreza e marginalizam os trabalhadores, bem como a cultura da morte que desvaloriza a imagem de Deus, o Deus da vida, e viola a dignidade de cada homem, mulher e criança.[22]

---

[19] Ibidem.

[20] JOÃO PAULO II. Carta encíclica *Centesimus Annus*. No centenário da *Rerum Novarum* (1º.05.1991). São Paulo: Paulinas, 1991. n. 36-37. Coleção A Voz do Papa, 126.

[21] EG 60.

[22] FRANCISCO. Viagem apostólica à República da Coreia por ocasião da VI Jornada da Juventude Asiática. Homilia na Santa Missa na Solenidade da Assunção de Nossa Senhora (Daejeon, 15.08.2014). Disponível em: <http://w2.vatican.va/content/francesco/pt/homilies/2014/documents/papa-francesco_20140815_corea-omelia-assunzione.html>. Acesso em: 25 dez. 2014.

Os modelos a serem rejeitados têm o pressuposto antropológico do *Homo oeconomicus*, cuja racionalidade se move dentro de uma zona moral supostamente neutra, onde não há espaço para a gratuidade, para o dom, para a solidariedade. A fim de orientar o discernimento cristão diante das opções a serem feitas, a Doutrina Social da Igreja oferece sua *verdade sobre o homem*, contribuindo, assim, para a busca de um modelo que respeite as necessidades humanas e se mova dentro de parâmetros éticos.

São João Paulo II já alertara para o fato de que os pobres não podem mais esperar por uma racionalidade econômica construída sobre os fundamentos da solidariedade humana e não sobre a busca da eficiência econômica, visando à maximização dos lucros.[23] Existe uma relação entre *custo de produção* e *custo social*, e a lógica dominante busca reduzir o primeiro enquanto aumenta o segundo, de tal modo que a máxima eficiência pode se transformar na pior ineficiência do ponto de vista social.

Por sua vez, o Papa Francisco afirma que a promessa de que o crescimento econômico conseguiria automaticamente promover maior equidade e inclusão social nunca foi confirmada, e os pobres estão até hoje esperando por isso.[24] É urgente, portanto, renunciar à autonomia absoluta do mercado e da especulação financeira, atacando, dessa maneira, as causas estruturais da desigualdade social.[25]

2. A justiça social

Embora não seja competência da Doutrina Social da Igreja estabelecer os meios técnicos a serem seguidos para a construção de uma nova racionalidade econômica, pois esses têm sua própria autonomia interdisciplinar,[26] ela também não se limita a propor modelos pré-fabricados

---

[23] JOÃO PAULO II. Discorso ai delegati della Commissione Economica per l'America Latina e i Caraibi (Cepal), Santiago do Chile, 03.04.1987. *Costruire un'economia della solidarietà: i poveri non possono più attendere!* Disponível em: <http://www.vatican.va//holy_father/john_paul_ii/speeches/1987/april/documents/hf_jp-ii_spe_19870403_cepalc-chile_it.html>.

[24] EG 54.

[25] EG 202.

[26] JOÃO PAULO II. Carta encíclica *Sollicitudo Rei Socialis*. Pelo 20º aniversário da encíclica *Populorum Progressio* (30.12.1987). São Paulo: Paulinas, 1988. n. 41. Coleção A Voz do Papa, 117. Daqui em diante = SRS.

ou recordar alguns princípios gerais,[27] mas quer colaborar no diálogo com a economia para a busca de um novo paradigma.

Esse novo paradigma da economia deveria ser construído nos quadros da justiça social entendida hoje como igualdade de condições e não somente de oportunidades, uma vez que se deveria buscar reduzir o fosso entre as classes sociais mediante a distribuição de renda.[28]

A desigualdade social foi sempre um desafio. Leão XIII afirmou na *Rerum Novarum* a existência de uma desigualdade natural na sociedade, diferenças de inteligência, de talento, de habilidade, de saúde, de força física,[29] o que já fora acentuado por Rousseau no discurso sobre a origem das desigualdades humanas.[30] No entanto, o equívoco da análise desse pontífice foi dizer que a diferença de posições na vida social é resultado da desigualdade natural, sendo por isso impossível elevar todos ao mesmo nível.[31] Hoje se entende que a desigualdade social é fruto de mecanismos perversos presentes na racionalidade econômica e que a justiça social deve visar à igualdade de condições, diminuindo, assim, o escandaloso abismo entre os mais ricos e os mais pobres. A tese presente na atual concepção de justiça social no âmbito das ciências sociais é a de que quanto mais se reduz a desigualdade de condições tanto mais se eleva a igualdade de oportunidades, propiciando, assim, a mobilidade social.[32]

O pensamento social do Papa Francisco parece mover-se nesta perspectiva da igualdade de condições, pois o pontífice não se cansa de denunciar o sistema econômico como sendo perverso e gerador da desigualdade. Acentua, ainda, que o fato de se ter nascido em um lugar com

---

[27] PAULO VI. Carta apostólica *Octogesima Adveniens*. Por ocasião do 80º aniversário da encíclica *Rerum Novarum* (14.05.1971). São Paulo: Paulinas, 1971. n. 42. Coleção A Voz do Papa, 68. Daqui em diante = OA.

[28] DUBET, François. *Repensar la justicia social;* contra el mito de igualdad de oportunidades. Buenos Aires: Siglo Veintiuno, 2013.

[29] LEÃO XIII. Carta encíclica *Rerum Novarum*. Sobre a condição dos operários (15.05.1891). São Paulo: Paulinas, 1980. n. 11. Coleção A Voz do Papa, 6.

[30] ROUSSEAU, Jean-Jacques. Discurso sobre a origem e os fundamentos da desigualdade entre os homens. In: *Os pensadores*. Rousseau. São Paulo: Nova Cultural, 1999. v. 2.

[31] RN 11.

[32] DUBET, François. *Repensar la justicia social;...*, p. 99.

poucos recursos e menos desenvolvimento não significa que se está condenado à pobreza, e repete o convite profético feito pelo beato Paulo VI[33] para que os países mais ricos reduzam solidariamente alguns de seus direitos para que todos possam ter acesso aos bens necessários à vida.[34]

Em seu Magistério Social, São João Paulo II acentuara a importância da solidariedade para a construção de novas relações econômicas. Partindo do fato da interdependência cada vez mais crescente entre os povos, afirmou que esta pode distanciar-se das exigências éticas e transformar-se em hegemonia.[35] No entanto, se ela é entendida dentro de uma categoria moral, tem-se a resposta ética correlata, que é a solidariedade, compreendida como empenho firme e perseverante em prol de todos e de cada um.[36] No entanto, o percurso não se detém aqui, pois para os que creem a solidariedade assume contornos teológicos à luz da fé e, assim, chegamos ao grande mandamento da caridade.[37]

Encontramos no Magistério Social de Bento XVI indicações da caridade como estruturante das relações sociais e econômicas. A justiça, outro elemento indicado pelo pontífice, é a "medida mínima" da caridade, mas esta a ultrapassa, pois entra na dimensão da gratuidade, da misericórdia e da comunhão nas relações humanas que se expressa na busca pelo bem comum, outro aspecto importante. O empenho pelo bem comum transcende, então, sua dimensão ético-social e assume contornos teológicos enquanto é entendido como realização concreta da justiça e da caridade, que deve dirigir-se à comunidade dos povos e nações, visando antecipar parcialmente na história a cidade de Deus.[38]

Por sua vez, o Papa Francisco afirma que não se pode mais confiar na mão invisível e nas forças cegas do mercado para a consecução da justiça social, e indica os princípios da dignidade da pessoa humana e

---

[33] OA 24.
[34] EG 190.
[35] SRS 17.
[36] SRS 38.
[37] SRS 40.
[38] CV 6-7.

do bem comum como norteadores de uma economia a serviço da vida.[39] O pontífice é muito concreto ao afirmar que, para que haja um crescimento equitativo, são necessárias "decisões, programas, mecanismos e processos especificamente orientados para uma melhor distribuição de renda, para a criação de oportunidades de trabalho, para uma promoção integral dos pobres que supere o mero assistencialismo".[40]

Por fim, um destaque para a importância da política no que tange ao gerenciamento das políticas econômicas favoráveis às suas dimensões humanas, malgrado a pretensão do mercado de erigir-se como norma suprema e postular a existência de um "Estado mínimo" no campo da economia. O beato Paulo VI já afirmara, em 1971, a necessidade da passagem da economia para o campo político no que se refere ao norteamento das relações na vida social,[41] sendo seguido pelo Papa Francisco ao convidar os cristãos a dizerem "não" à nova idolatria do dinheiro que governa ao invés de servir.[42] Diz ainda o pontífice que pede ao Senhor que haja políticos "que tenham verdadeiramente a peito a sociedade, o povo, a vida dos pobres. É indispensável que os governantes e o poder financeiro levantem o olhar e alarguem as suas perspectivas, procurando que haja trabalho digno, instrução e cuidados sanitários para todos os cidadãos".[43] A busca por uma nova economia é confiada, ainda, a todas as forças sociais, e a Igreja se soma a elas para acompanhar as propostas que melhor correspondam à dignidade da pessoa humana e ao bem comum.[44]

Conclusão: "Dai-lhes vós mesmos de comer" (Mt 14,15-16)

O desafio de Jesus continua repercutindo através dos séculos, diante da multidão dos excluídos por um sistema econômico sem coração. Não podemos postular a atitude cômoda dos discípulos de Jesus, os quais queriam despedir as multidões para que cada um "se virasse" na busca

---

[39] EG 203.

[40] EG 204.

[41] OA 46.

[42] EG 55; 57.

[43] EG 205.

[44] EG 241.

de comida. A saciedade do povo só ocorreu porque Jesus deslocou o coração dos discípulos da lógica econômica, que passa pelo dinheiro, para o eixo da partilha e da solidariedade, que passa pela compaixão. Vieram primeiramente a compaixão, a solidariedade e a partilha para depois aparecerem os doze cestos cheios.

O grande desafio que temos diante de nós é mostrar, em nível tanto de pensamento como de comportamentos, que "não só não podem ser transcurados ou atenuados os princípios tradicionais da ética social, como a transparência, a honestidade e a responsabilidade, mas também que, nas *relações comerciais*, o *princípio de gratuidade* e a lógica do dom como expressão da fraternidade podem e devem *encontrar lugar dentro da atividade econômica normal*".[45] Isso é uma exigência dos tempos atuais, que pedem o reconhecimento e o respeito da subjetividade da pessoa, exigindo uma face mais humana da economia de mercado, algo que a Doutrina Social da Igreja sempre defendeu.

Referências bibliográficas

BENTO XVI. Carta encíclica *Caritas in Veritate*. Sobre o desenvolvimento humano integral na caridade e na verdade (29.06.2009). São Paulo: Paulinas, 2009. Coleção A Voz do Papa, 193.

CASTEL, Robert. *As metamorfoses da questão social. Uma crônica do salário.* 11. ed. Petrópolis: Vozes, 2011.

CIRAVEGNA, Daniele. *Per um nuovo umanesimo nell'economia.* L'enciclica *Caritas in Veritate* nella Dottrina sociale della Chiesa. Torino: Elledici, 2012.

COSTA, Lourenço (org.). *Documentos da Igreja. Encíclicas de João Paulo II (1978-1995).* 2. ed. São Paulo: Paulus, 2006. Coleção Documentos da Igreja, 4.

DUBET, François. *Repensar la justicia social;* contra el mito de igualdad de oportunidades. Buenos Aires: Siglo Veintiuno, 2013.

FRANCISCO. Exortação apostólica *Evangelii Gaudium*. Sobre o anúncio do Evangelho no mundo atual (24.11.2013). São Paulo: Paulinas, 2013. Coleção A Voz do Papa, 198.

_____. Viagem apostólica à República da Coreia por ocasião da VI Jornada da Juventude Asiática. Homilia na Santa Missa na So-

---

[45] CV 36.

lenidade da Assunção de Nossa Senhora (Daejeon, 15.08.2014). Disponível em: <http://w2.vatican.va/content/francesco/pt/homilies/2014/documents/papa-francesco_20140815_corea-omelia-assunzione.html>.

JOÃO PAULO II. Carta encíclica *Centesimus Annus*. No centenário da *Rerum Novarum* (1o.05.1991). São Paulo: Paulinas, 1991. Coleção A Voz do Papa, 126.

_____. Carta encíclica *Sollicitudo Rei Socialis*. Pelo 20º aniversário da encíclica *Populorum Progressio* (30.12.1987). São Paulo: Paulinas, 1988. Coleção A Voz do Papa, 117.

_____. Discorso ai delegati della Commissione Economica per l'America Latina e i Caraibi (Cepal), Santiago do Chile, 03.04.1987. *Costruire un'economia della solidarietà: i poveri non possono più attendere!* Disponível em: <http://www.vatican.va//holy_father/john_paul_ii/speeches/1987/april/documents/hf_jp-ii_spe_19870403_cepalc-chile_it.html>.

LEÃO XIII. Carta encíclica *Rerum Novarum*. Sobre a condição dos operários (15.05.1891). São Paulo: Paulinas, 1980. Coleção A Voz do Papa, 6.

PAULO VI. Carta apostólica *Octogesima Adveniens*. Por ocasião do 80º aniversário da encíclica *Rerum Novarum* (14.05.1971). São Paulo: Paulinas, 1971. Coleção A Voz do Papa, 68.

_____. Carta encíclica *Populorum Progressio*. Sobre o desenvolvimento dos povos (26.03.1967). São Paulo: Paulinas, 1990. Coleção A Voz do Papa, 49.

PIO XI. Carta encíclica *Quadragesimo Anno*. Sobre a restauração e o aperfeiçoamento da ordem social em conformidade com a lei evangélica no 40º aniversário da encíclica de Leão XIII *Rerum Novarum* (15.05.1931). São Paulo: Paulinas, 1969. Coleção A Voz do Papa, 14.

ROUSSEAU, Jean-Jacques. Discurso sobre a origem e os fundamentos da desigualdade entre os homens. In: *Os pensadores*. Rousseau. São Paulo: Nova Cultural, 1999. v. 2.

VIER, Frederico (coord.). *Compêndio do Vaticano II*. Constituições, decretos e declarações. 29. ed. Petrópolis: Vozes, 2000.

O caminho para a mudança cultural em favor de outra economia a partir de uma leitura de Zygmunt Bauman

Víctor Manuel Chávez Huitrón[1]

Introdução[2]

Embora o tema desta reflexão seja complexo e sugestivo e se preste muito a uma abordagem acadêmica em matéria econômica, como interessado no tema e preocupado com a realidade que estamos vivendo, proporei uma reflexão de corte filosófico e moral, a partir da observação de uma realidade global: a desigualdade social no mundo.

---

[1] *Víctor Manuel Chávez Huitrón* é mestre em Filosofia (Università Pontificia Salesiana – Roma) e Sociologia (Pontificia Università Gregoriana – Roma) e coordenador da Faculdade de Ciências e Humanidades da Universidade Pontifícia do México.

[2] Texto traduzido do espanhol por José Antenor Velho, sdb.

1. Exigência de mudar a forma de conceber a economia

Há mais de três décadas tem aumentado a consciência de que as coisas na economia não vão bem. Escutam-se vozes que expressam – baseadas nos próprios métodos de observação e análise – que o modelo econômico está esgotado e, portanto, deve ser mudado.

O professor de Economia Pierre Noël Giraud, desde o final da década de 1990, afirmava que "a economia por si mesma não pode tratar do problema da desigualdade, pois ela não resulta apenas da combinação dos comportamentos de atores capitalistas que perseguem racionalmente objetivos de manutenção ou o aumento de sua riqueza. De fato, as dinâmicas econômicas são estimuladas, dificultadas, modificadas ou canalizadas por acontecimentos ou intervenções estatais cuja lógica não pode, de maneira alguma, reduzir-se a comportamentos econômicos".[3] E eu acrescento que as dinâmicas econômicas também são estimuladas por intervenções midiáticas, publicitárias e até educativas com fundo ideológico e cultural economicista alienante.

As críticas do economista americano e prêmio Nobel 2001, Joseph Stiglitz, foram muito conhecidas em seu momento: ele advertia que, "se o planejamento fosse errôneo, a solução à crise econômica também o seria". Stiglitz explicou que durante os últimos vinte e cinco anos, tanto nas universidades como nos espaços de debate político, insistira-se que "os mercados não falhavam"; entretanto, hoje mais do que nunca, a atual crise global manifestou justamente o contrário, "que os mercados não são eficientes", e eu acrescento que eles, por si, não buscam o bem comum. Para este conhecido crítico do Fundo Monetário Internacional (FMI) e do Banco Mundial (BM), uma das raízes da crise atual é a ausência de uma "regulamentação global", problema que ele quis passar de forma urgente ao debate público, a fim de propiciar mudanças.[4]

---

[3] GIRAUD, Pierre Noël. *La desigualdad en el mundo. Economía del mundo contemporâneo*. México: FCE, 2000. p. 221.

[4] Stiglitz defendeu que até 2007 aconteceriam trinta anos sem crises econômicas graves, porque havia maior regulamentação da economia, e que foi precisamente a atuação à margem das normas que desencadeou o estalo da crise atual. Não obstante, em abril de 2007 o FMI falou pela primeira vez em criar mecanismos para controlar esse capital.

Certamente, esta problemática também foi retomada pela Igreja e, na moldura da Conferência Internacional sobre Financiamento para o Desenvolvimento (Qatar 2008), o Pontifício Conselho Justiça e Paz organizou um seminário e publicou uma nota intitulada *Um novo pacto financeiro internacional*, no qual se afirma que "os mercados financeiros não podem atuar sem confiança; e, sem transparência e sem regras, não pode haver confiança. Por conseguinte, o bom funcionamento do mercado exige um importante papel do Estado e, onde é apropriado, da comunidade internacional, para fixar e fazer respeitar regras de transparência e de prudência".[5]

Por sua vez, o sociólogo Zygmunt Bauman escreveu recentemente que "a obstinada persistência da pobreza num planeta escravizado pelo fundamentalismo do crescimento econômico já é suficiente para induzir as pessoas pensantes a se deterem e refletirem por um momento sobre as vítimas diretas e indiretas de uma escandalosa desigual distribuição da riqueza".[6] E isso se dá porque a busca desenfreada do benefício pessoal não deriva nem acompanha a realização do bem comum.

Luis de Sebastián, jornalista espanhol, escreveu um livro cujo título parece-me estimulante para nós cristãos (católicos): *Um mundo por fazer. Chaves para compreender a globalização*. O autor constata que, "infelizmente, os benefícios inegáveis da globalização são muito mal distribuídos entre os países, regiões, grupos e pessoas. A globalização move-se como um tornado, com forças que atraem para o centro do furacão e forças que expelem a grande distância o que vão encontrando em seu caminho. A globalização, ao lado de forças inclusivas, também possui forças excludentes que vão deixando os perdedores pelo caminho".[7]

Pode parecer que a crítica ao sistema econômico seja algo recente. Mas não é. Na *Centesimus Annus*, por exemplo, João Paulo II escreveu:

---

[5] PONTIFICIO CONSIGLIO DELLA GIUSTIZIA E DELLA PACE. *Un nuovo patto finanziario internazionale* (18.11.2008). Città del Vaticano: Libreria Editrice Vaticana, 2009. p. 23.

[6] BAUMAN, Zygmunt. *La ricchezza di pochi avvantaggia tutti, ¡falso!* Roma: Laterza, 2013. p. 5.

[7] SEBASTIÁN, Luis de. *Un mundo por hacer. Claves para comprender la globalización*. Madrid: Trotta, 2002. p. 23.

"De fato, hoje muitos homens, talvez a maioria, não dispõem de instrumentos que consintam entrar, de modo efetivo e humanamente digno, dentro de um sistema de empresa, no qual o trabalho ocupa uma posição verdadeiramente central. Não têm a possibilidade de adquirir os conhecimentos de base que permitam exprimir a sua criatividade e desenvolver as suas potencialidades, nem de penetrar na rede de conhecimentos e intercomunicações, que lhes consentiria ver apreciadas e utilizadas as suas qualidades. Em suma, eles, se não são propriamente explorados, veem-se amplamente marginalizados, e o progresso econômico desenvolve-se, por assim dizer, por cima das suas cabeças, quando não restringe ainda mais os espaços já estreitos das suas economias tradicionais de subsistência".[8]

Com sua maneira peculiar de apresentar as coisas, também o Papa Francisco criticou o modelo econômico atual: "Não podemos mais confiar nas forças cegas e na mão invisível do mercado. O crescimento equitativo exige algo mais do que o crescimento econômico, embora o pressuponha; requer decisões, programas, mecanismos e processos especificamente orientados para uma melhor distribuição das entradas, para a criação de oportunidades de trabalho, para uma promoção integral dos pobres que supere o mero assistencialismo. Longe de mim propor um populismo irresponsável, mas a economia não pode mais recorrer a remédios que são um novo veneno, como quando se pretende aumentar a rentabilidade reduzindo o mercado de trabalho e criando assim novos excluídos".[9]

Não acredito em mudanças revolucionárias, e a história documenta que são falíveis. Contudo, é difícil duvidar de que as coisas devem mudar na economia e que a mudança deve ser radical ou não terá utilidade. Entretanto, não decorre dessa urgência que a mudança deva ser imediata e através de qualquer meio; acredito, porém, que deva ser paulatina e progressiva, embora se apresentem momentos radicais de inflexão que provocam desestabilidade, e que a garantia de sucesso está

---

[8] JOÃO PAULO II. Carta encíclica *Centesimus Annus*. No centenário da *Rerum Novarum* (1º.05.1991). São Paulo: Paulinas, 1991. n. 33. Coleção A Voz do Papa, 126.

[9] FRANCISCO. Exortação apostólica *Evangelii Gaudium*. Sobre o anúncio do Evangelho no mundo atual (24.11.2013). São Paulo: Paulinas, 2013. n. 204. Coleção A Voz do Papa, 198.

em se poder trabalhar simultaneamente, embora com ritmos e pausas distintas, sobre vários níveis, vários caminhos e em distintos âmbitos de ação que se cruzam para que, num determinado ponto, seus efeitos se encontrem, se cruzem, e a realidade comece a mover-se. Além disso, todos nós sabemos que os processos sociais de mudança se devem a muitos fatores. Enumerarei seis caminhos ou campos de ação para ilustrar o que quero dizer.

a. o da crítica do sistema, elaborada por analistas e outros atores sociais, entre eles a Igreja, que devem continuar aprofundando e socializando suas conclusões de maneira persuasiva, mas com eficácia, pois a necessidade de mudança precisa penetrar outras camadas do tecido social.;

b. o da atividade empresarial em sentido estrito, que deverá continuar a explorar novas equações para gerar riquezas com o menor custo planetário e humano, mas, sobretudo, deverá encontrar as fórmulas adequadas para distribuir melhor a renda obtida e diminuir o fosso abissal entre ricos e pobres;

c. o da regulamentação nacional, regional ou mundial, sobretudo das atividades financeiras;

d. o dos modelos de economia alternativa, que nos países pobres têm muita vitalidade. Refiro-me aos modelos de economia social, à economia de solidariedade, ao mundo das cooperativas, aos bancos de poupança, do microcrédito, das economias de troca, do voluntariado, do comércio justo etc.;

e. o da pesquisa e ensino das ciências econômicas (economia, finanças, técnicas de mercado etc.) nas universidades, com acentuação especial naquelas de inspiração cristã e/ou católica, que deverão buscar, através da pesquisa e da inovação educativa, não só atender ao mercado de trabalho, mas também encontrar novas respostas para novos desafios, ousando deixar de lado o dogmatismo econômico neoliberal propulsor, até mesmo uma teologia do capitalismo;[10]

---

[10] É interessante ter presente que a Oducal (Organização de Universidades Católicas da América Latina e do Caribe) organizou um grupo de estudo para pensar possibilidades de mudança profunda nas universidades católicas da América Latina e

f. enfim, o da educação em todas as suas modalidades, para criar, aos poucos, um *êthos* social distinto, uma nova cultura mais propícia para fazer com que a economia assuma seu lugar de meio e não de fim, de membro de um corpo, mas não de cabeça, de atividade livre e, portanto, sujeito à ética, não uma atividade autônoma de qualquer consideração ética ou moral.

Em relação direta com essa última via educativa e cultural é que proponho as seguintes reflexões e sugestões, à luz de Zygmunt Bauman.

2. Necessidade de superar crenças infundadas e preconceitos econômicos

Enfrentamos dificuldades que são normais quando se planeja uma mudança profunda em economia: resistência, inércia e vontade de defender o *status quo* por aqueles que se beneficiam do sistema atual. Contudo, também nos defrontamos com um conjunto de "preconceitos", de concepções ideológicas ou de imaginários sociais errôneos, mas arraigados na sociedade, e não poucas vezes de forma induzida pelos grupos econômicos e políticos dominantes que ajudam a perpetuar o *status quo* da economia globalizada dessa forma.

Sobre isso, a pequena obra de Bauman, *La riqueza de pocos aventaja a todos, ¡Falso!*, desmascara algumas dessas "crenças habitualmente utilizadas pelo público comum como instrumento de pensamento que nunca ou raramente são refletidas, analisadas ou verificadas".[11] Ou seja, crenças aceitas e difundidas sem maior análise crítica. Vejamos quais são essas concepções ideológicas errôneas que, se agitadas, podem ajudar a propiciar uma mudança na economia.

a. Crer que a única via de saída está no crescimento econômico

A ordem é crescer, crescer a qualquer custo e a qualquer preço. Bauman analisa algumas das formas que induzem esta visão nas pessoas até tê-las por corretas socialmente e converter-se em crença generalizada.

---

decidiu estabelecer diálogos entre os representantes da economia neoliberal com economistas propulsores de mudança.

[11] BAUMAN, Zygmunt. *La ricchezza di pochi avvantaggia tutti, ¡falso!*, p. 36.

Ele encontra uma causa deste fenômeno na ação político-eleitoral em nossas democracias. O fenômeno consiste em explorar eleitoralmente a ideia de que a melhor opção – e a única que merece consideração no momento de votar – é fazê-lo em favor de quem ofereça crescimento econômico, ou seja, de quem fale e prometa aumentar a riqueza nacional para obter maiores entradas ou maior renda pessoal. Em geral, a realidade desmente essa aposta político-eleitoral, pois os vencedores dificilmente conseguem cumprir o que prometem. E se o conseguem, deve-se mais a fatores externos do que internos, a conjunturas, mais do que ao bom funcionamento das estruturas econômicas locais.

Vale a pena recordar que para o próprio John Maynard Keynes o crescimento econômico é um meio e não um fim. Em 1930, ele escreveu: "A avareza é um vício, a cobrança da usura gera culpa, o amor pelo dinheiro é desprezível [...]. Voltaremos algum dia a apreciar novamente os fins sobre os meios e preferiremos a beleza à utilidade".[12]

b. Crer que o consumo permanente e em constante aumento garante a felicidade

São vários os artífices desta mentira, mas sobressaem os produtores de bens e serviços, os publicistas, os mercadólogos, os especialistas em vender ilusões e os meios de comunicação com seu nível opressivo de persuasão. A mensagem sobre isso não pode ser mais clara: "[...] *o caminho para a felicidade passa pelo "shopping"*; a soma total das aquisições das nações é o parâmetro principal e mais falível da felicidade da sociedade [...] [e] da felicidade pessoal".[13]

O impacto eficaz das estratégias publicitárias nos meios de comunicação com o fim de gerar necessidade de consumir sem medida é realmente perverso. O filósofo americano Richard Rorty afirmou, em 1998, que, "enquanto os trabalhadores puderem estar distraídos em seu desespero graças aos pseudoeventos criados pelas mídias [...] os super-ricos não precisariam ter maiores temores".[14]

---

[12] Citado por: BAUMAN, Zygmunt. *La ricchezza di pochi avvantaggia tutti, ¡falso!*, p. 40.

[13] Ibidem, p. 56.

[14] Ibidem, p. 61.

A permanente incitação violenta, mas útil e elegante ao consumo (e não convite) faz com que percamos de vista a linha de demarcação entre o necessário e o supérfluo. Carlos Llano, um filósofo mexicano da administração, escreveu: "[...] movidos hoje de modo peremptório pelo impulso de satisfazer as necessidades indicadas acima, com atrofia até mesmo da satisfação das necessidades que nos são naturais, resulta imperioso contar com uma pedra de toque para distinguir umas das outras. Não digo nada de novo se afirmo com certeza que a maioria de nós carece deste critério de distinção e que, portanto, por princípio nos vemos impossibilitados para sair do teor consumista de nossa existência".[15] Embora a reflexão não seja nova, a verdade é que não avançamos para a porta de saída do "consumo, logo existo".

Contudo, retornando a Bauman, ele assinala que em muitas partes – em relação aos excluídos do sistema, aos pobres e marginalizados, que não participam do *shopping* – o fato de não poder adquirir coisas representa um grande estigma social, vivido como ausência de prazer, ausência de dignidade humana e ausência de sentido da própria vida. Talvez, por isso, os esquemas populistas em nossos países latino-americanos tenham uma grande aceitação social, pois ter capacidade de consumo lhes permite sentir-se alguém. Os subsídios governamentais vão diretamente ao consumo e não ao desenvolvimento em sentido estrito. Isso é documentado.

c. Crer que a desigualdade entre os homens é natural e que não podemos ir contra a natureza

A convicção de que as desigualdades na sociedade são naturais é antiga. Os agricultores medievais, por exemplo, aceitavam, em geral com agrado e bom espírito, a desigualdade entre sua própria condição de vida e a dos seus senhores. Temos outro exemplo nos grandes grupos sociais, particularmente pouco instruídos, do campo e das zonas rurais, que pensam que nasceram pobres, vivem pobres e morrerão pobres, numa espécie de fatalismo histórico com o qual o povo aprendeu a se reconciliar. O contrário é igual: quem nasce rico sabe que viverá

---

[15] LLANO, Carlos. *Los fantasmas de la sociedad contemporánea*. México: Trillas, 1995. p. 25.

como tal e morrerá muito provavelmente tendo aumentado sua riqueza (embora, com certeza, não se leve nada).

Bauman observa que, "para a maior parte das pessoas de todos os tempos, 'injusto' significa o afastamento do 'natural' (leis: o habitual). O 'natural' não é nem justo nem injusto, está simplesmente 'na ordem das coisas', 'como as coisas são' ou vão ser, e basta". Por isso, "a crença na desigualdade natural dos talentos, das habilidades e das capacidades naturais do homem, continuou firme por muitos séculos e é um dos mais poderosos fatores que contribuíram para a aceitação tranquila da desigualdade social existente".[16]

Estando assim as coisas, as desigualdades tornam-se neutras, ou seja, eliminam-se as considerações éticas negativas sobre os efeitos da globalização e do modelo econômico, aceitando-se sem maior problema, com naturalidade, a desigualdade social, e isso a torna propícia para sua autopropagação, intensificação e autoafirmação.

d. Crer que a rivalidade é o normal na dinâmica social

É tremenda a constatação seguinte: parece que faz parte do modo de ser humano tratar os semelhantes "segundo o modelo reservado às 'coisas', ou seja, como entidades que se supõe *a priori* destituídas de consciência, motivações e vontade e, portanto, não pedem nem exigem simpatia ou compaixão. Esta tendência de transferir o modelo [relação sujeito-objeto] de maneira desviada e ilegítima, que desafia a lógica e a moral, difundiu-se em nossa sociedade líquida, moderna, individualista e formada por puros consumidores...".[17]

Na sociedade líquida, tudo é objeto de consumo, inclusive os outros. As relações humanas na família, no trabalho, na escola, nos grupos sociais, no Estado ou na própria Igreja tendem a ser utilitaristas, de uso recíproco na consecução de determinadas finalidades e na busca de prazer, ou na satisfação de necessidades de todo tipo. Essa é uma terrível redução das relações humanas sob o esquema "pessoa-objeto", embora se trate na verdade de uma relação "pessoa-pessoa".

---

[16] BAUMAN, Zygmunt. *La ricchezza di pochi avvantaggia tutti, ¡falso!*, p. 82.

[17] Ibidem, p. 88-89.

Bauman alerta contra as consequências dessa armadilha posta pela cultura líquida em que vivemos. Afirma que, uma vez caídos nela, o "mundo se torna inóspito para a confiança e a solidariedade humana, para a cooperação amistosa. Este mundo despreza e denigre a confiabilidade e a lealdade recíproca, a ajuda mútua, a cooperação desinteressada e a amizade em si e por si; o mundo torna-se, então, sempre mais frio, estranho, não atraindo para si nem convidando a nele entrar [...] Então nos sentimos rodeados de rivais, competidores no infinito jogo de fazer as coisas melhor do que os outros, um jogo no qual estender as mãos tende a ser confundido com permissão para colocar algemas, e o abraço amistoso tende a ser confundido com formas de escravidão".[18]

Conclusão

Precisamos superar a ideia de que o modelo econômico atual é, se não perfeito, o melhor que temos e que, embora maltratado, está de pé, e requer apenas alguns ajustes (alguns maiores, por certo, mas sem sair do mesmo modelo estrutural), que dele podemos esperar melhores condições de vida (digna) para a maioria (não para a minoria, como foi até agora), que, por si mesmo, é capaz de oferecer vantagens e benefícios que ninguém mais pode dar.

Temos o *Homo economicus* mais introjetado em nosso DNA cultural do que somos capazes de reconhecer. Bauman no-lo fez ver. Com este DNA não é possível uma mudança, pois nos vemos como em estado de alienação.

As características deste *Homo economicus*, felizmente, não são uma espécie de fatalidade histórica, às quais nos devamos dobrar irremediavelmente. Convém-nos pensar que é mais uma fase própria do momento histórico que nos cabe viver e, ao mesmo tempo, que nos cabe tentar modificar para que todos vivam de forma melhor.

A justiça, a reciprocidade, o dom, a gratuidade são valores que somos capazes de levar à atividade econômica (mas também à política, à educação etc.), porque somos criaturas feitas à imagem e semelhança de um Deus que é justiça, entrega, dom e gratuidade de maneira definitiva.

---

[18] Ibidem, p. 95.

Essas virtudes habitam potencialmente em nós, mas não emergem por causa da alienação do *Homo economicus*.

Através da educação e da evangelização, podemos atrever-nos a ser nós mesmos fora de qualquer alienação. Podemos revelar nossa imagem divina e podemos retomar o caminho para atuar segundo nossa natureza.

É possível, com um sério trabalho educativo e formativo, ajudar as pessoas a abandonarem as falsas crenças: a falsa crença de que o crescimento econômico é a via de saída da crise e a salvação para o extenso problema da pobreza e da exclusão; a falsa crença de que o consumo desmedido e a redução do próximo a objeto de consumo e de prazer é o caminho de acesso à felicidade; a falsa crença de que é natural ou normal existirem desigualdades sociais; e a falsa crença de que a competência desapiedada é a forma natural de ser e atuar em comunidade.

Essas falsas crenças fazem parte de um problema antropológico e, portanto, cultural, que não conseguimos superar a partir das abordagens clássicas da economia, do *Homo economicus* e da cultura líquida em que vivemos.

Ousemos encontrar novos caminhos de saída antes que seja tarde demais para todos!

Referências bibliográficas

BAUMAN, Zygmunt. *La ricchezza di pochi avvantaggia tutti, ¡falso!* Roma: Laterza, 2013.

FRANCISCO. Exortação apostólica *Evangelii Gaudium*. Sobre o anúncio do Evangelho no mundo atual (24.11.2013). São Paulo: Paulinas, 2013. Coleção A Voz do Papa, 198.

GIRAUD, Pierre Noël. *La desigualdad en el mundo. Economía del mundo contemporáneo*. México: FCE, 2000.

JOÃO PAULO II. Carta encíclica *Centesimus Annus*. No centenário da *Rerum Novarum* (1º.05.1991). São Paulo: Paulinas, 1991. Coleção A Voz do Papa, 126.

LLANO, Carlos. *Los fantasmas de la sociedad contemporánea*. México: Trillas, 1995.

PONTIFICIO CONSIGLIO DELLA GIUSTIZIA E DELLA PACE. *Un nuovo patto finanziario internazionale* (18.11.2008). Città del Vaticano: Libreria Editrice Vaticana, 2009.

SEBASTIÁN, Luis de. *Un mundo por hacer. Claves para comprender la globalización.* Madrid: Trotta, 2002.

10

Família: globalização, perspectivas e valores à luz da Doutrina Social da Igreja

Ángel Galindo García[1]

Introdução[2]

O *Compêndio da Doutrina Social da Igreja* (CDSI)[3] dedica o Capítulo V à família, célula vital da sociedade. A partir desse horizonte, observamos que muito se estudou sobre o lugar ocupado pela família no interior da sociedade, mas pouco se estudou a função e o serviço da sociedade e do Estado em relação à família, dado que esta é a célula fundamental daquela, ou seja, está em suas raízes, sendo, portanto, o Estado um instrumento a serviço das duas.

Não pretendo fazer agora um amplo estudo sociológico sobre a família. Limito-me a ver a família como uma pequena sociedade no interior de outra mais ampla e decifrar alguns elementos subsidiários que a

---

[1] *Ángel Galindo García* é doutor em Teologia Moral (Academia Alfonsiana – Roma) e professor de Teologia Moral na Universidad Pontificia de Salamanca (Espanha).

[2] Texto traduzido do espanhol por José Antenor Velho, sdb.

[3] PONTIFÍCIO CONSELHO "JUSTIÇA E PAZ". *Compêndio da Doutrina Social da Igreja*. 7. ed. São Paulo: Paulinas, 2011. Daqui em diante = CDSI.

sociedade, as instituições sociais intermédias e o Estado devem prestar à família num contexto de globalização com seus desafios e perspectivas.

Estudaremos, então, como essas instituições sociais estão a serviço e em função da família, que delega a elas parte de suas funções. Para tanto, vou me servir dos seguintes elementos: a globalização e a família, as diversas perspectivas, os desafios e os valores inerentes à família, vistos à luz da Doutrina Social da Igreja (DSI).

Para João Paulo II, "a família é uma comunidade de pessoas, a mais pequena célula social, e como tal é uma *instituição* fundamental para a vida de cada sociedade".[4] Esta dimensão institucional da família enquadra-se na sua relação com a sociedade, com o Estado e com as comunidades internacionais cujo fundamento está na fidelidade à carta dos direitos da família. Desde este nível, a família é considerada como "uma sociedade soberana".

Antecipando o que desejamos demonstrar nesta reflexão, podemos dizer com o *Compêndio da Doutrina Social da Igreja* que a família é considerada primeiramente como "primeira sociedade natural".[5] A partir disso se entende que a família é de importância capital tanto para a pessoa como para a sociedade: uma vez que nela "se experimenta a sociabilidade humana", a família "contribui de modo único e insubstituível para o bem da sociedade".[6]

A família também é contemplada como sujeito social e espaço de comunhão, que deve desenvolver-se como autêntica comunidade de pessoas para que, graças ao amor a ela inerente, cada pessoa seja reconhecida e respeitada em sua dignidade.

A família, porém, é a verdadeira protagonista da vida social, anterior ao Estado e às instituições intermédias, embora possa ser considerada como uma delas. Nesse sentido, observamos que "a subjetividade social das famílias, tanto singularizadas como associadas, exprime-se ademais com múltiplas manifestações de solidariedade e de partilha,

---

[4] JOÃO PAULO II. *Carta às famílias.* São Paulo: Loyola, 1994. n. 17.

[5] CDSI 209-214.

[6] CDSI 213.

não somente entre as próprias famílias, como também mediante várias formas de participação na vida social e política".[7]

Não nos esqueçamos da atualidade do tema, recordando algumas intuições que nascem do Sínodo dos Bispos sobre os desafios pastorais da família no contexto da evangelização, realizado em Roma de 5 a 19 de outubro de 2014, à luz do espírito do Papa Francisco: "Nos seus encontros com as famílias, o Sumo Pontífice encoraja sempre a olhar com esperança para o próprio futuro, recomendando estes estilos de vida através dos quais se conserva e se faz prosperar o amor em família".[8]

Nesse contexto geral, os desafios pastorais da família devem ser compreendidos a partir do âmbito da evangelização.

1. Subjetividade social da família

A constituição pastoral *Gaudium et Spes* pretende iluminar os cristãos insistindo na importância da instituição matrimonial para o desenvolvimento da pessoa no interior da família e da sociedade, de suma importância até mesmo para a continuidade do gênero humano, para o proveito de cada membro da família e sua sorte futura.[9]

Tratamos aqui da subjetividade social da família examinando o significado e algumas perspectivas e funções sociais da mesma. A família é um dado claro da experiência. É uma realidade social que existe, mas resulta ser uma experiência problemática, da qual existem diferentes concepções e grande pluralidade de formas nesta época pós-moderna, ocidental e consumista. Será importante chegar a contemplar os aspectos básicos e comuns para ver suas funções próprias enquanto sujeito social.

---

[7] CDSI 246.

[8] SECRETARIA GERAL DO SÍNODO DOS BISPOS. III Assembleia Geral Extraordinária do Sínodo dos Bispos. *Os desafios pastorais da família no contexto da evangelização. Instrumentum Laboris*. Cidade do Vaticano, 2014. Ver Premissa, § 3º. Disponível em: <http://www.vatican.va/roman_curia/synod/documents/rc_synod_doc_20140626_instrumentum-laboris-familia_po.html>.

[9] VIER, Frederico (coord.). *Compêndio do Vaticano II*. Constituições, decretos, declarações. 29. ed. Petrópolis: Vozes, 2000. Constituição pastoral *Gaudium et Spes*. Sobre a Igreja no mundo atual, n. 47-52. Daqui em diante = GS.

1.1. Promoção da família pela sociedade

O CDSI começa afirmando no parágrafo 252 o que nos serve de referência nesta reflexão: *"O ponto de partida para uma relação correta e construtiva entre a família e a sociedade é o reconhecimento da subjetividade e da prioridade social da família.* A sua íntima relação impõe que 'a sociedade não abandone o seu dever fundamental de respeitar e de promover a família'".[10] Promover e proteger a família é responsabilidade de todos, especialmente do poder civil, que deve prever uma legislação adequada. Os cientistas, médicos, biólogos, sociólogos, psicólogos devem esclarecer com profundidade as diversas circunstâncias favoráveis ao ordenamento honesto da procriação humana. "A sociedade e o Estado não podem, portanto, nem absorver, nem substituir, nem reduzir a dimensão social da família mesma; devem antes honrá-la, reconhecê-la, respeitá-la e promovê-la segundo *o princípio de subsidiariedade*".[11]

1.2. A salvaguarda dos valores da família

A dimensão antropológica da família também nos leva a considerar o seu alcance no interior da vida familiar. O homem não é um ilhado, mas essencialmente social. Sua sociabilidade manifesta-se no ambiente familiar de forma integradora. O desenvolvimento de sua personalidade, carregada de valores, só pode realizar-se em comunicação e participação com outros homens e, se quisermos chegar ao que há nele de mais profundo e nobre, em comunhão com Deus, como cume da sociabilidade.

Por isso, segundo o CDSI, exige-se que "a ação política e legislativa salvaguarde os valores da família, desde a promoção da intimidade e da convivência familiar, até ao respeito da vida nascente, à efetiva liberdade de opção na educação dos filhos".[12] É neste contexto que o matrimônio ocupa um lugar significativo.

---

[10] CDSI 252. Ver também: JOÃO PAULO II. Exortação apostólica *Familiaris Consortio.* Sobre a função da família cristã no mundo de hoje (22.11.1981). São Paulo: Paulinas, 1981. n. 45. Coleção A Voz do Papa, 100. Daqui em diante = FC.

[11] CDSI 252. Ver também: *Catecismo da Igreja Católica.* Petrópolis: Vozes, 1993. n. 2211.

[12] CDSI 252.

1.3. A realização do princípio de subsidiariedade

Considerando a relação da família e de seus membros com a sociedade, a família converte-se em promotora do desenvolvimento social: "[...] a comunhão e a participação quotidianamente vividas na casa, nos momentos de alegria e de dificuldade, representam a mais concreta e eficaz pedagogia para a inserção ativa, responsável e fecunda dos filhos no mais amplo horizonte da sociedade",[13] enquanto a família é "escola do mais rico humanismo".[14]

Esta dimensão humanista e subsidiária demonstra porque na família se cria humanidade, nela se condensa a sabedoria humana e se obtém as sínteses vitais que constituem o "fundamento da sociedade".[15] Por sua vez, porém, a "família é a primeira e fundamental escola de sociabilidade".[16] Da família saem os cidadãos que nela encontram "a primeira escola daquelas virtudes sociais, que são a alma da vida e do desenvolvimento da mesma sociedade".[17] A família oferece, deste modo, à sociedade "o seu primeiro e fundamental contributo", isto é "a mesma experiência de comunhão e participação" que caracteriza a sua vida cotidiana.[18]

Esse princípio de subsidiariedade nasce do conceito de família como sujeito natural. No Artigo 16,3 da *Declaração Universal dos Direitos Humanos* se diz que "a família é o núcleo natural e fundamental da sociedade".[19] Tal afirmação está em grande parte das declarações particulares e internacionais que têm relação com os direitos humanos. Nesse sentido, pode-se dizer que o direito internacional reconhece o valor da família em si, como grupo unido à sociedade e anterior ao Estado. Por

---

[13] FC 37.

[14] GS 52.

[15] Ibidem.

[16] FC 37; 42-43.

[17] FC 42.

[18] FC 43.

[19] ORGANIZAÇÃO DAS NAÇÕES UNIDAS. *Declaração Universal dos Direitos Humanos*. Assembleia Geral 10.12.1948. Disponível em: <http://www.dudh.org.br/wp-content/uploads/2014/12/dudh.pdf>. Daqui em diante = DUDH.

isso, é importante não esquecer a relação existente entre autoridade e família em suas dimensões tanto antropológicas como sociais.[20]

Pode-se afirmar, portanto, sem temor, que a família como tal, como entidade distinta dos seus componentes, é objeto de proteção e tem alguns direitos que podem ser considerados extensivamente humanos. Entre outros, podem-se citar: o direito a existir e desenvolver-se como família; o direito a educar os filhos segundo as próprias tradições; o direito a ter segurança física, social, política e econômica; o direito a criar associações com outras famílias e instituições, e cumprir com sua missão; o direito a proteger seus menores mediante leis apropriadas; o direito a uma política familiar adequada por parte das autoridades públicas, sem qualquer discriminação.[21]

2. Promoção dos direitos e valores da família

O CDSI também recorda que "o serviço da sociedade à família se concretiza no reconhecimento, no respeito e na promoção dos direitos da família. Tudo isto requer a realização de políticas familiares autênticas e eficazes com intervenções precisas aptas para responder às necessidades que derivam dos direitos da família como tal".[22]

São muitas as declarações relacionadas aos direitos humanos que se referem à promoção dos direitos da família e à relação família-direitos. As questões antropológicas mais importantes às quais os artigos da magna-declaração fazem referência têm seu destino último na dimensão familiar da pessoa humana e na sua proteção por parte da sociedade: à vida privada, fundar uma família, liberdade para contrair matrimônio, a ser protegida pela sociedade, à digna remuneração, à opção de educação. Por isso consideramos, a seguir, as políticas familiares, a família como convivência original e o Estado garantidor da identidade familiar.

---

[20] HORKHEIMER, M. *Autorität und Familie in der Gegenwart*. Frankfurt, 1967. É importante ter presente as diversas declarações e acordos internacionais e outras declarações que promovem os Direitos Humanos.

[21] MARTÍNEZ BLANCO, A. Derechos Humanos y familia. *Familia* 19 (1999) 93-104. GALINDO GARCÍA, A. Desde los derechos humanos en la familia a los derechos humanos de la familia. *Familia* 18 (1999) 50.

[22] CDSI 253. FC 46.

2.1. As políticas familiares

Dentre todas as políticas familiares vou me referir, a título de exemplo, a uma que aparece no CDSI: a educação. As diversas políticas familiares dizem respeito a elementos essenciais da família, por isso há de se contar com a educação para sua regulamentação. Umas têm relação com o direito, pois tratam diretamente da legislação e das normas que devem existir para a proteção jurídica, social, econômica e penal da família. Outras têm relação com a medicina familiar enquanto se referem às medidas adotadas para promover, proteger e ajudar a cultura e a educação sanitária tanto da família como instituição como de seus membros. Outras, ainda, têm relação com a ajuda e a orientação familiar que lhes pode prestar o restante das instituições da sociedade diante da solução dos problemas práticos.[23]

2.2. A família, convivência original

São muitos os valores que encontramos na cultura atual ao considerar o matrimônio como base da convivência familiar: a recuperação do amor como centro da família, a defesa da liberdade de escolher o cônjuge e realizar a própria vida matrimonial, a superação de autoritarismos e a defesa da participação de todos no ambiente familiar, a maior abertura e socialização do núcleo familiar e o esforço para fazer do matrimônio um lugar de felicidade e de realização pessoal. Por essa razão, é preciso delimitar e diferenciar a família de outros tipos de convivência. O reconhecimento da família fundada no matrimônio "traça uma linha de demarcação clara entre a família propriamente entendida e as outras convivências, que da família – pela sua natureza – não podem merecer nem o nome nem o estatuto".[24]

---

[23] CASINI, C. Las políticas familiares en Europa y en el mundo. In: BOROBIO, D. (coord.). *La familia en un mundo cambiante*. Salamanca: Universidad Pontificia de Salamanca, 1994. p. 107-125.

[24] CDSI 253. Ver também: IV Encuentro de los presidentes de las comisiones episcopales de Europa para la familia y para la vida: "Desafíos y posibilidades al inicio del tercer milenio", realizado en Roma, de 11 a 14 de junho de 2003. Disponível em: <http://www.archicompostela.org/pastoralfamiliar/SEFDV%20Selecci%C3%B3n%20de%20textos%20sobre%20Familia%20y%20Vida.pdf>.

2.3. O Estado, garantidor da identidade familiar

O CDSI volta a nos dizer que "a sociedade e, em particular, as instituições estatais – no respeito da prioridade e 'antecedência' da família – são chamadas a *garantir e a favorecer a genuína identidade da vida familiar* e a evitar e combater tudo o que a altere ou fira".[25]

A família é uma instituição pertencente à comunidade política, a ser tutelada pelo Estado. Na maior parte dos acordos e convenções internacionais reconhece-se o direito de a família ser protegida pela sociedade e pelo Estado.[26] O benefício de ser protegida pela sociedade corresponde à sua natureza de "sujeito social ativo", ou seja, à possibilidade de participar diretamente na vida da sociedade como protagonista social em vista do desenvolvimento econômico e do progresso da comunidade social. Pois bem, essa insistência e valorização fazem com que a família possa ser considerada na prática como meio e instrumento do desenvolvimento social do indivíduo. Sublinham-se, assim, mais os direitos humanos *na* família do que os direitos humanos *da* família.

O direito que a família tem de ser tutelada e protegida pelo Estado e pela sociedade aparece na *Declaração Universal dos Direitos Humanos*, na qual se afirma que a família "tem o direito à proteção da sociedade e do Estado".[27] Relacionado com isso, tanto a Doutrina Social da Igreja como as constituições de numerosos Estados proclamam que o Estado tem a obrigação de proteger a família, especialmente a família numerosa.

A partir desse contexto, a família converte-se num âmbito social da ação cristã, sem esquecer as razões da identidade cristã da família – que brotam da própria teologia – quando considerada como "igreja doméstica". Uma sociedade laicista tende a considerar apenas os membros da família. A partir da laicidade, porém, valoriza-se a família como comunidade social básica.

---

[25] CDSI 252.

[26] DUDH Art. 16,3. ORGANIZAÇÃO DAS NAÇÕES UNIDAS. *Pacto internacional dos direitos econômicos, sociais e culturais*, 1966. Art. 10,1.

[27] DUDH Art. 16,3.

3. Perspectivas diversas: cultura, política e economia

A família é considerada como comunidade formada por pessoas. Por isso os direitos são, primeiramente, os mesmos dos componentes pessoais dessa instituição natural e, ao mesmo tempo, podem ser direitos da própria instituição familiar. A antropologia desenvolveu e explicou o conceito de dignidade do homem[28] e o sentido dos direitos do homem atendendo à evolução e história do mesmo, no qual a família se manifesta em suas dimensões fundamentais: cultural, política e econômica.

3.1. Dos direitos na família aos direitos da família

"O reconhecimento, por parte das instituições civis e do Estado, da prioridade da família sobre qualquer outra comunidade e sobre a própria realidade estatal, leva a superar as concepções meramente individualistas e a assumir a dimensão familiar como perspectiva, cultural e política, irrenunciável na consideração das pessoas."[29]

A família foi considerada como uma estrutura subsidiária da existência individual. Contudo, aos poucos a sociedade vai excluindo-a dessa tarefa. Não convém acusar a sociedade pelo fato de, aos poucos, ir assumindo as funções tradicionalmente próprias da família (previdência social, aposentadoria, educação profissional etc.), transformando-as de privadas em públicas e estatais. Contudo, não se pode esquecer que, justamente devido a tal marginalização social – a redução da família ao âmbito do privado e, consequentemente, a sua expulsão do mundo público – nos defrontamos com a autêntica causa de a família, como instituição, ter perdido seu próprio centro de gravidade.

3.2. O lugar das pessoas na dimensão social das famílias

A consideração da família como instituição com seus direitos próprios "não se põe como alternativa, mas como suporte e tutela dos

---

[28] GONZÁLEZ RUIZ, J. M. Los derechos humanos a la luz de la tradición paulina. *Proyección* 23, n. 99 (1976) 3-10. PANDARATHIL, B. K. Human Rights According to the NT. *The Living Word* 95 (1989) 176-189.

[29] CDSI 254.

direitos mesmos que as pessoas têm individualmente".[30] Por isso a família tem seus direitos, mas não anula os direitos de seus membros. Mais: os dois direitos – da família e dos seus membros – constituem a base do associacionismo familiar.

Nesse sentido, segundo a Doutrina Social da Igreja, o Estado tem o dever de promover o associacionismo. Dessa forma, as associações e as entidades ou grupos intermédios, entre os quais está a família, exercerão sua responsabilidade quando são reconhecidos os espaços e os direitos de atuação que lhe são próprios no interior da sociedade democrática. Todos participarão na realização do bem comum, mas cada um – Estado e cidadãos, indivíduos e família – o fará a partir de plataformas distintas e responsáveis.[31]

3.3. Normativa sobre família e sociedades

O reconhecimento dos direitos da família, que não impedem nem estão contra os direitos dos indivíduos que a formam, é um horizonte que "torna possível elaborar critérios normativos para uma solução correta dos diversos problemas sociais, pois as pessoas não devem ser consideradas só singularmente, como também em relação aos núcleos familiares em que estão inseridas, cujos valores específicos e exigências se devem ter na devida conta".[32]

A *Declaração Universal dos Direitos Humanos* quis cumprir com a sua função reguladora da vida social propondo-se como princípio fundamental a fim de poder orientar as constituições nacionais nascentes e as leis positivas de cada país. Com a intenção de salvaguardar a dignidade da pessoa humana, elas quiseram proteger a família, considerada uma das instituições elementares da sociedade.

O debate sobre a consideração da família como sujeito de direitos está aberto. A jurisprudência aceita de forma crescente que a família possa ser sujeito de direito legal como qualquer outra associação, pois trata-se de uma entidade em que seus membros têm uma dimensão

---

[30] Ibidem.

[31] JOÃO PAULO II. Carta encíclica *O redentor do homem* (*Redemptor Hominis*) (4.03.1979). São Paulo: Paulinas, 1990. n. 17. Coleção A Voz do Papa, 90.

[32] CDSI 254.

comunitária – mais do que como sujeito de direitos, como situação de fato digna de proteção jurídica –, isto é, possuem um conjunto de direitos e deveres, de princípios e obrigações originados a partir de um fato capaz de produzir efeitos legais.

4. Perspectivas e valores a partir do contexto da globalização

Um dos aspectos básicos da família é a vida e o respeito pela mesma em sua dimensão pessoal e social. Sobre isso, Bento XVI insistiu que não se pode tratar da ética da vida sem a relacionar com a ética social, sobretudo numa época em que são imensos os gastos, as inversões e os negócios ligados às indústrias farmacêuticas, às clínicas abortivas, à venda e compra de órgãos etc.[33]

4.1. Deveres e direitos da família

Um dos temas nucleares da DSI baseia-se em ter recordado que os direitos têm como fonte os deveres e não podem acontecer sem eles. Nesse sentido, o Capítulo IV da *Caritas in Veritate* traz como título "Desenvolvimento dos povos, direitos e deveres, ambiente". Aqui, os direitos e deveres da família são contemplados em relação com a sociedade, com si mesma e com o Estado.[34]

Um aspecto importante do desenvolvimento é o crescimento demográfico: "Trata-se de um aspecto muito importante do verdadeiro desenvolvimento, porque diz respeito aos valores irrenunciáveis da vida e da família".[35] Nesse sentido, a DSI recorda que não há equivalência entre crescimento demográfico e empobrecimento. Pode-se comprová-lo com o aumento do desenvolvimento e da população nos países emergentes.

O tema é exposto por Bento XVI com grande habilidade e elegância, para concluir dizendo que a família é o lugar próprio da educação

---

[33] BENTO XVI. Carta encíclica *Caritas in Veritate*. Sobre o desenvolvimento humano integral na caridade e na verdade (29.06.2009). São Paulo: Paulinas, 2009. Coleção A Voz do Papa, 193. Daqui em diante = CV.

[34] CV 43-52.

[35] CV 44.

considerada como dever familiar. "A tudo isto há que contrapor a competência primária das famílias neste campo, relativamente ao Estado e às suas políticas restritivas, e também uma apropriada educação dos pais."[36]

No mesmo contexto de deveres e direitos, Bento XVI dirá que "*a abertura moralmente responsável à vida é uma riqueza social e econômica*", que "grandes nações puderam sair da miséria, justamente graças ao grande número e às capacidades dos seus habitantes" e que "nações outrora prósperas atravessam agora uma fase de incerteza e, em alguns casos, de declínio precisamente por causa da diminuição da natalidade".[37]

Neste capítulo de direitos e deveres, a *Caritas in Veritate* procura analisar a vida e a família em chave de "ecologia humana". Ao falar da natureza e do meio ambiente, não pode deixar de recordar que se deve proteger a natureza: "Se não é respeitado o direito à vida e à morte natural, se se torna artificial a concepção, a gestação e o nascimento do homem, se são sacrificados embriões humanos na pesquisa, a consciência comum acaba por perder o conceito de ecologia humana e, com ele, o de ecologia ambiental".[38] É nessa perspectiva que a caridade e o amor nos indicam o caminho para o verdadeiro desenvolvimento.

4.2. Técnica, vida e antropologia

No último capítulo da *Caritas in Veritate*, sobre o desenvolvimento dos povos e a técnica, Bento XVI volta a incidir na relação da técnica com o mundo da vida e a bioética.[39] Não podemos esquecer que o papa considera a ética como um dos temas transversais da encíclica em relação com o verdadeiro desenvolvimento.

Nesse caso, a bioética é considerada o campo prioritário da luta contra o absolutismo da técnica. O tema é importante, pois aqui se esboça um princípio crucial: se o homem é produto de si mesmo ou se depende de Deus: "[...] um campo primário e crucial da luta cultural entre o absolutismo da técnica e a responsabilidade moral do homem

---

[36] Ibidem.

[37] Ibidem.

[38] CV 51.

[39] CV 68-77.

é o da *bioética*, onde se joga radicalmente a própria possibilidade de um desenvolvimento humano integral".[40] Vista desde o âmbito social, a questão é antropológica. Por isso, dir-se-á que "a fecundação *in vitro*, a pesquisa sobre os embriões, a possibilidade da clonagem e hibridação humana nascem e promovem-se na atual cultura do desencanto total, que pensa ter desvendado todos os mistérios porque já se chegou à raiz da vida. [...] Enquanto os pobres do mundo batem às portas da opulência, o mundo rico corre o risco de deixar de ouvir tais apelos à sua porta por causa de uma consciência já incapaz de reconhecer o humano".[41]

4.3. Família e desenvolvimento: desafios à luz da DSI

O Capítulo II da *Caritas in Veritate* é dedicado ao desenvolvimento humano no nosso tempo,[42] sobretudo aos efeitos do trabalho na família e às repercussões do desenvolvimento em relação à vida. Quanto ao primeiro, Bento XVI considera que a mobilidade laboral provoca mudanças e dificuldades tanto ao casamento como à família: "A exclusão do trabalho por muito tempo ou então uma prolongada dependência da assistência pública ou privada corroem a liberdade e a criatividade da pessoa e as suas relações familiares e sociais, causando enormes sofrimentos a nível psicológico e espiritual".[43] Ou seja, o seguro-desemprego não é a única nem a primeira solução para o problema da falta de trabalho, pois o auxílio atrofia a liberdade e diminui a criatividade.

O segundo aspecto, relacionado com o desenvolvimento atual, afeta a falta de valorização da vida e tem relação com a pobreza. Refere-se concretamente ao controle demográfico da parte de alguns países, à defesa do aborto feita por alguns grupos e, como consequência, à perda de sensibilidade pessoal e social para acolher uma nova vida.

Quanto ao primeiro, Bento XVI afirma que "não só a situação de pobreza provoca ainda altas taxas de mortalidade infantil em muitas regiões, mas perduram também, em várias partes do mundo, práticas de controle demográfico por parte dos governos, que muitas vezes

---

[40] CV 74.
[41] CV 75.
[42] CV 21-33.
[43] CV 25.

difundem a contracepção e chegam mesmo a impor o aborto [...] como se fosse um progresso cultural". Quanto ao segundo, Bento XVI afirma que "algumas organizações não governamentais trabalham ativamente pela difusão do aborto, promovendo nos países pobres a adoção da prática da esterilização, mesmo sem as mulheres o saberem" (some-se a isso o paradoxo de o dinheiro destinado à ajuda ao desenvolvimento ser aplicado em tais campanhas). E quanto ao terceiro, "quando uma sociedade começa a negar e a suprimir a vida, acaba por deixar de encontrar as motivações e energias necessárias para trabalhar ao serviço do verdadeiro bem do homem".[44]

Por outro lado, os desafios devem ser estudados sabendo que a família está em transformação permanente, talvez de forma mais veloz do que antes. Esses desafios têm características muito diferenciadas segundo o âmbito geográfico e cultural no qual se desenvolve a família.

Entre os modelos de família que impedem ou dificultam o consenso dos direitos e os desafios que daí surgem estão, entre outros: o modelo urbano e o modelo secularizado, que antepõem a liberdade e a igualdade, dirigidas pelos parlamentos, a outras considerações. Contudo, os desafios à família denotam um fundo ético. Por razões de justiça e de segurança, os direitos humanos estão exigindo um direito positivo que regule a vida e a estrutura familiar para que ela obtenha a realização e a satisfação dos direitos humanos de todos os seus membros e responda aos novos desafios.

Olhando para o futuro, os desafios da família vão situar-se especialmente ao redor da velocidade da mudança, da condição da mulher, da educação das futuras gerações, das alterações demográficas ou fatores culturais, da participação na vida social e do perigo da reclusão da família na vida privada. Por isso, o compromisso, a busca de modelos de integração familiar e o respeito à autonomia pessoal no interior da família e a autonomia familiar no interior da sociedade hão de ser os ideais a perseguir.[45] A fim de refletir sobre esses desafios, consideramos primeiramente os fatores socioculturais que estão influenciando

---

[44] CV 28.

[45] MARTÍNEZ CORTÉS, J. ¿Familia del año 2000? *MAS* 5 (1994).

na família atual e, num segundo momento, os desafios à família na sociedade atual.

4.3.1. Chaves influentes do desenvolvimento na família atual[46]

Seguem alguns aspectos que configuram a imagem e o quadro social da família de hoje a partir dos quais contemplaremos os seus desafios.

1º) *Repercussão da ideologia da técnica na família.* A principal tarefa dos que trabalham no *marketing* cultural é selecionar fragmentos da cultura popular e, com a ajuda da música, do cinema, do *design* ou da publicidade embalar produtos de modo que gerem uma resposta emocional no consumidor. A venda do produto e da imagem vai configurando negativamente o dinamismo da vida familiar e das relações interpessoais de seus membros.

As novas tecnologias impulsionam uma rapidíssima socialização da realidade, da informação e da comunicação através da internet. Essa forma veloz de progresso, além de criar inumeráveis possibilidades em todos os níveis da existência, vai configurando uma nova cultura, que se converte, por sua vez, num desafio à ética e à estética e, como consequência e de forma direta, às relações familiares e sociais.[47]

Este é um dos desafios da família de hoje. A "realidade virtual" entra na intimidade da vida familiar e da vida cotidiana. Por outro lado, seu processo de expansão está afetando a nossa compreensão do significado de ser pessoa humana. Pode-se dizer que vivemos num contexto crescentemente virtual, de tal maneira que os que se preocupam com o futuro pensam num amanhã no qual existam painéis inteiros de cristal

---

[46] BOROBIO, D. *Familia, sociedad, Iglesia*. Bilbao: Desclée de Brouwer, 1994. GALINDO GARCÍA, A. La presencia de la familia en la sociedad: retos y futuro. In: *Universidad de la Experiencia (UPSA). Conferencias inaugurales*. Salamanca, 1997. p. 225-244. Id. Retos a la presencia de la familia en la sociedad civil. *Familia* 10 (1995) 7-28. THIEBAUT, M. P. Perspectivas para una cultura familiar del siglo XXI. In: BOROBIO, D. *Familia y cultura. La familia en el umbral del año 2000*. Salamanca: Universidad Pontificia de Salamanca, 1998. p. 357-383.

[47] GALINDO GARCÍA, A. *Ética e internet. Una apuesta a favor de la verdad y de la solidaridad comunicativas. Salmanticensis* XLIV (1997) 239-261.

líquido.[48] A absolutização da técnica aplicada ao campo da bioética vai se convertendo num dos grandes desafios da família.

2º)*Família e globalização.* Tem sido estudado a fundo nos últimos anos o processo de globalização ao qual se vai submetendo o mundo com o desenvolvimento das novas tecnologias. A aldeia global de M. McLuhan e B. R. Powers apresenta a globalização como uma autêntica revolução na maneira de perceber e compreender o mundo. A encíclica de Bento XVI insiste que a globalização não é nem boa nem má; ela é simplesmente um elemento da caminhada humana na história.

"Em relação à nossa análise sobre os efeitos que isso produz na família, não podemos esquecer a influência na elaboração dos mesmos no sistema liberal. Por isso, recordamos que o mercado único entra no processo de globalização da economia, afetando diretamente a família tanto no campo do trabalho como em sua dimensão cultural. Trata-se de um mecanismo perfeito que permite combinar a máxima eficiência na satisfação das necessidades com a máxima liberdade dos indivíduos."[49] O mercado, entendido como realidade única e exclusiva, é o ponto de partida da análise neoliberal. Quem compartilha a esperança utópica do mercado interpretará a morte de milhões de pessoas como "sacrifícios necessários" em nome da redenção econômica.[50] Um sistema de integração fundamentado na concorrência e na eficácia não tem espaço para um conceito solidário de justiça social.[51]

3º)*O aparecimento da família consumista.* A sociedade caracteriza-se por consumir produtos em breves ciclos de vida, sustentados por uma ininterrupta inovação com repercussão direta no âmbito familiar. A produção cultural é, então, o resultado da fragmentação da cultura em segmentos com a finalidade de, em seguida, comercializá-los para o entretenimento pessoal. Talvez o consumo tenha sido o fator que mais fez alterar a instituição familiar. Nesse contexto, a DSI apela para

---

[48] PROKES, M. T. Theological implications of virtual reality. *ITEST Bulletin* (2000) 3-8.

[49] ALBARRACÍN, J. J. *La economía de mercado.* Madrid: Trotta, 1991. p. 59.

[50] SUNG, J. M. *Deseo, mercado y religión.* Santander: Sal Terrae, 1999. p. 32.

[51] JARAMILLO, P. Pobrezas, carencias y marginaciones en nuestra sociedad actual. Acusación y llamada. *Sal Terrae* 75 (1987) 135 ss.

a inteligência dos consumidores ou ao que podemos denominar "educação para o consumo". Consumir significa destruir, extinguir, usar e devastar. "A mentalidade consumista move-se entre o desejo de ter coisas novas e a prontidão para eliminá-las quando surge algo novo."[52] Por isso a sociedade de consumo cria dependência e alienação na nova vida familiar.

Hoje, a família sofre as consequências de uma sociedade de consumo artificial, não se fundamentando na abundância, mas no direcionamento e na manipulação política, que faz do consumo um negócio e uma alienação.[53] Trata-se de um consumismo imposto pelos centros de poder, pelos grupos de pressão e pela tendência manipuladora das estruturas sociais. Vivemos, na sociedade ocidental, entre grupos de privilegiados que transbordam na abundância e grupos de consumo artificial.

A passagem de uma cultura a outra, da rural à urbana, vai-se realizando motivada pela força do consumo. A filosofia e a práxis do consumismo foram produzindo uma fratura familiar cuja origem pode ser encontrada em algumas das causas[54] indicadas anteriormente.

4º) *O movimento social da promoção da mulher.* São numerosas as assembleias e conferências mundiais que trataram do tema "mulher".[55] Desde 1975, quando se proclamou o Ano Internacional da Mulher, e graças à Assembleia de 1985 em Nairobi, foram sendo criados organismos nas Nações Unidas e dando propostas legislativas em favor do

---

[52] FROMM, E. *¿Tener o ser?* Madrid: FCE de Mexico, 1978. p. 42.

[53] Um fato facilmente constatável é a agradável tendência de consumir produtos americanos em vez de espanhóis.

[54] A configuração da Carta Europeia de Direitos Fundamentais é o resultado de um confronto de interesses ideológicos e econômicos, como vimos até agora.

[55] GALINDO GARCÍA, A. La mujer y el voluntariado socio religioso. In: FLECHA, J. R. (ed.). *La mujer ante el nuevo siglo.* Salamanca: Universidad Pontificia de Salamanca, 2002. p. 29-62. A Cúpula Mundial em favor da Infância, a Conferência das Nações Unidas sobre o Meio Ambiente e o Desenvolvimento, a Conferência Mundial sobre os Direitos Humanos, a Conferência Mundial sobre o Desenvolvimento Sustentável dos Pequenos Estados Insulares em Desenvolvimento, a Conferência Internacional sobre a População e o Desenvolvimento e a Cúpula Mundial sobre o Desenvolvimento Social ocuparam-se dos vários aspectos do desenvolvimento e dos direitos humanos e preocuparam-se com tudo o que é relacionado com as diferenças entre homens e mulheres.

desenvolvimento e da promoção da mulher, como a Convenção sobre a Eliminação de Todas as Formas de Discriminação contra a Mulher, de 1979. Recordem-se as propostas da conferência de 1985 sobre o exame e avaliação dos sucessos do decênio anterior sobre a Igualdade, o Desenvolvimento e a Paz.

A temática tratada foi estudada no quadro da situação atual do mundo com os problemas sociais que o acossam: econômicos, culturais, o mundo da pobreza e o meio ambiente, a guerra e a paz, a marginalização, a emigração e a situação do quarto mundo etc. Nesse sentido, há uma crescente carga de pobreza que afeta a mulher: desigualdade de acesso à educação e de oportunidades; desigualdades em matéria de saúde como desigualdade de acesso aos serviços sanitários; violência contra a mulher; consequências negativas dos conflitos armados sobre a mulher; desigualdade de acesso e de participação da mulher nas estruturas econômicas e no processo de produção; desigualdade entre o homem e a mulher no exercício do poder; falta de mecanismos de promoção da mulher em todos os níveis; falta de compromisso ativo em relação aos direitos da mulher; mobilização insuficiente dos meios de difusão para promover as contribuições positivas da mulher na sociedade; falta de reconhecimento e apoio às contribuições da mulher ao meio ambiente. A mesma questão ideologizada do "gênero" está tornando-a mais ainda objeto consumível.

5º) *A emigração.*[56] É impressionante a diversidade das situações migratórias no mundo, fruto da história (antiguidade ou não da migração, passado colonial ou não), da geografia (insularidade ou fronteiras terrestres), de filosofias relacionadas com a cidadania, com a identidade, com a integração.

Como vemos, a realidade da emigração é hoje um dos elementos que mais influenciaram as políticas sociais com suas consequências diretas

---

[56] Sessão especial do Conselho Europeu Extraordinário, em Tampere (Finlândia), de 15 a 16 de outubro de 1999. O Conselho chega a acordo quanto a determinadas orientações e prioridades políticas que envolvem, em especial, o direito de asilo, a imigração, o acesso à justiça e a luta contra a criminalidade, e adota decisões relativas às modalidades de elaboração do projeto de Carta dos Direitos Fundamentais da União Europeia.

na família. A DSI denuncia validamente a atual espiral da "migração provocada", que, como sabemos, causa tanto mal à família.

Apesar das diferentes filosofias sobre a integração,[57] o objetivo de todos os países do mundo é favorecer a convivência, mas isso depende de uma grande disparidade de situações. Disparidade em relação ao volume e à concentração de nacionalidades entre os países de acolhida, como também divisão da nacionalidade entre os países do direito de solo. Em todo caso, pode-se dizer que, em relação à integração, não há um modelo de assimilação, pois a história, as concepções do vínculo social, as populações presentes e a importância das situações locais, especialmente no que diz respeito ao ambiente familiar, pesam muito nas formas de convivência.[58]

Há o convencimento de que sem a integração dos imigrantes não se poderiam evitar sérios problemas de convivência e de ordem pública.[59] Por isso as políticas de imigração começam a ver a integração como um problema tão importante quanto a solução do problema do trabalho.

4.3.2. Os desafios à família nesta sociedade

1º) A família e o desafio da transmissão de valores

A ética é um dos principais eixos e chave de leitura da DSI. O âmbito do compromisso familiar é o dos valores.[60] A partir deles, vai-se definindo seu compromisso tanto no interior familiar como em relação com a sociedade. Se a família for realmente ambiente de comunhão e participação, converte-se em promotora do desenvolvimento humano. O Concílio Vaticano II, além de cunhar uma feliz expressão, descobriu uma vertente importante da vida familiar ao afirmar que "a família é

---

[57] É conhecida a diferente integração dos hispânicos em relação aos muçulmanos. A religião e a cultura dos muçulmanos provocam maiores dificuldades.

[58] GALINDO GARCÍA, A. *Implicaciones éticas del fenómeno migratorio. Aproximación al sistema político europeo actual*. Salamanca: Universidad Pontificia de Salamanca, 2002.

[59] APARICIO GÓMEZ, R. Inglaterra, Francia, Alemania, tres caminos para las políticas migratorias. *Documentación social* 121 (2000) 50-52.

[60] GALINDO GARCÍA, A. Educación de los hijos en un contexto de crisis de valores. *Familia* 5 (1992) 63 ss.

escola do mais rico humanismo".[61] Na família, cria-se humanidade e o fundamento do que constitui a sociedade.

Na família, de acordo com a *Familiaris Consortio*, os cidadãos encontram "a primeira escola daquelas virtudes sociais, que são a alma da vida e do desenvolvimento da mesma sociedade".[62] A família oferece à sociedade como seu "primeiro e fundamental contributo [...] a experiência de comunhão e de participação, que deve caracterizar a vida cotidiana".[63]

Para que a família possa ser escola de humanismo e promover os direitos humanos inerentes a ela, deve-se canalizar o *êthos* da vida familiar através do sistema de valores que giram ao redor do eixo axiológico da solidariedade: o sentido da verdadeira justiça que leva ao respeito da dignidade pessoal de cada ser humano; o sentido do verdadeiro amor, vivido como serviço desinteressado pelos demais; o dom de si mesmo, como lei que rege as relações familiares; a formação no lar de pessoas conscientizadas, com atitude crítica e dialogante, a fim de perceber, sentir, denunciar e solucionar as injustiças sociais.

2º) A integração interior familiar como desafio

O direito civil busca a integração familiar no âmbito vertical. Por exemplo, algumas normas são obrigatórias para os componentes do grupo: os cônjuges são obrigados a viver juntos, conservar a fidelidade e ajudar-se reciprocamente. Igualmente, interessa-se pela subordinação do pessoal ao familiar, como, por exemplo, os filhos, que, enquanto convivem com a família, devem contribuir equitativamente, segundo suas possibilidades, para aliviar os ônus da família.

No âmbito da sociedade civil à qual o papa se refere em várias ocasiões na encíclica *Caritas in Veritate*, tanto as pessoas que formam o grupo familiar quanto a mesma estrutura familiar têm direito à sua integração horizontal. Protegidas, é verdade, pelos níveis verticais e horizontais da sociedade: os anciãos têm direito de ser integrados na família diante da tendência atual a relegá-los a grandes residências; a infância

---

[61] GS 52.

[62] FC 42.

[63] FC 43.

tem direito a crescer num ambiente familiar diante do confinamento em casas-família. Diga-se o mesmo diante do direito a férias com a família, aos trabalhos inter-relacionados familiarmente etc.

Entre as dificuldades enfrentadas hoje pela família para chegar a esse dinamismo integrador há a tensão existente com outros direitos, como o da autonomia pessoal, o direito a alguns bens que correspondem ao seu ser comunitário, o direito à integração demográfica. No campo da autonomia, surge a tendência de considerar numerosos campos pessoais não ligados ao da família e a independência econômica entre esposos e em relação aos filhos, e é frequente o afastamento familiar criado pelo trabalho, pelas férias, pela doença, pela velhice etc.

3º) A família e a integração social

A integração social da família deve contar com uma política familiar democrática entendida como apoio à instituição básica considerada em si mesma, buscando o seu desenvolvimento, com o seu reconhecimento expresso como entidade autônoma, procurando encontrar linhas de comunicação com entidades públicas. Como o papa indica, a família faz parte da sociedade civil e desenvolve-se em relação com o bem comum. Esta política familiar poderá ser uma resposta ao convite de João Paulo II: "As famílias têm o direito de poder contar com uma política familiar adequada por parte dos poderes públicos nos domínios jurídico, econômico, social e fiscal sem qualquer discriminação".[64]

A família precisa e se lhe deve oferecer acesso fácil a formas e estruturas formativas de qualidade e duração, acomodadas à evolução natural de sua vida e de suas diversas funções:

- para que a família tome consciência clara de si, do seu valor e da sua função fundamental nesta sociedade desumanizante;

- para ser ela mesma, se autoestimar, viver alegremente a própria identidade dentro da sociedade, identificar-se melhor com a própria vida e missão;

---

[64] PONTIFICIO CONSIGLIO PER LA FAMIGLIA. *Carta dei diritti della famiglia* (22.10.1983), Articolo 9. Disponível em: <http://www.vatican.va/roman_curia/pontifical_councils/family/documents/rc_pc_family_doc_19831022_family-rights_it.html>.

- para ser razão de si mesma e assumir as responsabilidades e os direitos próprios, e saber exigi-los adequadamente dos responsáveis da sociedade e das comunidades;
- para poder exigir o que é justo: os reconhecimentos e os apoios devidos tanto na sociedade quanto em seu próprio interior;
- para poder defender-se ativamente das injustiças e dos ataques das leis permissivas do Estado, diante dos grupos de pressão com interesses.

Nesse mesmo âmbito seria necessário propor políticas de proteção social que, em relação à família, tenham como objetivos:

- desenvolver serviços à família para que toda pessoa que deseje ter um filho não seja dissuadida pela falta de recursos; desenvolver principalmente os serviços concedidos às famílias mais desfavorecidas e adequá-los às famílias com pais/mães solteiros e às que têm filhos portadores de deficiência;
- contribuir para favorecer a integração das pessoas que, depois de ter educado seus filhos, desejam integrar-se ou reintegrar-se no mercado de trabalho, e dar-lhes a possibilidade de receber uma formação complementar que lhes permita adquirir as qualificações exigidas para encontrar emprego;
- eliminar os obstáculos para o exercício da atividade profissional dos pais mediante medidas que permitam conciliar as responsabilidades familiares e a vida profissional, e dar ajuda, também financeira, às pessoas que devam reduzir ou interromper sua atividade profissional para educar os filhos ou atender um familiar ancião ou portador de deficiência;
- contribuir para reduzir a desigualdade de oportunidades entre as crianças, resultante de situações familiares diversas e, em particular, das diferenças de renda dos pais.

4.3.3. Uma sociedade antifamiliar

Após o surgimento da industrialização, coloca-se a questão da importância da sociedade acima da família. Diversas ideologias assumiram a bandeira de colocar o Estado e a sociedade acima da família. Com a industrialização, a família converteu-se no grande desafio do

Estado. Tanto a ideologia liberal como a marxista estão por trás desse debate.

A sociedade liberal apoiou o consumo como o meio mais significativo, e com maior poder, para destruir a família. O poder econômico e a lei do mercado ou do mais forte afrontaram os valores familiares desde o início. Esse reducionismo ficaria superado, como assinala a encíclica *Caritas in Veritate*, ao considerar a família como instituição natural participante da sociedade civil que deve entrar em diálogo, mas nunca ser assimilada, com a lógica do Estado e com a lógica do "contrato" ou do "mercado".

Entretanto, não foi menor a luta contra a família surgida nas entranhas ideológicas e estatizantes do marxismo. Hoje, isso é protagonizado pela força da socialdemocracia. A luta de classes e as ditaduras estatizantes foram seus grandes inimigos. Exemplo de luta dialética contra a mulher e a família é a questão do "gênero". Hoje, tanto o liberalismo como a socialdemocracia se unem contra a vida familiar e seus valores; por isso os desafios da família têm como ponto de referência estas duas forças.

Conclusão: a família tem futuro?[65]

A família tem futuro ou vive em contínuo processo de transformação? A teoria mais comum é a evolucionista. Seus seguidores dizem que a família rural, imutável durante séculos, passa por grandes conflitos com a chegada da industrialização e concluem que toda família que se oponha ao espírito positivo da industrialização perecerá. Por isso deve-se transformar a família rompendo o individualismo da família burguesa e marxista e a propriedade privatista e estatizante.

Como sinal de abertura ao futuro da família, pode-se observar que ela perdeu sua função produtiva no mundo industrial. A família encontra-se, por isso, diante da seguinte alternativa: ou emigra para a cidade, ou será a cultura citadina que avançará até onde ela se enraíza. Pode-se constatar tudo isso na contínua transição demográfica existente e no efeito profanador da família produzido pela industrialização.

---

[65] LAMO DE ESPINOSA, E. ¿Tiene futuro la familia? *El País*, 13 fev. 1983, p. 11ss.

O futuro da família está na sua adaptação às novas configurações da sociedade. Para obter esse objetivo de futuro, devemos partir do problema fundamental da família atual: a mudança histórico-cultural superou a imagem tradicional da família, mas ainda não ofereceu uma nova imagem. Os caminhos de busca da nova imagem e a resposta aos novos desafios estão na:

- criação de uma imagem de família baseada na parceria estável;
- criação de um tipo de relação familiar no qual todos os seus membros sejam sujeitos da comunidade familiar;
- criação de um ambiente civil e religioso que favoreça a família;
- promoção da participação crítica da família como instituição intermédia dentro da sociedade;
- consideração da família como escola de convivência e comunidade educativa;
- aproximação da família na dimensão pluriforme que provém da cultura planetária atual;
- potenciação da família para que ela encontre um lugar com experiência de ação no interior da Igreja e da sociedade.

Decisivamente, a família precisa encontrar os elementos que apoiem seus próprios papéis e finalidades no interior da comunidade ampla da sociedade. A família terá futuro na medida em que se inserir em todos os níveis sociais sem perder a sua identidade.

Referências bibliográficas

BENTO XVI. Carta encíclica *Caritas in Veritate*. Sobre o desenvolvimento humano integral na caridade e na verdade (29.06.2009). São Paulo: Paulinas, 2009. Coleção A Voz do Papa, 193.

BOROBIO, D. *Familia, sociedad, Iglesia*. Bilbao: Desclée de Brouwer, 1994.

_____. *Familia y cultura. La familia en el umbral del año 2000*. Salamanca: Universidad Pontificia de Salamanca, 1998.

_____ (coord.). *La familia en un mundo cambiante*. Salamanca: Universidad Pontificia de Salamanca, 1994.

CATECISMO DA IGREJA CATÓLICA. Petrópolis: Vozes, 1993.

FLECHA, J. R. (ed.). *La mujer ante el nuevo siglo*. Salamanca: Universidad Pontificia de Salamanca, 2002.

GALINDO GARCÍA, A. Desde los derechos humanos en la familia a los derechos humanos de la familia. *Familia* 18 (1999) 43-64.

_____. Educación de los hijos en un contexto de crisis de valores. *Familia* 5 (1992) 51-70.

_____. Ética e internet. Una apuesta a favor de la verdad y de la solidaridad comunicativas. *Salmanticensis* XLIV (1997) 239-261.

_____. La presencia de la familia en la sociedad: retos y futuro. In: *Universidad de la Experiencia (UPSA). Conferencias inaugurales.* Salamanca, 1997. p. 225-244.

_____. Retos a la presencia de la familia en la sociedad civil. *Familia* 10 (1995) 7-28.

JOÃO PAULO II. *Carta às famílias*. São Paulo: Loyola, 1994.

_____. Exortação apostólica *Familiaris Consortio*. Sobre a função da família cristã no mundo de hoje (22.11.1981). São Paulo: Paulinas, 1981. Coleção A Voz do Papa, 100.

MARTÍNEZ BLANCO, A. Derechos Humanos y familia. *Familia* 19 (1999) 93-104.

ORGANIZAÇÃO DAS NAÇÕES UNIDAS. *Declaração Universal dos Direitos Humanos.* Assembleia Geral 10.12.1948. Disponível em: <http://www.dudh.org.br/wp-content/uploads/2014/12/dudh.pdf>.

PONTIFÍCIO CONSELHO "JUSTIÇA E PAZ". *Compêndio da Doutrina Social da Igreja.* 7. ed. São Paulo: Paulinas, 2011.

PONTIFICIO CONSIGLIO PER LA FAMIGLIA. *Carta dei diritti della famiglia* (22.10.1983). Disponível em: <http://www.vatican.va/roman_curia/pontifical_councils/family/documents/rc_pc_family_doc_19831022_family-rights_it.html>.

SECRETARIA GERAL DO SÍNODO DOS BISPOS. III Assembleia Geral Extraordinária do Sínodo dos Bispos. *Os desafios pastorais da família no contexto da evangelização. "Instrumentum laboris".* Cidade do Vaticano, 2014. Disponível em: <http://www.vatican.va/roman_curia/synod/documents/rc_synod_doc_20140626_instrumentum-laboris-familia_po.html>.

VIER, Frederico. *Compêndio do Vaticano II.* Constituições, decretos e declarações. 29. ed. Petrópolis: Vozes, 2000.

11

Novas configurações familiares: desafios para a Doutrina Social da Igreja

Maria Inês de Castro Millen[1]

Introdução

Penso que seja útil, antes de tratar da questão da família e suas novas configurações, retomar a abordagem sobre a pessoa humana, assim como faz a Doutrina Social da Igreja (DSI). Tal é o caminho que escolhi para esta reflexão.

Para falar de pessoa, começo com uma citação que nos traz uma primeira ideia: cada pessoa é única, singular. A citação é de Riobaldo, personagem do mineiro João Guimarães Rosa no livro *Grande sertão: veredas*. Ele diz assim: "O senhor saiba: eu toda a minha vida pensei por mim, forro, sou nascido diferente. Eu sou é eu mesmo. Diverjo de todo o mundo...".[2]

---

[1] *Maria Inês de Castro Millen*, médica, é doutora em Teologia Moral (Pontifícia Universidade Católica – Rio de Janeiro) e professora do Instituto Teológico Arquidiocesano Santo Antônio – Itasa e do Centro de Ensino Superior de Juiz de Fora – CES: <http://lattes.cnpq.br/2834672560449518>.

[2] ROSA, João Guimarães. *Grande sertão: veredas*. 23. ed. Rio de Janeiro: Nova Fronteira, 1986. p. 14.

Uma videoexposição do francês Yann Arthus-Bertrand, em parceria com a Fundação Goodplanet (dirigida por Sibylle d'Orgeval e Baptiste Rouget-Luchaire), em 2009, em Paris, e em 2011 no Museu de Arte de São Paulo (MASP), também veiculada na internet, ilustra isto: somos "6 bilhões de outros"; 6 bilhões de pessoas diferentes, só que, no fundo, parecidas, com sonhos comuns.

Uma segunda perspectiva: cada pessoa é diferente das outras, pelo fato de ser única, mas, na sua unicidade é múltipla (eu sou muitos), somos pluridimensionais. Essa afirmação pode parecer paradoxal (sou única, mas sou muitas), mas é ela que nos remete realmente ao mistério da pessoa, inserida em seu tempo e em seu contexto.

Um texto de Ítalo Calvino ilustra bem isso:

> Estas pessoas múltiplas. Quem somos nós senão uma combinatória de experiências, de informações, de leituras, de imaginações? Cada vida é uma enciclopédia, uma biblioteca, um inventário de objetos, uma amostragem de estilos, onde tudo pode ser continuamente remexido e reordenado de todas as maneiras possíveis.[3]

Uma terceira perspectiva: estamos em processo, e aí continuo com o Riobaldo:

> O senhor mire e veja. O mais importante e bonito, do mundo, é isto: que as pessoas não estão sempre iguais, ainda não foram terminadas – mas que elas vão sempre mudando. Afinam e desafinam. Verdade maior. É o que a vida me ensinou.[4]

> Natureza da gente não cabe em nenhuma certeza.[5]

Assim, falar de pessoa é falar de uma individualidade irrepetível, mas aberta a infinitas possibilidades, não programada, uma identidade

---

[3] CALVINO, Ítalo. *Seis propostas para o próximo milênio*. São Paulo: Cia. das Letras, 2000. p. 138.

[4] ROSA, João Guimarães. *Grande sertão: veredas*, p. 21.

[5] Ibidem, p. 367.

que se constrói na liberdade, na responsabilidade, na fidelidade e na criatividade. "Eu vou me fazendo."

Cremos que fomos criados por Deus e chamados a continuar esta criação. Por isso vamos nos fazendo, não solitariamente, mas no encontro com tantos outros, que também estão se construindo.

Uma quarta peculiaridade: somos seres relacionais, porque carentes. Não sobreviveríamos sozinhos. O outro é que me diz quem sou, quem me revela a mim mesmo. Por isso vivemos em sociedade, criamos grupos de convivência por afinidades ou necessidades. Assim, segundo o dicionário Aurélio, sociedade é o "conjunto de pessoas que vivem em certa faixa de tempo e de espaço, seguindo normas comuns, e que são unidas pelo sentimento de consciência do grupo; corpo social".[6]

Desse modo, a sociedade vai criando um rosto, um modo próprio de se organizar no mundo, que a identifica e define.

Como nos compreender como pessoa e sociedade hoje? Grande desafio! Como definir nosso rosto pessoal e comunitário? O que podemos dizer, juntamente com alguns pensadores contemporâneos, é que o tempo presente nos traz uma proposta de emancipação, de progresso, de crescimento, e isto é bom, mas, por outro lado, experimentamos algumas dificuldades: a fragmentação da experiência do viver; um individualismo que muitas vezes nos remete somente ao abismo de nós mesmos; a liquefação, volatilização dos ideais, do tempo e de tudo o que se refere à vida, trazendo a provisoriedade e as incertezas; a perda dos ideais éticos, pela negação dos fundamentos, princípios e valores; um conformismo reducionista, descomprometido com a vida e com a história da sociedade.[7]

Vivemos num tempo que valoriza mais as coisas do que as pessoas – materialismo. A ordem é comprar e nem percebemos que talvez devêssemos "comprar", "investir" nas pessoas. Nós compramos, construímos, gastamos com equipamentos, tecnologia, mas não investimos nas

---

[6] FERREIRA, Aurélio Buarque de Holanda. *Novo Dicionário Aurélio Século XXI*. São Paulo: Nova Fronteira, 1999.

[7] HESSEL, S. *Indignai-vos!* São Paulo: Leya, 2011. O livro que o francês Stéphane Hessel escreveu em 2010, aos 93 anos, vendeu um milhão e trezentas mil cópias em apenas quatro meses na França, convidando a todos a sair da letargia.

pessoas, como, por exemplo, nos salários que elas recebem, no trabalho que as dignifica, no lazer de que elas necessitam.

Este quadro é real, um tanto pessimista, mas precisa ser considerado, não sem a esperança que nos sustenta e nos anima a dar passos na direção do ideal almejado.

1. A família

E a família? Diante desta realidade que atinge a pessoa e a sociedade, a família não fica de fora.

Em abril de 2002, foi realizada na PUC-Rio uma pesquisa promovida pelos cursos de Letras e Teologia. A pergunta para os alunos foi esta: Se você fosse Deus, como formularia hoje os dez mandamentos?

A proposta era, a partir dos dados colhidos, fazer um debate sobre cada mandamento reformulado por eles. Fui convidada, junto com outro professor, naquele momento, a refletir sobre as respostas dadas para o quarto mandamento – honrar pai e mãe –, que, no final, teve a seguinte resposta: "Ser família é coisa do passado".[8] Depois de doze anos do evento, será que essa ideia ainda persiste no coração dos jovens, mas também no das crianças e até dos adultos?

Para falar de família, começo relembrando alguns trechos de um verso de um outro mineiro, Carlos Drummond de Andrade:

Este retrato de família
está um tanto empoeirado.
Já não se vê no rosto do pai
quanto dinheiro ele ganhou.

Nas mãos dos tios não se percebem
as viagens que ambos fizeram.
A avó ficou lisa, amarela,
sem memórias da monarquia.

---

[8] YUNES, E.; BINGEMER, M. C. (orgs.). *Os dez mandamentos*. São Paulo: Loyola, 2003. p. 91-109.

Os meninos, como estão mudados.
O rosto de Pedro é tranquilo,
usou os melhores sonhos.
E João não é mais mentiroso [...]

Ficaram traços de família
Perdidos no jeito dos corpos.
Bastante para sugerir
que um corpo é cheio de surpresas [...].

O retrato não me responde,
ele me fita e se contempla
nos meus olhos empoeirados.

E no cristal se multiplicam
os parentes mortos e vivos.
Já não distingo os que se foram
dos que restaram.

Percebo apenas
a estranha ideia de família
viajando através da carne.[9]

Sim, ser família é coisa do passado. Mas é também coisa do presente e será, certamente, coisa do futuro. A ideia de família, ainda que estranha, viaja através da carne das pessoas, trazendo com ela lembranças, projeções, saudade, culpa, alegrias, medos, desejos, incertezas. Isso porque há em todo ser humano, de todos os tempos, um anseio latente, mas incontido, de pertença amorosa, seja ela qual for e como for. A sociologia nos diz que a família é uma instituição que está presente em

---

[9]   ANDRADE, Carlos Drummond de. *A Rosa do Povo*. São Paulo: Companhia das Letras, 2012.

todas as sociedades.[10] E é por isso que a fisionomia das sociedades está também sempre marcada pelas leis culturais que regem a família, manifestadas nos ritos e nas celebrações.

Penso, então, que as perguntas que precisam ser feitas, e que talvez nos levem à causa desse estranhamento, são aquelas que tocam o núcleo dos nossos relacionamentos mais íntimos. Por exemplo, quando falamos de família, estamos falando de quê? De quem? Ou, ainda, de qual família? Um olhar honesto e corajoso lançado sobre a realidade atual, sem o véu do preconceito, pode levar-nos a constatações muito significativas e muito importantes para quem se dispõe a pensar esta questão.

Percebemos que a família, assim como as pessoas e as sociedades, também se encontra fragmentada, liquefeita, vivendo de provisoriedades e incertezas, desprovida de fundamentos éticos que a configurem e conformada com os arranjos possíveis.

Sabemos que a família brasileira é fruto da interação complexa de culturas muito diferentes. Não se pode negar a influência dos povos indígenas, africanos e europeus, tanto os colonizadores quanto os imigrantes, na estruturação dos vários modelos de família que existem entre nós. Embora o modelo predominante, enquanto idealizado e desejado pelo pensamento social das elites e até, de certo modo, assegurado pelo Estado e pela Igreja, seja o da família nuclear patriarcal, não podemos desconsiderar as alternativas arquitetadas pelo próprio povo, no seu já famoso "jeitinho" brasileiro.[11]

Aqui nos interessa a abordagem da Doutrina Social da Igreja. Vamos retomá-la a partir do *Compêndio da Doutrina Social da Igreja*, no seu capítulo sobre a família:

> *Iluminada pela luz da mensagem bíblica, a Igreja considera a família como* a primeira sociedade natural, *titular de direitos próprios e origi-*

---

[10] SMITH, Raymond T. Familia. In: *Enciclopedia internacional de las ciencias sociales*. Madrid: Aguilar, 1974. Tomo V, p. 697s.

[11] Sobre o "jeitinho" como modo de navegação social, ver: DAMATTA, R. *O que faz o brasil, Brasil?* 5. ed. Rio de Janeiro: Rocco, 1984. p. 93-105. LEERS, B. *Jeito brasileiro e norma absoluta.* Petrópolis: Vozes, 1982. p. 14: "O jeito é uma instituição nacional, faz parte do *êthos* popular e é a celebração, embora talvez furtiva e clandestina, da autonomia humana".

nários, e a põe no centro da vida social [...] Efetivamente, a família, que nasce da íntima comunhão de vida e de amor fundada no matrimônio entre um homem e uma mulher, possui uma dimensão social própria, específica e originária, enquanto lugar primário de relações interpessoais, *célula primeira e vital da sociedade*: esta é uma instituição divina que está colocada como fundamento da vida das pessoas, como protótipo de todo ordenamento social.[12]

Este é o conceito de família, posto pela Doutrina Social da Igreja. Aqui está considerado apenas um modelo de família – aquela fundada no matrimônio. A Igreja aponta para o ideal, e acredito que deva fazê-lo, mas não considera a experiência humana que vive e sobrevive em outros contextos, não menos dignos, pode-se dizer. O certo é que a partir dessa afirmativa qualquer outro modo de organização de pessoas, mesmo que sustentado pelo amor, vivendo sobre o mesmo teto, partilhando a vida e sentimentos, tentando a comunhão, deve ser chamado por outro nome. A mim me parece exagerado. Penso que a Doutrina Social da Igreja coloca essas afirmativas como se não houvesse outros possíveis arranjos familiares. Creio que não podemos perder de vista o ideal desejado, mas também não podemos perder de vista, pelo fato de sua constância, o fracasso das pessoas e a distância, em que muitas vezes elas se encontram, do ideal proposto.

Voltamos à DSI:

> *Na família se aprende a conhecer o amor e a fidelidade do Senhor e a necessidade de corresponder-lhe* (cf. Ex 12,25-27; 13,8.14-15; Dt 6,20-25; 13,7-11; 1Sm 3,13); os filhos aprendem as primeiras e mais decisivas lições da sabedoria prática com que são conexas as virtudes (cf. Pr 1,8-9; 4,1-4; 6,20-21; Sir 3,1-16; 7,27-28). Por tudo isso, o Senhor se faz garante do amor e da fidelidade conjugal (cf. Mc 2,14-15).[13]

Será que as pessoas aprendem mesmo, sempre, isto na família?

---

[12] PONTIFÍCIO CONSELHO "JUSTIÇA E PAZ". *Compêndio da Doutrina Social da Igreja*. 7. ed. São Paulo: Paulinas, 2011. n. 211. Itálico da autora. Daqui em diante = CDSI.

[13] CDSI 210. Itálico da autora.

A família é importante e central em relação à pessoa. Neste berço da vida e do amor, o homem *nasce e cresce*: quando *nasce* uma criança, à sociedade é oferecido o dom de uma nova pessoa, que é "chamada, desde o seu íntimo, à *comunhão* com os outros e à *doação* aos outros". Na família, portanto, o dom recíproco de si por parte do homem e da mulher unidos em matrimônio cria um ambiente de vida, no qual a criança pode nascer e "desenvolver as suas potencialidades, tornar-se consciente da sua dignidade e preparar-se para enfrentar o seu único e irrepetível destino" [...].[14]

"Família como berço de vida e de amor." Não será esta uma visão idealizada, romantizada, no pior sentido, da família? O que sabemos é que em muitíssimas situações de famílias fundadas no matrimônio este berço de vida e de amor está ausente; o ambiente de vida encontrado pela criança que nasce nem sempre a potencializa para uma vida saudável, aberta ao pleno desenvolvimento.

[...] *No clima de* natural afeto *que liga os membros de uma comunidade familiar,* as pessoas são reconhecidas e responsabilizadas na sua integralidade: "Primeira e fundamental estrutura a favor da 'ecologia humana' é a família, no seio da qual o homem recebe as primeiras e determinantes noções acerca da verdade e do bem, aprende o que significa amar e ser amado e, consequentemente, o que quer dizer, em concreto, ser uma pessoa".[15]

Será que é tão natural assim esse clima de afeto? Afeto aqui considerado como um engajamento a favor do outro. Somos realmente afetados pelo outro? Deixamo-nos realmente afetar? As pessoas são, de fato, reconhecidas e responsabilizadas na sua integralidade? Será que elas recebem sempre na família noções acerca da verdade e do bem? É isso mesmo? Essa é a realidade?

A família, comunidade de pessoas, é, pois, a primeira "sociedade" humana. [...] Sem famílias fortes na comunhão e estáveis no compromisso, os povos se debilitam. Na família são inculcados, desde os primeiros anos de vida, os valores morais, transmitem-se o patrimônio

---

[14] CDSI 212. Itálico da autora.

[15] Ibidem.

espiritual da comunidade religiosa e o cultural da nação. Nela se dá a aprendizagem das responsabilidades sociais e da solidariedade.[16]

Creio que isto é o que deveria acontecer. Mas será que acontece? Penso que temos aqui muitas afirmações que refletem o que realmente desejamos para as famílias, mas, pelo fato de nosso desejo estar distante da realidade observável, ele deveria ser posto como propostas que apontariam para um novo jeito de viver e amar e não como afirmações categóricas que parecem querer dar conta de toda a realidade familiar.

2. As famílias

Em vista disso, vamos considerar aqui as diferentes possibilidades de estruturação familiar, tentando elencá-las.

Temos, então, a família considerada ideal: casal monogâmico, estável, institucionalizado, com filhos reais ou, pelo menos, desejados. Essa família assim pensada é a que "transforma a relação sexual numa solidariedade durável e que dá a esta união, através dos filhos, alcance tal que vai além da morte dos cônjuges".[17]

O que se sabe, porém, é que muitas outras formas de relações, consideradas familiares, sempre existiram, por razões que vão desde a configuração cultural e social do nosso povo até o modo como cada pessoa se situa na história, diante dos outros que lhe são significativos. Mas algumas formas de ser família são realmente novas e decorrem das mudanças reais que aconteceram e acontecem, a cada dia, na vida de indivíduos, de grupos e de povos. Desconhecê-las ou desprezá-las significa uma incapacidade de discernir responsavelmente os sinais dos tempos.[18] A partir daí aparecem as mais diferentes combinações:

---

[16] CDSI 213. Itálico da autora.

[17] ROUSSEL, L. *Famille incertaine*. Paris: Odile Jacob, 1989. Definição citada no texto-base da Campanha da Fraternidade de 1994 – *A Família, como vai?* – preparado pela CNBB.

[18] VIER, Frederico (coord.). *Compêndio do Vaticano II*. Constituições, decretos, declarações. 29. ed. Petrópolis: Vozes, 2000. "Constituição pastoral *Gaudium et Spes*. Sobre a Igreja no mundo atual, n. 4: 'A Igreja (e também a teologia) tem o dever de perscrutar os sinais dos tempos e interpretá-los à luz do Evangelho, de tal modo que possa responder, de maneira adaptada a cada geração, às interrogações eternas sobre o significado da vida e de suas relações mútuas'."

- temos famílias não institucionalizadas quando o casal não se casou "de papel passado, no cartório ou na Igreja". Não há contrato. São os "casais amasiados", que dizem: "Juntado com fé, casado é". Hoje, são as chamadas "uniões estáveis";

- temos famílias desestruturadas, cuja estabilidade se encontra ameaçada pelas condições subumanas de sobrevivência, como a pobreza, a violência, a falta de habitação digna, a fome;

- temos famílias poligâmicas;

- temos pessoas que têm duas famílias, sem que uma saiba da existência da outra;

- temos famílias com filhos adotivos;

- temos famílias ampliadas, que acolhem parentes próximos – avós, tios, primos – e agregados e vivem todos juntos na mesma casa;

- temos famílias onde falta um dos pais (ou os dois). Quando falta um deles, quase sempre a mãe é que é solteira, ou foi abandonada, ou é viúva e vive sozinha com seu(s) filho(s). Às vezes, isso também acontece com o pai. Quando faltam os dois, os filhos são criados por parentes ou outros, geralmente os avós;

- temos as produções independentes. Mulheres que querem ter filhos, mas não querem ter parceiros e até recorrem a métodos de reprodução que dispensam o relacionamento sexual;

- temos entre os jovens aqueles que não querem casar ou que retardam ao máximo este momento, constituindo lares solitários ou vivendo na casa dos pais, mas não dispensando os encontros sexuais;

- temos famílias de casais recasados – uma ou mais vezes – com filhos de diferentes uniões vivendo juntos e/ou se frequentando socialmente;

- temos famílias dispersas, onde os membros quase não se encontram por razões de trabalho, estudo, ou por motivos outros (consideremos a situação das grandes cidades);

- temos família de parceiros do mesmo sexo, com ou sem filhos;

- temos os sem-família, que vivem sozinhos por opção ou por necessidade, como aqueles que perderam os parentes, que se dispersaram, vivendo, assim, em lares solitários ou mesmo na rua;
- temos os que vivem em grupos – organizados por vínculos não parentais – por livre opção, por necessidade ou mesmo por decisão de outros: as repúblicas de estudantes, de amigos, de pessoas ligadas por razões de trabalho, as comunidades religiosas, os orfanatos, os asilos, os abrigos, os manicômios, os presídios.

O que constatamos é que hoje estamos vivendo uma mudança desconcertante, que nos desacomoda e, de certo modo, nos desconforta. O desconcerto provém, acima de tudo, das mudanças que alteram nossas crenças e nossos valores. E é isso o que está acontecendo, trazendo como consequência, entre outras coisas, a profunda crise de deterioração das duas grandes instituições que sempre foram as transmissoras dessas crenças e desses valores – a religião e a família. Essas, ao perderem a capacidade de transmitir as crenças e os valores que durante séculos deram sentido às nossas vidas, nos deixaram como náufragos sem bússola.

Na verdade, o problema de fundo é que estamos vivendo uma mudança de época, na qual a relação institucional está sendo substituída pela relação pessoal. O que dá sentido à vida das pessoas, hoje, não é mais a instituição à qual ela pertence, mas as pessoas com as quais ela se relaciona.[19]

Como lidar com tal situação? Como responder às perguntas feitas por aqueles que vivem este tempo? Como anunciar o Evangelho de Jesus Cristo para as famílias e as sociedades contemporâneas?

O Cristianismo tem uma palavra sobre a questão desafiadora da família no mundo atual. Sua principal fundamentação está na Sagrada Escritura.

No Primeiro Testamento, podemos perceber através do relato da criação que o casal humano e a família fazem parte do projeto salvífico de Deus para a humanidade. Criados igualmente dignos, à imagem e

---

[19] CASTILLO, J. M. *A ética de Cristo*. São Paulo: Loyola, 2010.

semelhança de Deus, mulher e homem são chamados a viver sua diferença na fecundidade, na alteridade e na reciprocidade. Tornar-se "uma só carne" é o mandamento primordial que lhes é dado, na perspectiva da consideração de que a solidão não é uma coisa boa (Gn 2,18.24). Essa união profunda que o casal humano é chamado a viver é o começo de uma longa história que aponta para muitos desdobramentos posteriores e que aponta principalmente para o íntimo do mistério do próprio Deus, que, sendo Trindade, não é solidão, mas família.[20]

No Segundo Testamento, somos chamados a olhar para Jesus de Nazaré, o Filho de Deus. Um judeu que não só cumpre a lei, mas que, sobretudo, a amplia (Mt 5,17-20.). Os mandamentos que vão garantir a nova sociedade livre, fiel, criativa e responsável, na configuração do Reino de Deus, estão resumidos na única Lei do amor (Mt 22,37-40).[21] Com isso, as relações institucionais, religiosas e familiares entram nessa dinâmica do Reino. Ele não deixa de afirmar a grandeza original do matrimônio e a dignidade da mulher, rejeitando todos os esquemas de dominação que eram legitimados pelo direito patriarcal. No entanto, seu projeto de família não se prende à convivência amorosa daqueles ligados pelo parentesco. E aqui está uma postura desconcertante, já naquele tempo: o Reino por ele anunciado implanta um novo modelo de relação entre os seres humanos, na perspectiva do redimensionamento dos laços de sangue. "Quem é minha mãe e quem são os meus irmãos?" [...] "Aquele que fizer a vontade de meu Pai, esse é meu irmão, irmã e mãe" (Mt 12,48-50).

Para Jesus, a família, como a instituição religiosa, deve ser o lugar onde o Reino acontece, onde o amor sem limites pode ser afirmado e partilhado, onde cada pessoa é única, onde a necessidade do outro encontra ressonância no afeto e no cuidado, onde a solidariedade está

---

[20] JOÃO PAULO II. Homilia proferida no seminário de Puebla em 28 de janeiro de 1979: "Já se disse de forma bela e profunda, que Deus em seu mistério mais íntimo não é uma solidão, mas uma família, pois que leva em si mesmo a paternidade, a filiação e a essência da família que é o amor".

[21] Mt 22,37-40: "'Amarás ao Senhor teu Deus de todo o teu coração, de toda a tua alma e de todo o teu entendimento'. Esse é o maior e o primeiro mandamento. O segundo é semelhante a esse: 'Amarás o teu próximo como a ti mesmo'. Desses dois mandamentos depende toda a Lei e os Profetas".

sempre presente e onde as diferenças não constituem motivo para a intolerância, para o ódio e para a exclusão.

Família é, antes de tudo, comunidade de pessoas que se amam, se respeitam e se sustentam, na garantia da vida e na busca do sentido. É por isso que Paulo diz aos efésios: "[...] somos concidadãos dos santos e membros da família de Deus" (Ef 2,19).[22]

O relacionamento amoroso, terno e cuidadoso entre pais e filhos é caminho paradigmático para todos os outros amores possíveis que devem ser experimentados ao longo da vida. Meu pai, minha mãe e meus irmãos são todos aqueles que, independentemente da idade ou da condição em que se encontram, também necessitam de meu cuidado, carinho, ternura, proteção. Amor é dom, mas é também tarefa, sentimento aprendido. Apesar de ser substantivo abstrato, só vale se realizado na concretude da vida.

Amar é mandamento que *re*-significa a verdade do amor, aquele amor que deve ser oferecido gratuitamente a todos que nos ajudam a construir a história e compartilham conosco da vida na terra. O gesto que explicita o amor e o cuidado para com o outro o torna precioso e único.

E a família deve ser esta escola do cuidado: "[...] quando a gente gosta é claro que a gente cuida".[23] E é aí, pois, na família, seja qual for a sua configuração, que somos convidados a aprender a cuidar do outro, de nós mesmos, da natureza e de todo o criado, no horizonte da paternidade/maternidade, filiação e fraternidade universais. Essas experiências, quando vividas amorosamente, geram a verdadeira solidariedade, aquela capaz de nos salvar do caos primitivo, feito de medo, solidão e desamparo.

---

[22] São Paulo tem uma palavra sobre o modo de relacionamento proposto por Jesus em Gl 6,2: "Carregai os fardos uns dos outros e assim cumprireis a Lei de Cristo" e em Ef 6,1-3: "Filhos, obedecei a vossos pais, pois isso é de justiça. '*Honra teu pai e tua mãe*' – este é o primeiro mandamento, que vem acompanhado de uma promessa – '*a fim de que sejas feliz e tenhas vida longa sobre a terra*'. E vós, pais, não provoqueis revolta nos vossos filhos; antes educai-os com uma pedagogia inspirada no Senhor".

[23] Da música "Sozinho", composta por Peninha. Disponível em: <http://www.vagalume.com.br/peninha/sozinho.html>.

Conclusão

Este é o desafio para o qual somos chamados. Não podemos esconder-nos em ilhas de conforto e recusar participar deste debate com seriedade e honradez. Só assim corresponderemos dignamente à missão a nós confiada por Jesus, colocando-nos diante dos que nos escutam como "curadores feridos".

O Papa Francisco reconhece que "a família atravessa uma crise cultural profunda, como todas as comunidades e vínculos sociais". E diz mais: "No caso da família, a fragilidade dos vínculos reveste-se de especial gravidade, porque se trata da célula básica da sociedade, o espaço onde se aprende a conviver na diferença e a pertencer aos outros e onde os pais transmitem a fé aos seus filhos".[24]

Partindo deste contexto, é interessante lembrar o que ele diz depois, afirmando que "a realidade é superior à ideia".[25] Seria bom escutá-lo:

> A ideia – as elaborações conceituais – está ao serviço da captação, compreensão e condução da realidade. A ideia desligada da realidade dá origem a idealismos e nominalismos ineficazes que, no máximo, classificam ou definem, mas não empenham. O que empenha é a realidade iluminada pelo raciocínio. É preciso passar do nominalismo formal à objetividade harmoniosa. Caso contrário, manipula-se a verdade, do mesmo modo que se substitui a ginástica pela cosmética. Há políticos – e também líderes religiosos – que se interrogam por que motivo o povo não os compreende nem segue, se as suas propostas são tão lógicas e claras. Possivelmente é porque se instalaram no reino das puras ideias e reduziram a política ou a fé à retórica; outros esqueceram a simplicidade e importaram de fora uma realidade alheia à gente.[26]

Na conclusão da primeira fase do Sínodo sobre a família, Francisco nos convoca a refletir sobre seis tentações, todas igualmente

---

[24] FRANCISCO. Exortação apostólica *Evangelii Gaudium*. Sobre o anúncio do Evangelho no mundo atual (24.11.2013). São Paulo: Paulinas, 2013. n. 66. Coleção A Voz do Papa, 198. Daqui em diante = EG.

[25] EG 231.

[26] EG 232. Vale a pena recordar, também, EG 49: "Prefiro uma Igreja acidentada, ferida e enlameada por ter saído pelas estradas, a uma Igreja enferma pelo fechamento e a comodidade de se agarrar às próprias seguranças".

condenáveis: a tentação tradicionalista do "enrijecimento hostil"; a tentação progressista da "misericórdia enganadora"; a tentação de transformar pedra em pão e vice-versa; a tentação de descer da cruz; a tentação de descuidar o *depositum fidei*; e a tentação de negligenciar a realidade.

O "endurecimento hostil" é aquele que manifesta o desejo de se fechar na letra da lei, sem se deixar surpreender por Deus. A "misericórdia enganadora" é aquela que enfaixa as feridas sem antes as curar e medicar, aquela que trata os sintomas, mas não as causas.

Transformar pedra em pão é tentação para interromper um jejum prolongado, pesado e doloroso, mas que possibilita o contraponto, a tentação de transformar pão em pedra para ser atirada contra os pecadores, os frágeis e os doentes, transformando-o em fardo insuportável.

A tentação de descer da cruz é aquela que se realiza quando apenas nos preocupamos em agradar às massas, cedendo ao "espírito mundano".

A tentação de descuidar o *"depositum fidei"* faz com que nos consideremos proprietários e senhores deste. A tentação de negligenciar a realidade nos permite recorrer a uma terminologia minuciosa, a uma linguagem burilada, para falar de muitas coisas sem nada dizer! [27]

Francisco nos estimula a não termos medo da novidade e das surpresas de Deus, pois Deus não tem medo das coisas novas. Justamente por isso ele nos surpreende constantemente, abrindo os nossos corações e guiando-nos por caminhos inesperados.[28]

Sigamos corajosamente com Jesus e com Francisco, olhando para o futuro com os pés na terra, buscando os caminhos do amor, deixando Deus ser Deus, para que os muitos desafios não nos abatam nas estradas que somos chamados a percorrer.

---

[27] FRANCISCO. Discurso no encerramento da III Assembleia Geral Extraordinária do Sínodo dos Bispos (18.10.2014). Disponível em: <http://w2.vatican.va/content/francesco/pt/speeches/2014/october/documents/papa-francesco_20141018_conclusione-sinodo-dei-vescovi.html>.

[28] Ibidem.

Referências bibliográficas

ANDRADE, Carlos Drummond de. *A Rosa do Povo*. São Paulo: Companhia das Letras, 2012.

CALVINO, Ítalo. *Seis propostas para o próximo milênio*. São Paulo: Cia. das Letras, 2000.

CASTILLO, J. M. *A ética de Cristo*. São Paulo: Loyola, 2010.

FRANCISCO. Discurso no encerramento da III Assembleia Geral Extraordinária do Sínodo dos Bispos (18.10.2014). Disponível em: <http://w2.vatican.va/content/francesco/pt/speeches/2014/october/documents/papa-francesco_20141018_conclusione-sinodo-dei-vescovi.html>.

_____. Exortação apostólica *Evangelii Gaudium*. Sobre o anúncio do Evangelho no mundo atual (24.11.2013). São Paulo: Paulinas, 2013. Coleção A Voz do Papa, 198.

PONTIFÍCIO CONSELHO "JUSTIÇA E PAZ". *Compêndio da Doutrina Social da Igreja*. 7. ed. São Paulo: Paulinas, 2011.

ROSA, João Guimarães. *Grande sertão: veredas*. 23. ed. Rio de Janeiro: Nova Fronteira, 1986.

ROUSSEL, L. *Famille incertaine*. Paris: Odile Jacob, 1989.

SMITH, Raymond T. Familia. In: *Enciclopedia internacional de las ciencias sociales*. Madrid: Aguilar, 1974. Tomo V, p. 699-700.

YUNES, E.; BINGEMER, M. C. (orgs.). *Os dez mandamentos*. São Paulo: Loyola, 2003. p. 91-109.

Novas configurações familiares: muito mais do que "situações irregulares"

Ronaldo Zacharias[1]

Introdução

Em março de 2010, alguém fez chegar às minhas mãos o número 3 da revista *Cláudia*, acreditando que a entrevista com a Dra. Maria Berenice Dias pudesse interessar-me. A entrevista, intitulada "A brava juíza dos afetos", interessou-me e muito.[2] Primeiro, pela própria entrevistada: Maria Berenice Dias, juíza e desembargadora, tinha seu nome ligado à elaboração da Lei Maria da Penha, aos projetos de divórcio direto, de paternidade presumida e do Estatuto das Famílias. Segundo, pelos temas abordados na entrevista, especialmente o dos direitos das famílias.

---

[1] *Ronaldo Zacharias* é doutor em Teologia Moral (Weston Jesuit School of Theology – Cambridge/USA) e reitor do Centro Universitário Salesiano de São Paulo (UNISAL): <http://lattes.cnpq.br/3151031277743196>.

[2] ZAIDAN, Patrícia; PAULINA, Iracy. A brava juíza dos afetos. *Claudia*, ano 49, n. 3 (2010) 43-47.

Para Maria Berenice Dias, cinco elementos são constitutivos da definição de família: "[...] uma relação íntima de afeto, que gera comprometimento, enlaça as pessoas, produz intimidades e prevê responsabilidades".[3] Por isso, "não interessa o formato nem quais são os ingredientes: homem, mulher, sexo, filhos. A família é plural, não dá mais para vê-la como um só modelo iniciado no casamento".[4]

Em abril de 2014, deparei com a campanha de Dia das Mães para a linha Natura Presentes. Lançada pela própria Natura e sua agência, Peralta, a campanha visava exaltar a relação entre mãe e filho, nem sempre dependente de laços sanguíneos diretos. Após um longo processo de estudo dos dados recentes do IBGE/Censo sobre a nova configuração familiar brasileira, nasceu o conceito "Toda relação é um presente". Eis o conteúdo veiculado: "Mãe é mãe, amor pra sempre. Mãedrasta é presente que chega de repente. Bisamãe é mãe com três gerações de histórias pra contar. Irmãe é quem já sabe cuidar, mas ainda gosta de brincar. Multimãe é uma só, com multicolos. Mãemãe são dois colos de mãe numa família só. Os formatos mudam. O amor não. Toda relação é um presente".

As denominações criadas pela campanha visavam homenagear os inúmeros vínculos, biológicos ou não, que se somam para formar uma nova família, na qual o que importa é a qualidade das relações, acima das convenções.[5]

No início de outubro, um amigo trouxe da Itália a revista semanal de política, cultura e economia *L'Espresso*, de 25.09.2014, porque acreditou que a matéria de capa – "Il sesso secondo Francesco" – me interessaria. De fato, a reportagem coincidiu com a perspectiva que abordarei nesta reflexão. As autoras da matéria apresentam o Sínodo convocado por Francisco como outra revolução a ser provocada na Igreja. Entre tantas coisas, afirmam: "Com a missão de decidir se as palavras sobre família, sexo e mulheres da Santa Igreja romana ainda têm sentido no tempo

---

[3] Ibidem, p. 44.

[4] Ibidem.

[5] O filme, produção da Bossa Nova Filmes, estreou em 13.04.2014, em rede nacional (TV aberta e fechada), com a assinatura "Os formatos mudam, o amor não. Toda relação é um presente". Disponível em: <http://www.youtube.com/watch?v=vxHeCFp86Zc>.

das convivências, dos casais *gay*, dos divórcios, do amor que não é tal sem uma passagem pelos lençóis; mas também no tempo dos feminicídios, dos abusos contra menores, dos matrimônios combinados de adolescentes. O Papa Francisco prometeu reconduzir a Igreja para o meio do povo e sabe que a sua promessa ficará letra morta se não entrar na carne viva das novas famílias, o que significa, na realidade, enfrentar o tabu dos tabus para os prelados: a questão sexual".[6]

As definições sugeridas por Maria Berenice Dias e pela campanha da Natura e a perspectiva adotada pela matéria da *L'Espresso* provocaram a reflexão aqui proposta.

1. Família, casamento, sexo

Para o Magistério da Igreja Católica, a sexualidade está orientada para o diálogo interpessoal e, por isso, contribui para a maturação integral da pessoa humana, maturação que a abrirá para o dom de si no amor. "Ligada, além do mais, na ordem da criação, à fecundidade e à transmissão da vida, [a sexualidade] é chamada a ser fiel também a esta sua interna finalidade. Amor e fecundidade são todavia significados e valores da sexualidade que se incluem e reclamam mutuamente e não podem portanto ser considerados nem alternativos nem opostos."[7]

Mediante o amor conjugal, o homem e a mulher se dão totalmente um ao outro até a morte, e se abrem para o dom pelo qual se tornam cooperadores com Deus ao dar vida a uma nova pessoa humana. Somente como parte integral desse amor é que a doação sexual se realiza verdadeiramente. Por isso, "a este amor conjugal, e somente a este, pertence a doação sexual".[8]

---

[6] MINERVA, Daniela; SIRONI, Francesca. Sex & the Vatican. *L'Espresso* n. 38 (2014) 56. Disponível em: <http://www.scienzaevita.org/wp-content/uploads/2015/02/bf71a2b91cd5517af73629552c48f471.pdf>.

[7] CONGREGAÇÃO PARA A EDUCAÇÃO CATÓLICA. *Orientações educativas sobre o amor humano. Linhas gerais para uma educação sexual* (1º.11.1983). São Paulo: Salesiana Dom Bosco, 1984. n. 32. Daqui em diante = OEAH.

[8] CONSELHO PONTIFÍCIO PARA A FAMÍLIA. *Sexualidade humana;* verdade e significado. Orientações educativas em família (8.12.1995). São Paulo: Paulinas, 1996. n. 14. Coleção A Voz do Papa, 148. Daqui em diante = SHVS.

De acordo com a *Humanae Vitae*, esta doutrina "está fundada sobre a conexão inseparável que Deus quis e que o homem não pode alterar por sua iniciativa, entre os dois significados do ato conjugal: o significado unitivo e o significado procriador. Na verdade, pela sua estrutura íntima, o ato conjugal, ao mesmo tempo que une profundamente os esposos, torna-os aptos para a geração de novas vidas, segundo leis inscritas no próprio ser do homem e da mulher. Salvaguardando estes dois aspectos essenciais, unitivo e procriador, o ato conjugal conserva integralmente o sentido de amor mútuo e verdadeiro e a sua ordenação para a altíssima vocação do homem para a paternidade".[9]

Em síntese, "as relações íntimas devem-se realizar somente no quadro do matrimônio, porque só então se verifica o nexo inseparável, querido por Deus, entre o significado unitivo e o significado procriativo de tais relações, colocadas na função de conservar, confirmar e expressar uma definitiva comunhão de vida – 'uma só carne' – mediante a realização de um amor 'humano', 'total', 'fiel', 'fecundo', isto é, o amor conjugal. Por isso, as relações sexuais fora do contexto matrimonial constituem uma desordem grave, porque são expressão reservada a uma realidade que ainda não existe; são uma linguagem que não encontra correspondência na realidade da vida das duas pessoas, ainda não constituídas em comunidade definitiva com o necessário reconhecimento e garantia da sociedade civil e, para os cônjuges católicos, também religiosa".[10]

O matrimônio, compreendido como comunhão definitiva de vida, e o amor conjugal, como "elemento básico e nuclear da realidade viva do casal",[11] constituem a chave de leitura para o entendimento da ausência das novas configurações familiares no ensino do Magistério católico. Existe, sem dúvida, uma unidade complexa entre matrimônio e família; mas é apenas a partir do seu núcleo integral – o amor conjugal – que conseguimos captar mais profundamente a avaliação ética que o Magistério faz das chamadas "situações irregulares" e, por extensão, das novas configurações familiares.

---

[9] PAULO VI. Carta encíclica *Humanae Vitae*. Sobre a regulação da natalidade (25.07.1968). São Paulo: Paulinas, 1968. n. 12. Coleção A Voz do Papa, 60.

[10] OEAH 95

[11] VIDAL, Marciano. *O matrimônio. Entre o ideal cristão e a fragilidade humana.* Aparecida: Santuário, 2007. p. 123.

Para João Paulo II, "não resulta insignificante para uma criança nascer e se educar em um lar formado por pais unidos em uma aliança fiel. Certamente é possível imaginar outras formas de relação e de convivência entre os sexos, mas nenhuma delas constitui – apesar do parecer contrário de alguns – uma autêntica alternativa jurídica para o matrimônio, e sim um enfraquecimento deste. [...] Nas denominadas 'uniões de fato' se detecta uma carência, de maior ou menor gravidade, de compromisso recíproco, um desejo paradoxal de manter intacta a autonomia da própria vontade no seio de uma relação que, no entanto, deveria ser vinculadora. Em resumo, o que falta nas convivências não matrimoniais é a abertura confiada a um futuro, para vivê-lo juntos, futuro que o amor deve ativar e fundar e que garantir corresponde especificamente ao direito. Falta, em outros termos, precisamente o direito, não em sua dimensão extrínseca de mero conjunto de normas, mas em sua dimensão mais autenticamente antropológica, de garantia da coexistência humana e de sua dignidade. [...] Além disso, quando as 'uniões de fato' reivindicam o direito à adoção, demonstram bem claramente que ignoram o bem superior da criança e as condições mínimas a ela devidas, em vista de uma formação adequada. Em último lugar, as 'uniões de fato' entre homossexuais constituem uma deplorável distorção do que deveria ser uma comunhão de amor e de vida entre um homem e uma mulher, em uma entrega recíproca, aberta à vida".[12]

O Conselho Pontifício para a Família, por sua vez, em sintonia com a doutrina de João Paulo II, não hesita em afirmar que "geralmente se diz que o amor é o fundamento do matrimônio e que o matrimônio é uma comunidade de vida e amor, porém nem sempre se afirma de maneira clara que ele é instituição conjugal, transcurando desse modo a dimensão de justiça própria ao consentimento. O matrimônio é uma instituição. Não levar isso em conta é frequentemente origem de uma grave confusão entre o matrimônio cristão e as uniões de fato: todos os que convivem em uniões de fato podem afirmar que sua relação se funda no 'amor' (porém num 'amor' qualificado pelo Concílio Vaticano II como *sic dicto libero*), e que constituem uma comunidade de

---

[12] JOÃO PAULO II. *Discurso à XIV Assembleia Plenária do Conselho Pontifício para a Família* (04.06.1999). Disponível em: <http://w2.vatican.va/content/john-paul-ii/it/speeches/1999/june/documents/hf_jp-ii_spe_04061999_family.html>.

vida e amor, mas essa comunidade se distingue substancialmente da *communitas vitae et amoris coniugalis* que é o matrimônio [referência feita a GS 49]".[13]

Família, casamento, sexo: família sem matrimônio? Formas de convivência conjugal sem matrimônio? Convivência conjugal sem sexo? Sexo sem convivência conjugal? Convivência e sexo sem comunhão? Comunhão sem comunidade?[14] Basta observar as mudanças culturais que se processam? Angustiar-se com o fato de termos de insistir na herança normativa que ontem expressava a idealização da vida social e que mais ou menos funcionava na prática do povo católico e, ao mesmo tempo, termos de responder com sabedoria e fidelidade evangélica aos apelos que provêm de tais mudanças? Os desafios que seguem não pretendem ser uma resposta definitiva a questões tão delicadas. Eles constituem, sobretudo, uma provocação para que, juntos, descubramos as luzes que possam iluminar melhor a caminhada do povo de Deus num contexto tão complexo e, por isso mesmo, confuso.

2. Desafios

O fato de o Magistério afirmar que o matrimônio é o único contexto lícito para as relações de intimidade não nos autoriza a reduzir a sexualidade a faculdades e ações. Se isso acontecer, pouca ou nenhuma importância será dada ao amor na ética sexual. Faculdade e atos sexuais "não podem nunca ser vistos apenas neles mesmos, mas devem ser vistos em termos da pessoa e da relação individual da pessoa com outras pessoas".[15] Apenas quando as ações são vistas do ponto de vista

---

[13] CONSELHO PONTIFÍCIO PARA A FAMÍLIA. *Família, matrimônio e "uniões de fato"* (26.07.2000). São Paulo: Paulus/Loyola, 2000. n. 34.

[14] "A 'comunhão' diz respeito à relação pessoal entre o 'eu' e o 'tu'. A 'comunidade', pelo contrário, supera este esquema na direção de uma 'sociedade', de um 'nós'. A família, comunidade de pessoas, é, pois, a primeira 'sociedade' humana. Ela surge no momento em que se realiza a aliança do matrimônio, que abre os cônjuges a uma perene comunhão de amor e de vida, e completa-se plenamente e de modo específico com a geração dos filhos: a 'comunhão' dos cônjuges dá início à 'comunidade' familiar. A 'comunidade' familiar está totalmente permeada daquilo que constitui a essência da própria 'comunhão'." JOÃO PAULO II. *Carta às famílias* (2.02.1994). São Paulo: Paulinas, 1994. n. 7. Coleção A Voz do Papa, 131.

[15] CURRAN, Charles. Sexual Ethics: Reaction and Critique. *Linacre Quarterly* 43 (1976) 156.

da pessoa inteira elas revelam seu sentido. Quando o foco da análise ética é dirigido para o ato físico e para a faculdade, o lugar dos aspectos transcendentes, psicológicos, socioculturais, pessoais e relacionais da sexualidade permanece como uma questão secundária. Se, como insiste o Vaticano II, os critérios para a atividade sexual devem ser baseados na "natureza da pessoa humana e das ações humanas", o sentido de tais ações deve ser deduzido de todas as dimensões da vida pessoal do indivíduo.[16]

Para Rosemary Ruether, deveríamos "reconhecer que o aspecto relacional do ato conjugal é, em si mesmo, um valor e uma finalidade genuínos" e, por isso, "não pode ser classificado como um meio a serviço da procriação".[17] Para ela, os aspectos procriativo e unitivo do ato sexual são "dois objetivos semi-independentes e inter-relacionados cujos significados e valores são reunidos na totalidade do projeto matrimonial, embora seja não só desnecessário mas também impossível que ambos estejam presentes em cada ato".[18]

Os significados inerentes à sexualidade podem ser vários.[19] O mesmo se pode dizer dos relacionamentos sexuais: eles podem exprimir diferentes níveis de significado e finalidade.[20] Seria ingênuo pensar que esses níveis serão sempre plenamente expressos num único ato. Devido às limitações impostas à atividade sexual, por sua natureza biológica,

---

[16] A passagem para o personalismo assumido pela *Gaudium et Spes* deixa claro que "a antropologia sexual tradicionalista estática e absolutista não é mais adequada, pois o personalismo está fundado na realidade existencial e vivida da experiência humana e dos relacionamentos humanos. Esse contexto personalista consiste no ponto de partida da antropologia sexual e das disposições e ações moralmente avaliadoras envolvendo a sexualidade humana". SALZMAN, Todd A.; LAWLER, Michael G. *A pessoa sexual. Por uma antropologia católica renovada.* São Leopoldo: Unisinos, 2008. p. 152.

[17] RUETHER, Rosemary R. Birth Control and the Ideals of Marital Sexuality. In: ROBERT, Thomas D. *Contraception and Holiness;* the Catholic Predicament. New York: Herder and Herder, 1964. p. 72-73.

[18] Ibidem, p. 73.

[19] Ver, por exemplo: FARLEY, Margaret A. *Just Love. A Framework for Christian Sexual Ethics.* New York/London: Continuum, 2006. p. 159-173. THATCHER, Adrian. Safe Sex, Unsafe Arguments. *Studies in Christian Ethics* 9, n. 2 (1996) 67. MAGUIRE, Daniel C. The Vatican on Sex. *Commonwealth* 103 (1976) 140.

[20] FARLEY. *Just Love...*, p. 245-311.

pela estrutura social e pelas exigências psicológicas, a unificação de todos os significados e finalidades em um só ato sexual ocorre, no máximo, ocasionalmente. O que realmente conta é a questão decisiva que tendemos a ignorar: se as pessoas estão suficientemente maduras para viver com sensibilidade e respeito mútuo um relacionamento construtivo.

A sexualidade é considerada pela Igreja parte integral da identidade e do bem-estar da pessoa, e o casamento é visto como uma aliança de amor. Essas duas visões representaram mudanças positivas na doutrina da Igreja que poderiam ter aberto a porta para um novo conjunto de questões no campo da ética sexual cristã. Mas essa porta nunca foi aberta porque a Igreja continuou insistindo que a sexualidade e todas as suas expressões deveriam ser mantidas dentro dos limites do casamento. Consequentemente, princípios *a priori* e *status* jurídico da pessoa constituem os principais critérios usados para avaliar a conduta sexual. Porque concordo com Ambroggio Valsecchi que o casamento não pode ser o *hortus conclusus*[21] onde falamos de sexualidade, pergunto se já não é tempo de assumirmos uma ética mais realista da sexualidade, isto é, uma ética capaz de reconhecer ambos os aspectos, de acordo com Traina: que a relação sexual amorosa e intencionalmente procriadora "tem aspectos positivos – texturas, emoções, intenções – particulares de que carece o sexo não procriador" e, ao mesmo tempo, que "o sexo pode ser genuinamente mútuo, amoroso, justo, divertido, bom e mesmo sagrado sem ter intenção procriadora e sem sequer remeter, remotamente que seja, à procriação". Em outras palavras, "nenhuma forma de ato sexual – não procriador ou procriador – é normativa [...] cada uma delas é uma dimensão genuína da expressão sexual, cada uma delas tem seus próprios benefícios e seus momentos próprios e cada uma delas pode manter o relacionamento entre os parceiros".[22]

---

[21] *Hortus conclusus* é uma locução substantiva que significa "jardim fechado", "propriedade cercada de muros". O autor usa a locução para significar que o casamento não pode ser o único contexto dentro do qual abordamos a sexualidade. VALSECCHI, Ambroggio. *Nuove vie dell'etica sessuale. Discorso ai cristiani.* 4. ed. Brescia: Queriniana, 1989. p. 108.

[22] TRAINA, Cristina L. H. Ideais papais, realidades conjugais: uma perspectiva a partir da base. In: JUNG, Patricia Beattie; CORAY, Joseph Andrew (orgs.). *Diversidade*

Muitas vezes ignoramos que a interação pessoal entre dois indivíduos é, em si mesma, parte do conteúdo das decisões éticas. Consequentemente, a sexualidade é considerada em referência ao "ato" e não em referência às pessoas e seus relacionamentos. Daí se segue que fica mais fácil estabelecer normas objetivas sobre quando a atividade sexual é permitida e quando é proibida do que lidar com os aspectos relacionais da sexualidade, pois esses são mais subjetivos, complexos e misteriosos. Por isso, boa parte da discussão sobre o comportamento sexual está mais focalizada no que se pode ou não fazer, como se sexo fosse alguma coisa a ser "manipulada" como uma entidade à parte.[23] Adrian Thatcher tem razão quando chama nossa atenção para o fato de que os "atos sexuais têm um lugar dentro dos relacionamentos, e relacionamentos são o objeto próprio da ética".[24] Se consideramos que a realidade das pessoas, diferentemente das faculdades biológicas, está acima de todos os relacionamentos, deveríamos concordar que qualquer tentativa de explicar a importância moral desses relacionamentos não pode levar em consideração somente os modelos institucionais nos quais esses relacionamentos ocorrem, mas deve também dar atenção à realidade objetiva do compromisso e da fidelidade envolvida nos relacionamentos.[25] Uma vez que passamos de um conjunto fixo de normas objetivas, baseado em considerações fisiológicas, para a apreciação do subjetivo e do relacional, "nos defrontamos com todo um novo conjunto de questões e normas mais fluidas. Moralidade ou imoralidade, bem ou mal não são mais medidos por atos específicos, mas se referem, de preferência, à qualidade dos relacionamentos".[26]

Em geral, assumimos como fato que o contexto interpessoal amoroso que torna a sexualidade plenamente humana é simplesmente

---

sexual e catolicismo; para o desenvolvimento da teologia moral. São Paulo: Loyola, 2005. p. 315-316.

[23] HOFMANN, Hans F. *Sex Incorporated;* A Positive View of the Sexual Revolution. Boston: Beacon Press, 1967. p. 118-119.

[24] THATCHER, Adrian. Safe Sex, Unsafe Arguments, p. 77.

[25] O grau de fidelidade e compromisso pessoal não pode ser o único critério de julgamento moral. A sexualidade exige, também, algum grau de compromisso e relacionamento social.

[26] COLL, Regina. Toward a Holistic Approach to Human Sexuality. *Religious Education* 84 (1989) 270.

equacionado com a instituição do casamento heterossexual. Mesmo considerando o casamento heterossexual como ideal, uma perspectiva realista não pode desconsiderar que não possa haver um contexto responsável para relações sexuais entre pessoas solteiras, homossexuais e divorciadas.[27] O que está em jogo aqui não é o fato de a relação sexual ser uma forma especial de intimidade que exige um relacionamento duradouro e preocupação de um com o outro, bem como com a nova vida que pode emergir; o que se discute é que, ao assumir o casamento heterossexual como "o ideal" e "o único" contexto para relacionamentos sexuais responsáveis, não haveria lugar para responder às necessidades das pessoas não casadas. É como se, para elas, não houvesse um contexto de responsabilidade para relações sexuais. Quando pessoas homossexuais, por exemplo, envolvem-se em intimidade sexual, não importa que se esforcem por serem fiéis umas às outras, num relacionamento estável, porque seu relacionamento é visto como uma espécie de algo que acontece "a despeito do conflito essencial de gênero que compromete o relacionamento".[28] Concordo, com Michael Hartwig, que, quando uma "simples essência contratual" é assumida como a forma adequada para todos os relacionamentos, "não há lugar para a narrativa de vida singular que as pessoas envolvidas poderiam incorporar no relacionamento".[29]

Em seu ensaio sobre o corpo humano, James Keenan afirma que, "para ser sujeito, o corpo humano precisa ter sua própria voz".[30] Isso não nos pode ser insignificante: dando voz à sua própria essência, o corpo humano – sempre um corpo sexuado – pede reciprocidade e amor. É muito difícil crer que o contexto interpessoal amoroso que torna a sexualidade plenamente humana – ou, no mínimo, humana – possa ser simplesmente reduzido à instituição do casamento heterossexual. Não

---

[27] Valeria a pena aprofundar a compreensão da sexualidade como o lugar onde, mediante a mutualidade, todos, inclusive as pessoas homossexuais, podem descobrir quem são.

[28] TRAINA, Cristina L. H. Ideais papais..., p. 301.

[29] HARTWIG, Michael J. *The Poetics of Intimacy and Problems of Sexual Abstinence.* New York: Peer Lang, 2000. p. 90.

[30] KEENAN, James F. Christian Perspectives on the Human Body. *Theological Studies* 55 (1994) 343.

quero dizer, com isso, que compromisso não é importante. Compromisso é uma decisão e uma promessa tão importantes que não é a mera institucionalização de uma forma de relacionamento que garante a sua duração e qualidade moral.

Se, por um lado, os indivíduos são chamados pela Igreja a desabrochar como pessoas sexuadas, por outro eles não têm outro meio de desabrochar senão ignorando seu desejo sexual. Mas não é o desejo sexual a "corporificação do nosso ardente desejo de mutualidade", como afirma Carter Heyward?[31] Se é – como de fato é –, não podemos dissociar-nos do prazer de nosso próprio corpo. Nesse caso, estaremos excluindo o prazer sexual da mutualidade interpessoal à qual ele serve e, consequentemente, estaremos arriscando persegui-lo de maneira furtiva ou dissociada. Somente quando for superada a associação do prazer com o erro será possível compreendê-lo, não como um impulso irresistível que precisa ser controlado, mas como uma graça e uma bênção a serem acolhidas.[32] As implicações éticas não são insignificantes, a começar pelo fato de a imoralidade sexual ter de ser considerada em termos de dissociação entre prazer sexual e sua base pessoal-relacional.

Estamos habituados a pensar que, quando a possibilidade de procriação é decisivamente exclusa na relação marital, a intimidade sexual não pode expressar e simbolizar o total dom de si dos esposos. Mas o que acontece quando as circunstâncias não são favoráveis à intimidade sexual, mas só ao prazer? Precisa o prazer sexual necessariamente incluir a relação sexual? Podem a excitação e o orgasmo expressar e simbolizar dom de si em prazer mútuo, sem qualquer referência explícita à procriação? Será que a contracepção, por exemplo, impede que o ato de doação de si seja plenamente esponsal e parental? Quando acontece de o desejo de sexo ser, em alto grau, um desejo físico, isso significa que esse desejo não pode favorecer a conexão emocional e espiritual entre os esposos?[33] Traina sugere que "normas que limitam o sexo ao casamento podem receber a contribuição de uma doutrina da complementaridade

---

[31] HEYWARD, Carter. *Touching our Strength;* the Erotic as Power and the Love of God. San Francisco: Harper & Row, 1989. p. 3.

[32] GUDORF, Christine E. *Body, Sex, and Pleasure;* Reconstructing Christian Sexual Ethics. Cleveland: Pilgrim Press, 1994. p. 81-138.

[33] TRAINA, Cristina L. H. Ideais papais..., p. 309-313.

procriadora que reflita a experiência incompleta, imatura".[34] Por contar com a experiência de uma relação sexual fiel e duradoura, ela dá testemunho de que "por mais que tenha sido importante no começo, a importância da anatomia pode ir se dissipando até que o gênero seja o fator de menor relevância na manutenção de um relacionamento". Ela vai mais longe, dizendo que "a fertilidade e a durabilidade últimas de toda união, heterossexual ou homossexual, não têm nenhuma relação com a complementaridade ou a falta de complementaridade de gêneros. Mas têm tudo a ver com a fé, com a amizade, com a generosidade, com o apoio comunal, com o encontro casual e feliz das personalidades, com o afeto sexual e verbal e com o enorme esforço necessário para a formação mútua de uma parceria que dá certo".[35]

Traina, portanto, não hesita em se opor ao ensino de que somente a relação sexual praticada com intenção procriadora simboliza o total dom de si dos esposos. Para ela, "a excitação e o orgasmo [...] – tanto dentro como fora do intercurso – podem exprimir e simbolizar a autodoação no prazer mútuo sem nenhuma referência explícita à procriação".[36] Para ela, a experiência provê argumentos que não podem ser ignorados, e concordo com ela. Para muitas mulheres, por exemplo, é a contracepção que permite o dom de si, "a liberdade de manter-se sem preocupação com as consequências".[37] Precisamos deixar de ignorar o valor da experiência em prol da determinação da imutável essência das coisas. Senão, daremos voz à experiência somente depois de estabelecidas normas universais, e o papel da experiência na vida moral será simplesmente o de confirmar as normas universais.[38]

Voltemos às questões iniciais: família sem matrimônio? Formas de convivência conjugal sem matrimônio? Convivência conjugal sem sexo? Sexo sem convivência conjugal? Convivência e sexo sem comunhão? Comunhão sem comunidade? Basta observar as mudanças culturais

---

[34] Ibidem, p. 318.

[35] Ibidem.

[36] Ibidem, p. 310.

[37] Ibidem, p. 311.

[38] Vale a pena considerar, aqui, o que dizem Salzman e Lawler (*A pessoa sexual...*, p. 81-83) sobre o significado das nossas experiências.

que se processam? Angustiar-se com o fato de termos de insistir na herança normativa que ontem expressava a idealização da vida social e que mais ou menos funcionava na prática do povo católico e, ao mesmo tempo, termos de responder com sabedoria e fidelidade evangélica aos apelos que provêm de tais mudanças?

É hora de reconhecermos que precisamos, urgentemente, de uma ética da fragilidade. Todos podemos fracassar na vivência do amor. Todos podemos ser traídos pelos próprios desejos na integração da sexualidade no próprio projeto de vida. Todos somos vulneráveis na vivência de um amor que quer ser total, exclusivo e definitivo. Quando abordamos assuntos problemáticos do ponto de vista moral, acreditamos que todos têm a mesma compreensão sobre o significado da linguagem usada, linguagem que, na maioria das vezes, prioriza o universal e desejável, sem considerar suficientemente o possível dentro de um determinado contexto. Em outras palavras, o significado que damos às palavras e à realidade é carregado de ambiguidades, sobretudo se considerarmos a cada vez mais presente consciência sobre a diversidade e pluralidade cultural na qual as pessoas vivem.[39]

O amor é uma dessas realidades ambíguas. Definimos Deus como amor, dizemos que o amor é a razão paradigmática para a criação e encarnação-ressurreição do Filho de Deus e a essência da mensagem evangélica. Afirmamos que o matrimônio é uma comunhão de vida e de amor. Qualificamos o amor como esponsal, no sentido de doação total e compromisso definitivo. Distinguimos o amor erótico do amor de amizade e do amor doação na tentativa de ajudar as pessoas a compreenderem as suas dimensões. Mas tendemos a ignorar que quem ama é a pessoa que existe num determinado corpo sexuado, sente desejo-atração, conhece as próprias possibilidades e limitações, age motivada por inúmeros interesses, sabe o que deve, pode ou não fazer. Quem ama nem sempre tem tempo para se perder em epistemologias anacrônicas e, muito menos, separar sentimento, vontade, desejo, corpo, espírito, carne. Aqui pode residir uma das dificuldades de sermos pastoralmente

---

[39] Inspiro-me, aqui, em: ROBINSON, David C. Metaphors of Love, Love as Metaphors: Language, Ritual and Moral Agency in the Theological Politics of Identity. *Theology & Sexuality* 12 (2000) 74-78.

incisivos: atribuímos um significado abstrato ao amor e queremos que a vida concreta das pessoas se adapte a ele. Como sabemos que isso não é possível, contentamo-nos com o fato de que tais pessoas apliquem à própria vida e às próprias relações os significados metafóricos por meio dos quais "traduzimos" o que chamamos de amor. Pior ainda: mesmo conscientes dessa dificuldade concreta, somos capazes de excluir até mesmo de tais significados metafóricos as pessoas que vivem neste ou naquele estado civil ou têm esta ou aquela orientação afetivo-sexual.

Considerando que a linguagem metafórica se move da lógica da prova à lógica da descoberta, chegamos à conclusão de que ela é um evento, mais do que um imutável significado. Falar sobre o amor é muito mais do que definir um conceito; é abrir-se a um campo de exploração de muitos significados. O amor significa mais do que uma coisa ao mesmo tempo. Se isso é verdade, surge espontânea a pergunta: a quem cabe o direito ou a responsabilidade do juízo final sobre experiências vividas? A resposta pode ser dada por meio de outra pergunta: se os casais de segunda união ou os casais homossexuais, por exemplo, devem ser reconhecidos como membros da comunidade, a sua experiência corporal, imaginativa, afetiva e conceitual do amor não deveria ser parte do comum discernimento a respeito do significado do amor? Não podemos isolar a compreensão do amor da experiência física e emocional das pessoas. Se nós mesmos criamos metáforas sobre o amor para tentar mediar a delicadeza das relações humanas, temos de reconhecer que tais metáforas devem expressar e encarnar a complexa realidade dos sentimentos e dos significados das relações. Em outras palavras, as metáforas do amor, antes de serem nocionais, são experienciais. Se não há identificação com a linguagem das relações que as pessoas estabelecem, as palavras tornam-se sem sentido e, consequentemente, não mais significativas para a vida das pessoas.

Não resta dúvida de que as novas formas de convivência familiar são contrárias e até mesmo alternativas à instituição matrimonial. Vivemos, como afirma Vidal, num contexto cuja tendência é desinstitucionalizadora. Tais formas não são "apenas um dado da riqueza sociológica nos costumes dos que se amam ou nas estruturas socializadoras da afetividade heterossexual", elas simplesmente "não encontram na instituição matrimonial um canal para interesses e para objetivos pretendidamente legítimos".[40]

Toda parceria conjugal, por tudo aquilo que acarreta em relação à sexualidade, à reprodução e às implicações socioculturais precisam de certa institucionalização. Mas, como Vidal nos recorda, "o institucional é de *caráter secundário* em relação à primazia do interpessoal".[41] Mesmo sendo secundário, em chave axiológica, precisamos empenhar-nos em buscar os "canais do pluralismo de formas institucionais".[42] Nem todas serão válidas e oportunas. Como já foi acenado na introdução deste texto, se por um lado há uma perda de sensibilidade quanto à dimensão institucional das relações, por outro há uma grande sensibilidade em relação ao valor da família e da parceria. Trata-se de um fato social inegável. Vir ao encontro dele e tentar responder a ele de forma evangélica não significa "baratear" a riqueza da nossa Tradição e, muito menos, abrir mão dos nossos ensinamentos. Significa ter a coragem de incansavelmente inculturar o Evangelho, começando pelo reconhecimento da existência das novas configurações familiares; em seguida, procurar dar a elas um estatuto peculiar, estabelecendo normas sobre o conjunto de efeitos civis e regulamentando a finalidade das uniões que as constituem.[43]

Há os que rejeitam a instituição matrimonial e, sem dúvida, não querem que suas relações sejam institucionalizadas. Esses vão constituir família sem matrimônio. Há os que optam apenas pelo matrimônio civil. Esses ao menos têm algum vínculo, que deve ser avaliado pelos conteúdos humanos que possuir. E há aqueles que consideram a doutrina e a norma sobre a indissolubilidade do matrimônio fardos muito pesados para serem carregados na própria condição de fragilidade e vulnerabilidade. Esses precisam ser ajudados a abrir-se a uma perspectiva de fé que os sustente na opção por um vínculo que se caracteriza por ser definitivo. No entanto, para todas essas situações valem alguns critérios para ajudar a discernir a autenticidade das opções

---

[40] VIDAL, Marciano. *O matrimônio...*, p. 252.

[41] Ibidem, p. 256.

[42] Ibidem, p. 257.

[43] Ibidem, p. 267.

feitas: o sentido humanizador da opção que fizeram, o grau de estabilidade social e de realização pessoal que tal opção lhes proporciona.[44] Em outras palavras, pelo fato de não haver apenas um modelo familiar, mas uma pluralidade de modelos, essa pluralidade não é infinita. Nem todos os modelos são expressão de justiça e amor. É preciso que a natureza das relações presentes em cada modelo seja considerada. Se no decorrer da história da humanidade nunca existiu apenas um modelo familiar, seria ingenuidade, hoje, justamente num contexto que afirma a multiplicidade de modelos, opor-se à inclusão das novas configurações familiares.[45] Se, por um lado, as configurações que não expressam justiça e amor dificilmente poderão ser aceitas como "familiares", por outro precisamos reconhecer que, muitas delas, embora sujeitas a tudo o que é próprio da fragilidade humana, devem ser, de acordo com Margaret Farley, não apenas apoiadas, mas celebradas. O critério, para ela, é se de fato "funcionam" na realização do objetivo de toda verdadeira relação familiar, isto é, o afeto mútuo e o crescimento pessoal das pessoas envolvidas.[46]

Uma coisa é certa: não é mais possível contentarmo-nos com "soluções" pastorais cosméticas ou com itinerários pastorais que não vão além das boas intenções, porque, ao mesmo tempo que desejam ser acolhedores e misericordiosos, não sabem como lidar com a doutrina vigente.

3. Um caminho[47]

As Sagradas Escrituras relatam a aliança entre o divino e o humano por meio de metáforas apaixonadas, sensuais, esponsais. Se a ressonância dessa linguagem atravessou os séculos, é porque foi capaz de

---

[44] Ibidem, p. 258.

[45] A tendência, hoje, não é a de oposição às novas configurações familiares, mas a de priorizar a inclusão tanto no entendimento quanto na aceitação do que consideramos como família. Ver, por exemplo: CAHILL, Lisa S. *Family*; A Christian Social Perspective. Minneapolis: Augsburg Fortress, 2000; RUETHER, Rosemary R. *Christianity and the Making of the Modern Family*; Rulling Ideologies, Diverse Realities. Boston: Beacon, 2000.

[46] FARLEY, Margaret A. *Just Love...*, p. 261-263.

[47] ROBINSON, David C. Metaphors of Love..., p. 78.

ligar a compreensão que temos de Deus à compreensão dos amores que vivemos no dia a dia. Não é por meio da nossa capacidade de amar os outros que retribuímos o amor de Deus conosco? Se a experiência e a linguagem que temos sobre o amor devem ser congruentes uma com a outra, o mesmo vale para os rituais que celebramos. Por meio de gestos, movimentos, música, dança, oração, palavras, expressamos aquilo em que cremos. Assim como as metáforas do amor podem ser substituídas pela linguagem da abstração, a ação simbólica do ritual religioso também pode ser substituída pelo formalismo ou pela repetição mecânica de gestos e palavras. Intrínseca à natureza de todo ritual é a encarnação concreta da fé que une a comunidade. É por meio do ritual que a comunidade – e, dentro dela, as pessoas – expressa a própria identidade e realidade. Caso contrário, o que existe é apenas a expressão de conceitos e normas abstratas.

Graças aos estudos litúrgicos pós-Vaticano II, chegamos a compreender que os rituais devem ser assumidos como o lugar por excelência onde a identidade intelectual, emocional e social deve ser modelada e nutrida. Mas, para que isso aconteça, é preciso que as pessoas vivam a experiência ritual como experiência de liberdade das estruturas formais e jurídicas, a fim de aflorarem os valores que, muitas vezes, estão à margem do estabelecido pela rubrica. Em nossas assembleias litúrgicas, por exemplo, há muitas pessoas à margem do que é formalmente estabelecido e que vivem distantes dos ideais propostos, mas nem por isso são menos desejosas de diminuir o sofrimento que sentem por meio de uma experiência que lhes possibilite reconhecer o que são diante de Deus, dispondo-se a realizar a sua vontade, mesmo em contextos objetivamente ilícitos, acreditando que podem ser redimidas das "margens" nas quais se encontram e inseridas na vida de uma comunidade formada por pessoas tão pecadoras quanto elas por meio do perdão e da misericórdia continuamente partilhados.

A experiência que muitos casais de segunda união e casais homossexuais vivem já os coloca às margens da comunidade. Se tivessem a oportunidade de ser acolhidos e incluídos na celebração de rituais que pudessem modelar e nutrir sua identidade cristã, isto é, se o amor que os une fosse autenticamente reconhecido como capaz de informar as relações que vivem, e se fossem "celebrados" como expressão da integridade e dignidade de tais pessoas, nossos rituais tenderiam a significar mais honestamente o que, de fato, pretendem ser.

Os momentos rituais existem para integrar vida e mistério, ou melhor, para que a vida seja integrada num mistério que lhe dê sentido e para o mistério abrir-se aos apelos de uma vida que busca um sentido último que justifique sua existência. Por isso é preciso rever ou ao menos questionar toda proposta ritual que acaba incentivando a celebração de rituais paralelos, por não permitirem a celebração da integridade e dignidade da experiência de fé daqueles que, por causa das opções que fizeram para viver o amor, são excluídos ou postos na condição dos cachorrinhos que, debaixo da mesa, aguardam, muitas vezes inutilmente, algumas migalhas.

Há um silêncio que reina entre nós sobre o assunto, e isso chega a ser perverso. Mais ainda, há um silêncio embaraçoso presente nas nossas assembleias litúrgicas. Embaraçoso porque todos sabem e nada podem fazer e, assim, optam por fazer de conta que nada sabem ou por fazer o que não podem. Se os rituais provêm o esclarecimento e a autenticação necessária à identidade do sujeito como parte da comunidade, o véu do silêncio que "cobre" certas situações não passa de mera retórica. Acolher na comunidade e, ao mesmo tempo, impor barreiras à inclusão integral é uma "solução" pastoral perigosa. Os rituais celebrados formam pessoas e não ideias. Ou as pessoas mergulham neles como são, ou, até mesmo nesse nível, "celebrarão" personalidades fragmentadas.

Conclusão

A lucidez do Fr. Bernardino Leers sobre questões morais é algo que impressiona. Ao abordar o tema família, casamento e sexo, ele chegou a afirmar: "Enquanto há mais de vinte anos [e isso ele disse em 1992] as discussões continuam entre os teóricos, o clero e as autoridades eclesiásticas, parece que os práticos, que são os leigos casados e pais de família, abandonam cada vez mais o campo da briga e seguem suas consciências na construção da própria convivência afetiva, sexual e familiar, e na solução dos problemas morais que esta construção criativa enfrenta e que eles tentam encaminhar de modo melhor possível".[48] O que está nas entrelinhas constitui nosso grande desafio!

Referências bibliográficas

CAHILL, Lisa S. *Family;* A Christian Social Perspective. Minneapolis: Augsburg Fortress, 2000.

COLL, Regina. Toward a Holistic Approach to Human Sexuality. *Religious Education* 84 (1989) 262-272.

CONGREGAÇÃO PARA A EDUCAÇÃO CATÓLICA. *Orientações educativas sobre o amor humano. Linhas gerais para uma educação sexual* (1º. 11.1983). São Paulo: Salesiana Dom Bosco, 1984.

CONSELHO PONTIFÍCIO PARA A FAMÍLIA. *Família, matrimônio e "uniões de fato"* (26.07.2000). São Paulo: Paulus/Loyola, 2000.

_____. *Sexualidade humana;* verdade e significado. Orientações educativas em família (08.12.1995). São Paulo: Paulinas, 1996. Coleção A Voz do Papa, 148.

CURRAN, Charles. Sexual Ethics: Reaction and Critique. *Linacre Quarterly* 43 (1976) 147-164.

FARLEY, Margaret A. *Just Love. A Framework for Christian Sexual Ethics.* New York/London: Continuum, 2006.

GOSS, Robert E. Challenging Procreative Privilege: Equal Rites. *Theology & Sexuality* 6 (1997) 33-55.

GUDORF, Christine E. *Body, Sex, and Pleasure;* Reconstructing Christian Sexual Ethics. Cleveland: Pilgrim Press, 1994.

HARTWIG, Michael J. *The Poetics of Intimacy and Problems of Sexual Abstinence.* New York: Peer Lang, 2000.

HEYWARD, Carter. *Touching our Strength;* the Erotic as Power and the Love of God. San Francisco: Harper & Row, 1989.

HOFMANN, Hans F. *Sex Incorporated;* A Positive View of the Sexual Revolution. Boston: Beacon Press, 1967.

JOÃO PAULO II. *Carta às famílias* (02.02.1994). São Paulo: Paulinas, 1994. Coleção A Voz do Papa, 131.

---

[48] LEERS, Bernardino. *Família, casamento, sexo. Por uma nova prática pastoral.* Petrópolis: Vozes, 1992. p. 7.

_____. *Discurso à XIV Assembleia Plenária do Conselho Pontifício para a Família* (04.06.1999). Disponível em: <http://w2.vatican.va/content/john-paul-ii/it/speeches/1999/june/documents/hf_jp-ii_spe_04061999_family.html>.

KEENAN, James F. Christian Perspectives on the Human Body. *Theological Studies* 55 (1994) 330-346.

LEERS, Bernardino. *Família, casamento, sexo. Por uma nova prática pastoral*. Petrópolis: Vozes, 1992.

MAGUIRE, Daniel C. The Vatican on Sex. *Commonwealth* 103 (1976) 137-140.

PAULO VI. Carta encíclica *Humanae Vitae*. Sobre a regulação da natalidade (25.07.1968). São Paulo: Paulinas, 1968. Coleção A Voz do Papa, 60.

MINERVA, Daniela; SIRONI, Francesca. Sex & the Vatican. *L'Espresso* n. 38 (2014) 56-61. Disponível em: <http://www.scienzaevita.org/wp-content/uploads/2015/02/bf71a2b91cd5517af-73629552c48f471.pdf>.

ROBINSON, David C. Metaphors of Love, Love as Metaphors: Language, Ritual and Moral Agency in the Theological Politics of Identity. *Theology & Sexuality* 12 (2000) 72-87.

RUETHER, Rosemary R. *Christianity and the Making of the Modern Family;* Rulling Ideologies, Diverse Realities. Boston: Beacon, 2000.

_____. Birth Control and the Ideals of Marital Sexuality. In: ROBERTS, Thomas D. *Contraception and Holiness;* the Catholic Predicament. New York: Herder and Herder, 1964. p. 72-91.

SALZMAN, Todd A.; LAWLER, Michael G. *A pessoa sexual. Por uma antropologia católica renovada*. São Leopoldo: Unisinos, 2008.

THATCHER, Adrian. Safe Sex, Unsafe Arguments. *Studies in Christian Ethics* 9, n. 2 (1996) 66-77.

TRAINA, Cristina L. H. Ideais papais, realidades conjugais: uma perspectiva a partir da base. In: JUNG, Patricia Beattie; CORAY, Joseph Andrew (orgs.). *Diversidade sexual e Catolicismo;* para o desenvolvimento da teologia moral. São Paulo: Loyola, 2005. p. 299-318.

VALSECCHI, Ambroggio. *Nuove vie dell'etica sessuale. Discorso ai cristiani*. 4. ed. Brescia: Queriniana, 1989.

VIDAL, Marciano. *O matrimônio. Entre o ideal cristão e a fragilidade humana.* Aparecida: Santuário, 2007.

ZAIDAN, Patrícia; PAULINA, Iracy. A brava juíza dos afetos. *Claudia*, ano 49, n. 3 (2010) 43-47.

13

A Ecologia e o Ensino Social da Igreja: inscrição e alcances de um paradigma

Marcial Maçaneiro[1]

Introdução

Nos últimos trinta anos, a Ecologia deixou de ser compreendida como um ramo da Biologia – situado na confluência das Ciências Naturais – e tornou-se um paradigma abrangente e inclusivo:

> Centrado na "teia biótica" que literalmente "enreda" a Natureza presente em nosso planeta, o *paradigma ecológico* perpassa e conecta a Demografia, a Indústria, a Educação, o Direito, a Saúde, a Política e a Moral. Isso não se opera, contudo, de um modo simples e linear, mas complexo e tensionado, através da revisão dos métodos, da autocrítica científica e institucional, com disposições para assumir novas agendas, com novas prioridades, em cada uma das esferas citadas. Assim, busca-se uma nova Epistemologia Ambiental (cf. Leff, 2006) que inclua a objetividade das Ciências Naturais (cf. Küng, 2009), a preocupação

---

[1] *Marcial Maçaneiro* é doutor em Teologia (Pontifícia Universidade Gregoriana – Roma) e professor da Pontifícia Universidade Católica do Paraná (Curitiba) e da Faculdade Dehoniana de Taubaté: <http://lattes.cnpq.br/5326985041969045>.

ética e planetária (cf. Boff, 2012) e o diálogo inter-religioso (cf. Maçaneiro, 2011).[2]

O advento desse paradigma se deve à compreensão cada vez mais complexa da Natureza, que vai da catalogação dos componentes do meio ambiente à investigação dos ecossistemas e suas inúmeras conexões, cujas comunidades vitais (biocenoses) interagem com a habitação humana na Terra (antropocenose): demografia e migração, agricultura e produção de alimento, uso das fontes de energia, exploração e manutenção dos recursos naturais, com suas consequências para o planeta e a própria humanidade. Isto não se limita aos aspectos negativos da intervenção humana, mas inclui também os esforços de solução dos problemas ecológicos: protocolos políticos beneficiadores do meio ambiente, elaboração do direito ambiental com força de lei, valorização das fontes renováveis de energia, propostas de economia verde e diferentes tecnologias de solução para despoluir, sanear, reflorestar e preservar os recursos naturais.

Por conta deste paradigma e sua ampla agenda, afirma-se cada vez mais a importância da Ética Ecológica e da Educação Ambiental em larga escala, da infância escolar à vida profissional adulta, das universidades aos governos, em vista da conversão de hábitos e formas de ocupação do meio ambiente que sejam sustentáveis, garantindo a vida humana e planetária de hoje e de amanhã.[3] De tal modo que a relação humanidade-natureza-sociedade tem ocupado o centro de muitas reflexões em Ciências Humanas, Ciências Aplicadas e Tecnologias. Trata-se, obviamente, de uma perspectiva a consolidar; desafiadora, mas também promissora para as sociedades, em face de uma crise climática, energética e alimentar que nenhum governo ou economia pode ignorar.

Voltando-nos, nestas páginas, ao Ensino Social da Igreja, queremos pontuar como o paradigma ecológico se inscreve no devir dos

---

[2] MAÇANEIRO, M. Profundidade e reconhecimento: da cosmovisão religiosa ao cuidado ambiental. *Revista Paralellus* [on-line], v. 4, n. 8 (2013) p. 164. Disponível em: <http://www.unicap.br/ojs-2.3.4/index.php/paralellus/article/view/288/pdf>. Acesso em: 20 out 2014.

[3] HAERING, Bernhard. *Livres e fiéis em Cristo III*. São Paulo: Paulus, 1984. p. 183-195.

documentos oficiais, de João XXIII (*Mater et Magistra*, 1961) até Francisco (*Laudato Si'*, 2015), passando pelo Concílio Vaticano II (*Gaudium et Spes*, 1965). Pois consideramos essa inscrição um processo duplamente importante. Primeiramente, por ser um passo significativo no desenvolvimento recente da Doutrina Social da Igreja, que assume a questão ecológica como um sinal dos tempos. Assim, a Terra é abraçada como lugar teológico à luz da narrativa bíblica da Criação, com tematizações que, proclamadas como ensino eclesial, se cruzam com outras áreas da teologia sistemática e da moral social cristã.[4] Em segundo lugar, a presença do paradigma ecológico no Ensino Social da Igreja é um dado estratégico para a sustentabilidade da vida humana e planetária, porque o Magistério tem aproximado Ecologia ambiental e Ecologia humana numa abordagem conjuntiva que nos faz ver a totalidade do fenômeno *vida* (com suas energias e suas fragilidades) e não apenas os fins desenvolvimentistas de uma sustentabilidade condicionada pela maximização do lucro, promotora do consumismo e do descarte que, no fim das contas, acaba sendo insustentável.[5]

Embora o Ensino Social da Igreja não se proponha como solução técnica ou diretriz de governo, suas propostas para a Ecologia são pertinentes, revelando uma competência crescente (não exaustiva) da parte da Igreja em face das ciências, do Direito e dos governos. Neste sentido, trata-se de um ensino analítico e propositivo, oportuno para o debate atual sobre Ecologia complexa (ambiental e humana) e Ecologia profunda (objetiva e subjetiva) que não se limita aos dados físicos, químicos e climáticos da biosfera, mas solicita uma revisão dos modos humanos de conceber e ocupar o planeta, acompanhada de escolhas que podem melhorar ou piorar nossa morada na Terra.[6] Levar a sério a questão ambiental é dispor-se a repensar os padrões de produção e consumo, a educar-se para a adaptação e a preservação no usufruto da Natureza,

---

[4] MOLTMANN, Jürgen. *Doutrina ecológica da criação*. Petrópolis: Vozes, 1993. BOFF, Leonardo. *Ecologia;* grito da terra, grito dos pobres. Rio de Janeiro: Sextante, 2004.

[5] ACOSTA, Richard. A opção pela Terra como lugar teológico. In: SUSIN, L. C.; DOS SANTOS, M. G. *Nosso planeta, nossa vida;* ecologia e teologia. São Paulo: Paulinas, 2011. p. 90.

[6] LEFF, Enrique. *Epistemologia ambiental*. 4. ed. São Paulo: Cortez, 2006.

com leis que reconheçam o acesso aos recursos naturais como direito de todos, sob tutela da sociedade civil e mediante políticas públicas adequadas, atentas ao bem comum. É a essa direção que apontam os documentos da Igreja, delineando o que o Papa Francisco caracterizou, enfim, como "Ecologia integral" (*Laudato Si'*, Capítulo IV).

1. Sociedade humana, meio ambiente e vida: João XXIII

João XXIII aborda questões de importância ecoambiental em duas encíclicas: *Mater et Magistra* e *Pacem in Terris*.[7] Embora a Ecologia não seja o objeto primeiro da reflexão, os temas do desenvolvimento, dos direitos e da paz – tratados nessas encíclicas – solicitam que se avalie a relação humanidade/Natureza em face da economia de mercado, das tecnologias de produção e do crescimento demográfico. Vejamos os aspectos mais significativos:

1.1. Mater et Magistra

Na encíclica *Mater et Magistra* João XXIII pontua alguns princípios sobre a relação humanidade/Natureza, importantes naquelas décadas de pós-guerra, com a recuperação dos mercados, a corrida armamentista, a carência de alimentos em muitos países, o desenvolvimento da agricultura e a organização dos trabalhadores em sindicatos e partidos, num período abalado pelo medo de um conflito nuclear. Apesar das diferenças de contexto em relação ao século XXI, os princípios mantêm sua atualidade:

a) o direito de todo homem a usar daqueles bens [naturais e materiais] para seu próprio sustento tem prioridade sobre qualquer outro direito de natureza econômica, e mesmo sobre o direito

---

[7] JOÃO XXIII. Carta encíclica *Mater et Magistra*. Sobre a recente evolução da questão social à luz da doutrina cristã (15.05.1961). São Paulo: Paulinas, 1962. Coleção A Voz do Papa, 24. Daqui em diante = MM. Idem. Carta encíclica *Pacem in Terris*. Sobre a paz de todos os povos, na base da verdade, justiça, caridade e liberdade (11.04.1963). São Paulo: Paulinas, 1963. Coleção A Voz do Papa, 25. Daqui em diante = PT.

de propriedade (primado da pessoa sobre a economia, do bem comum sobre a posse privada);[8]

b) o bem-estar geral e o direito pessoal de uso dos bens terrenos devem se adequar entre si, mediante uma real e eficaz distribuição dos mesmos bens, segundo a justiça (o bem comum requer a justa distribuição dos bens terrenos);[9]

c) importa moderar o teor de vida da geração presente [acesso aos recursos naturais, condições básicas de vida, direito ao trabalho e uso de tecnologias], tendo a intenção de preparar um porvir melhor às gerações futuras (princípio da prevenção);[10]

d) a propriedade agrícola pequena e média, artesanal e profissional, comercial e industrial deve ser assegurada e promovida, mediante atuação de cooperativas e formas benéficas de negociação social (valor da agricultura, por ser provedora de alimento);[11]

e) o direito à propriedade privada não deve ser egoisticamente compreendido ou praticado, pois se fundamenta na orientação ontológica de cada ser humano à vida em sociedade; assim, o princípio da propriedade privada tem um fim ético e social (função social da propriedade privada, aplicável inclusive ao usufruto dos recursos naturais);[12]

f) o desenvolvimento das comunidades humanas deve levar em conta as características culturais das mesmas comunidades e a sua relação com o meio ambiente (análise da relação entre população, cultura e meio ambiente);[13]

g) para o bem-estar das populações e a manutenção dos recursos naturais, é preciso diminuir a desproporção entre terra e povoamento (cálculo do impacto demográfico sobre a natureza).[14]

---

[8] MM 43.

[9] MM 74.

[10] MM 79.

[11] MM 84; 160-161.

[12] MM 111; 116-120.

[13] MM 168-169.

[14] MM 152-155.

Esses princípios têm sido retomados em documentos sucessivos, como veremos. O que nos interessa é constatar seu peso na argumentação da *Mater et Magistra* já na década de 1960, num tempo relativamente longe da crise climática e energética agravada em nossos dias. Se, de um lado, João XXIII partilha o otimismo científico e tecnológico daqueles anos,[15] não deixa de ponderar criteriosamente sobre a relação humanidade/Natureza, cada vez mais mediada pela tecnologia industrial:

> No Gênesis lembra-se como Deus impôs aos primeiros seres humanos dois mandamentos; o de transmitir a vida – "Crescei e multiplicai-vos"; e o de dominar a natureza – "Enchei e sujeitai a terra": mandamentos que se completam mutuamente. Sem dúvida, o mandamento divino de dominar a natureza não é imposto com fins destrutivos, mas sim para o serviço da vida. Uma das contradições que mais perturbam e atormentam a nossa época – notamo-lo com tristeza – é a seguinte: enquanto, por um lado, vão aumentando as situações de mal-estar, e ameaça o espectro da miséria e da fome, por outro utilizam-se, muitas vezes em grande escala, as descobertas da ciência, as realizações da técnica e os recursos econômicos para criar terríveis instrumentos de ruína e de morte. A Providência de Deus concede ao gênero humano meios suficientes para resolver dignamente os múltiplos e delicados problemas da transmissão da vida. Mas estes problemas podem tornar-se difíceis ou até insolúveis porque os homens, desencaminhados na inteligência ou pervertidos na vontade, se valem desses meios contra a razão, isto é, para fins que não correspondem à sua própria natureza social nem aos planos da Providência.[16]

João XXIII alerta sobre os riscos de um domínio humano maléfico sobre a natureza, que degrada a dignidade da pessoa e corrompe a Criação,[17] por buscar mais o poder e o acúmulo de bens do que a realização integral da vida humana, aberta ao transcendente.[18] O documento sugere ainda que *progredir e conservar* devem ser conjugados em

---

[15] MM 187-188.
[16] MM 193-196.
[17] MM 241.
[18] MM 242-246.

necessária dupla.[19] Isto se aplica, primeiramente, ao aperfeiçoamento da pessoa humana, do trabalho e da civilização; mas, pela participação humana na "virtude redentora" de Cristo, aplica-se extensivamente a toda a Criação.[20]

1.2. Pacem in Terris

Dois anos depois, a encíclica *Pacem in Terris* se abre apontando à ordem natural, na qual o ser humano se insere como decifrador e operário:

> O progresso da ciência e as invenções da técnica evidenciam que reina uma ordem maravilhosa nos seres vivos e nas forças da natureza. Testemunham outrossim a dignidade do homem capaz de desvendar essa ordem e de produzir os meios adequados para dominar essas forças, canalizando-as em seu proveito.[21]

Aqui, João XXIII ecoa a visão clássica da Criação como *kosmos* (ordem), à semelhança de uma orquestra composta de muitos instrumentos, assimétricos na proporção, mas concordes na execução de uma mesma partitura – da qual Deus é o autor, e o ser humano, o primeiro intérprete. Esse desenho ordenado da natureza em geral e da humanidade, em particular, serve de preâmbulo para as propostas de paz em terreno moral e político, apresentadas em seguida no texto.[22] No que se refere à Ecologia, o documento oferece os seguintes elementos:

a) a efetivação dos direitos humanos básicos (existência, integridade física e condições de vida digna) se traduz em alimentação, vestuário, moradia, repouso, assistência sanitária e serviços sociais que, em última instância, dependem do acesso e da manutenção dos recursos naturais;[23]

b) o direito pessoal à propriedade, inclusive dos bens de produção, se rege pelo princípio da função social da propriedade privada;

---

[19] MM 254.

[20] MM 257.

[21] PT 2.

[22] PT 1-7.

[23] PT 11.

aqui se incluem o solo, as sementes, os minérios, as fontes e as matérias-primas;[24]

c) o cuidado das minorias, a promoção da justiça e a solidariedade são quesitos para a paz nas sociedades e entre os povos, afirmando o valor prioritário da pessoa humana sobre o capital e a produção;[25]

d) o equilíbrio entre população, terra e capitais deve ser buscado, em vista de um desenvolvimento justo.[26] Aqui João XXIII trata da relação entre demografia, terra cultivável e riquezas do solo:

> É sabido de todos que em algumas regiões subsiste a desproporção entre a extensão de terra cultivável e o número de habitantes; em outras, entre riquezas do solo e capitais disponíveis. Impõe-se, pois, a colaboração dos povos, com o fim de facilitar a circulação de recursos, capitais e mão de obra. Cremos sobremaneira oportuno observar a este respeito que, na medida do possível, seja o capital que procure a mão de obra, e não a mão de obra o capital. Assim se permitirá a tantas pessoas melhorar a própria situação, sem ter que abandonar com tamanha saudade a Pátria, para transplantar-se a outras plagas, reajustar-se a uma nova situação e criar-se um novo ambiente social.[27]

A proposta tem perspectiva político-econômica e envolve aspectos ambientais como a "extensão de terra cultivável" e as "riquezas do solo", que devem ser geridas em relação à demografia. Neste caso, terra e solo implicam uma série de elementos, implícitos no texto: gestão de recursos hídricos, estabilidade climática, componentes minerais da terra, distribuição de sementes, tecnologias de cultivo e preservação da fertilidade do solo em face dos insumos bioquímicos.

---

[24] PT 21.

[25] PT 97-100.

[26] PT 101-102.

[27] Ibidem.

2. Relação entre humanidade e Natureza: *Gaudium et Spes*

A constituição pastoral *Gaudium et Spes* discorre sobre a solidariedade da Igreja com a família humana universal,[28] em vista do bem comum, da justiça, da cultura e da paz, que são condições para o desenvolvimento humano integral.[29] O documento se move no horizonte da Modernidade técnico-científica para estabelecer um diálogo com os sujeitos ali postos, na busca de interlocução proativa entre Igreja e sociedade, em diferentes níveis: dignidade da pessoa e da comunidade humana; família e matrimônio; cultura, trabalho e economia; desenvolvimento, política e paz. A questão de fundo é a relação entre homem e Natureza, iluminada pela Revelação do Reino de Deus. Nesse sentido, *Gaudium et Spes* oferece alguns princípios que incidem no atual debate sobre meio ambiente e Ecologia, como segue:

a) Ao ser humano compete governar o mundo com justiça e santidade:[30] o documento remete ao Livro do Gênesis e usa as expressões "domínio sobre a natureza" e "submeter a terra" ao tratar das aplicações da ciência e da técnica à Natureza, mediante o conhecimento e o trabalho humano.[31] Esta atividade, contudo, não é referida à exploração e ao usufruto unilateral dos recursos naturais por parte dos humanos, mas deve orientar-se a dois fins: glorificar a Deus Criador e contribuir para o bem comum.[32] O texto apela ao sentido teológico do trabalho humano – que é "desenvolver a obra do Criador"[33] – e à responsabilidade pessoal e coletiva por cada ação: "Quanto mais, porém, cresce o poder dos homens tanto mais se estende a sua responsabilidade, seja pessoal, seja comunitária. Donde apa-

---

[28] VIER, Frederico (coord.). *Compêndio do Vaticano II*. Constituições, decretos, declarações. 29. ed. Petrópolis: Vozes, 2000. Constituição pastoral *Gaudium et Spes*. Sobre a Igreja no mundo atual, n. 1. Daqui em diante = GS.

[29] GS 64.

[30] GS 34.

[31] GS 33-34; 53.

[32] GS 34.

[33] Ibidem.

rece que a mensagem cristã [a respeito da atividade humana sobre a Terra] não desvia os homens da construção do mundo nem os leva a negligenciar o bem de seus semelhantes, mas antes os obriga mais estritamente por dever a realizar tais coisas".[34] Disso decorre o compromisso de "governar o mundo em justiça e santidade",[35] com a "solicitude" e "esperança de uma nova terra", da qual nossos esforços pelo justo desenvolvimento já representam "algum esboço".[36]

b) A gestão dos bens terrenos solicita sabedoria, além de tecnologia:[37] o ato de "dominar a terra e completar a Criação" por meio do cultivo do solo e da produção industrial deve levar o ser humano a aperfeiçoar sua própria natureza, a servir aos semelhantes e a buscar o que é verdadeiro, belo e justo.[38] Desse modo, deve-se aliar o progresso técnico-científico ao discernimento do bem pelo espírito humano, sempre "iluminado pela Sabedoria admirável, que estava junto de Deus desde toda a eternidade, dispondo com ele todas as coisas, brincando sobre o globo da Terra e encontrando as suas delícias junto com os filhos dos homens".[39] A falta do discernimento sábio do que é verdadeiro, belo e justo pode nos levar a ilusões e equívocos: "Existe ainda o perigo de o homem, confiando demasiadamente nas descobertas atuais, julgar que se basta a si mesmo, descuidando os valores mais altos".[40] De fato, a exploração da Natureza, a produção industrial e o acúmulo de capital – quando alheios aos critérios da justiça e do bem comum – agravam as desigualdades sociais, o empobrecimento das populações e o desperdício de bens.[41]

---

[34] Ibidem.

[35] Ibidem.

[36] GS 39.

[37] GS 57.

[38] Ibidem

[39] Ibidem, remetendo a Pr 8,30-31.

[40] GS 57.

[41] GS 63.

c) Preservar recursos e promover o bem comum: com sabedoria e tecnologia, o documento convoca os trabalhadores, cientistas, técnicos, educadores e governantes a promoverem melhores condições de vida para todos,[42] com uso de recursos e tecnologias nos limites do bem comum.[43] O fato de "o domínio crescente do homem sobre a natureza" constituir a "base da economia moderna"[44] pede a elaboração ética e política de um novo humanismo, que beneficie o desenvolvimento humano integral[45] e assuma o ser humano como centro e fim da atividade econômica.[46] A proposta da *Gaudium et Spes* é focada no que hoje denominamos *Ecologia humana*, com clara preocupação pelo destino universal dos bens terrenos,[47] pela demografia[48] e pela sobrevivência das futuras gerações na Terra.[49]

3. Habitar a terra de modo humano: Paulo VI

Em 1967, Paulo VI publica sua importante encíclica *Populorum Progressio* sobre o desenvolvimento dos povos,[50] valendo-se dos critérios antropológicos e éticos da *Gaudium et Spes*. Pouco depois, em 1971, ele lança sua carta apostólica *Octogesima Adveniens*, sobre a questão social na Modernidade.[51] Nos dois documentos Paulo VI faz referências claras ao planeta e à ocupação humana do meio ambiente, afirmando o valor da Natureza e o destino universal de seus recursos, cujo acesso e preservação estão na base do desenvolvimento humano em todas

---

[42] GS 57.

[43] GS 59.

[44] GS 63.

[45] GS 59.

[46] GS 63.

[47] GS 69.

[48] GS 87.

[49] GS 70.

[50] PAULO VI. Carta encíclica *Populorum Progressio*. Sobre o desenvolvimento dos povos (26.03.1967). São Paulo: Paulinas, 1990. Coleção A Voz do Papa, 49. Daqui em diante = PP.

[51] Idem. Carta apostólica *Octogesima Adveniens*. Por ocasião do 80º aniversário da encíclica *Rerum Novarum* (14.05.1971). São Paulo: Paulinas, 1971. Coleção A Voz do Papa, 68. Daqui em diante = OA.

as sociedades. A Ecologia desponta, aos poucos, como um assunto inadiável.

3.1. *Populorum Progressio*

A encíclica *Populorum Progressio* situa-se num contexto global marcado pela Guerra Fria, polarizada pelos regimes soviético e estadunidense; há também governos ditatoriais, conflitos na África pós-colonial, surgimento das empresas multinacionais, migração e crescimento das metrópoles; verifica-se a influência internacional do mercado petrolífero, as corridas industrial e armamentista, além da disparidade de condições de vida entre países ricos e pobres. Muitas questões ambientais afetam este cenário, subjacentes ao modelo exploratório de desenvolvimento, como o colonialismo mercantilista, a poluição crescente do ar e das águas, o insuficiente planejamento da produção agrícola, a falta de assistência sanitária e a má distribuição de alimentos.[52]

Paulo VI constata um planeta adoecido por duas enfermidades: a dilapidação dos recursos e seu açambarcamento por parte de uns poucos e a falta de fraternidade entre os sujeitos e os povos – doença ainda mais nociva, pois agrava a primeira.[53] Diante disso, ele conclama os sujeitos e as sociedades a promoverem um desenvolvimento que seja "integral e solidário",[54] comprometido com a dimensão transcendente do ser humano, o primado da pessoa sobre o capital, a ética do bem comum e a administração criteriosa dos recursos naturais, considerados dádiva do Criador para os homens de toda raça e classe social.[55] Da teologia o papa toma o princípio fundamental: "Toda a criação está ordenada em relação ao Criador".[56] Ou seja, a criação não está submetida exclusivamente à vontade humana, mas é ordenada ao Criador, "verdade primeira e soberano bem".[57]

---

[52] PP 6-11.

[53] PP 66.

[54] PP 5.

[55] PP 14, 18, 22, 23, 25, 27, 41.

[56] PP 16.

[57] Ibidem.

Com esse posicionamento, Paulo VI contesta a busca de lucro em detrimento do meio ambiente, acena à falta de planejamento por parte dos governos e defende o direito humano de acesso aos recursos naturais, que não devem ser tratados como mercadoria. Desse modo poder-se-á avançar no estabelecimento da justiça social e nas condições de uma paz estável, seja em cada nação, seja entre as nações.[58]

As vias de solução propostas por Paulo VI respondem ao cenário descrito, em linha de princípios e práticas: humanizar as condições de vida, a começar dos mais pobres;[59] respeitar o critério do destino universal dos bens na administração da propriedade e dos rendimentos;[60] regular o capitalismo liberal com base no valor humano do trabalho, no respeito pelos direitos fundamentais da pessoa, nas reformas sociais, na democracia inclusiva e no desenvolvimento planificado, envolvendo poderes públicos, trabalhadores, iniciativas privadas e organismos sociais;[61] investir na alfabetização, na família, nas organizações profissionais, na promoção da cultura para todos e no planejamento demográfico.[62]

Esses temas têm ângulos diferentes, sob o enfoque da Política, da Economia, da Ética ou da Antropologia Teológica; mas todos afetam e são afetados pela Ecologia, já que a proposta de desenvolvimento humano, integral e solidário requer uma séria avaliação da relação entre humanidade e Natureza.[63] Esta toca o cerne da *Populorum Progressio* e se evidencia nas seguintes considerações:

a) "Deus destinou a terra e tudo o que nela existe ao uso de todos os homens e de todos os povos, de modo que os bens da Criação afluam com equidade às mãos de todos, segundo a regra da justiça, inseparável da caridade":[64] a afirmação parte do antropocentrismo bíblico, afirmando "que toda a Criação é

---

[58] PP 5.

[59] PP 20-21.

[60] PP 23-24.

[61] PP 26-28.

[62] PP 35-40.

[63] PP 66.

[64] PP 22, citando GS 69.

para o homem"[65] e que a administração dos recursos naturais se rege pelo princípio do bem comum. Trata-se de um antropocentrismo responsável, não referido exclusivamente ao próprio homem, mas ao senhorio do Deus da Vida (Gn 2,15). Daí o alerta de Paulo VI contra o desperdício de recursos naturais e o domínio irracional da humanidade sobre a Natureza, com indicações precisas: a ação do homem na Criação se opera sob a "condição de ele aplicar o seu esforço inteligente em valorizá-la e, pelo seu trabalho, por assim dizer, completá-la em seu serviço";[66] "todo homem tem direito de encontrar nela [na Terra] o que lhe é necessário" (idem, enfatizando o direito e a medida do necessário); "todos os outros direitos, incluindo os de propriedade e de livre comércio, estão subordinados a este [destino universal dos bens da Criação]" (idem, limitando moralmente o domínio privado dos recursos naturais e os mecanismos de mercado que neguem o acesso de todos aos bens criados, necessários à vida).

b)   A racionalidade técnica e instrumental, utilizada pela industrialização, requer "o sentido da responsabilidade"[67] pelas "obrigações sociais", sob o princípio de "que a economia está ao serviço do homem" e não o inverso.[68] Abusos neste sentido têm gerado o "imperialismo internacional do dinheiro" com subsequentes "sofrimentos e injustiças".[69] As exigências da justiça, do bem comum e da caridade social estabelecem critérios ao domínio tecnológico com fins de exploração e lucro: "Não basta promover a técnica, para que a terra possa ser habitada de maneira mais humana".[70] Com efeito, "economia e técnica

---

[65]   PP 22.

[66]   Ibidem.

[67]   PP 25.

[68]   PP 26.

[69]   Ibidem.

[70]   PP 34.

não têm sentido, senão em função do homem, ao qual devem servir";[71]

c) O trabalho humano, incluindo toda ação sobre a Natureza, deve ter caráter criativo e não destrutivo: "O homem deve cooperar com o Criador no aperfeiçoamento da criação e imprimir, por sua vez, na terra, o cunho espiritual que ele próprio recebeu. Deus, que dotou o homem de inteligência, de imaginação e de sensibilidade, deu-lhe assim o meio para completar, de certo modo, a sua obra: ou seja artista ou artífice, empreendedor, operário ou camponês, todo trabalhador é um criador".[72]

d) A "dilapidação dos recursos [naturais] e seu açambarcamento por parte de poucos", de um lado, e a "falta de fraternidade entre os homens e os povos", de outro, têm deixado "o mundo doente".[73] Isso se agrava com a desvalorização da matéria-prima e da produção agrícola, especialmente nos países menos desenvolvidos.[74] Em muitos casos, a exploração do solo, da água, dos minérios e da madeira é valorizada em termos meramente quantitativos, com base no montante bruto extraído e no lucro pretendido. Considera-se pouco o seu valor para a comunidade local, o impacto ambiental e o custo humano da extração. Isso configura uma situação ao mesmo tempo antiecológica e antieconômica, especialmente para as populações pobres.[75]

3.2. Octogesima Adveniens

Quatro anos depois da *Populorum Progressio*, Paulo VI publica a carta apostólica *Octogesima Adveniens*, sobre as relações entre trabalho, desenvolvimento, justiça social e paz.[76] O cenário anterior evolui na direção da crescente urbanização, emergência dos jovens e mulheres na sociedade, lutas e conquistas dos trabalhadores, migração e

---

[71] Ibidem.

[72] PP 27.

[73] PP 66.

[74] PP 57.

[75] Ibidem.

[76] OA 1-7.

problemas de inclusão social, influência das mídias e desafios no campo do trabalho.[77] A industrialização e o desenvolvimento tecnológico proporcionaram grandes benefícios à humanidade; mas vieram acompanhados da escassez de recursos naturais e do consumismo desenfreado, provocando esta grave interrogação: "Depois de se ter assegurado um domínio necessário sobre a Natureza, [o ser humano] não estará agora se tornando escravo dos objetos que ele mesmo fabrica?".[78] Com essa pergunta em mente, Paulo VI volta-se às questões ambientais e diz:

> [Em nossos dias] outra transformação começa a fazer-se sentir, consequência tão dramática quanto inesperada da atividade humana. De um momento para outro, o homem toma consciência dela: por motivo de uma exploração inconsiderada da natureza, começa a correr o risco de a destruir e de vir a ser, também ele, vítima dessa degradação. Não só já no ambiente material se torna uma ameaça permanente – poluições e resíduos, novas doenças, poder destruidor absoluto –, é mesmo o quadro humano que o homem não consegue dominar, criando assim, para o dia de amanhã, um ambiente global que poderá tornar-se-lhe insuportável. Problema social de envergadura, esse, que diz respeito à inteira família humana. O cristão deve voltar-se para estas perspectivas novas, para assumir a responsabilidade, juntamente com os outros homens, por um destino, na realidade, já comum.[79]

Mais uma vez o Magistério articula Ecologia ambiental e Ecologia humana, mutuamente implicadas neste quadro de "degradação" da Natureza e "ameaça" ao futuro da humanidade. Trata-se de uma projeção realista de Paulo VI que, infelizmente, veio a confirmar-se nas décadas seguintes, até o início do século XXI. As emissões de carbono, a extinção de espécies terrestres e aquáticas, a poluição dos oceanos, as alterações do clima e a escassez de água potável urgem das sociedades e dos governos ações programadas de solução e adaptação, com amparo não só das Ciências, mas também da Economia e da Educação. As perspectivas de solução deste quadro de crise já se anunciam na encíclica *Populorum Progressio*, que agora deverá ser lida ao lado de *Octogesima*

---

[77] OA 8-20.

[78] OA 9.

[79] OA 21.

Adveniens. Paulo VI constata "as ambiguidades do progresso" na Primeira Modernidade[80] e sugere um diálogo maior entre Ciências Naturais e Ciências Humanas, que favoreça "uma visão global do homem e da humanidade" e colabore com a Moral Social Cristã em discernir "modelos sociais melhores".[81] Esse parágrafo nos remete ao que foi dito no parágrafo 21, sobre a degradação da Natureza e o futuro da humanidade na Terra, destacando ainda a responsabilidade dos cristãos em campo moral, social e – poderíamos deduzir – ambiental.

4. Ecologia humana, social e ambiental: João Paulo II

João Paulo II herdou e desenvolveu a reflexão anterior, explicitando os dois níveis da "questão ecológica": o humano e o ambiental, entre os quais ele intercala a "Ecologia social do trabalho". Trata-se de um ensino mais argumentado, diretamente engajado nas questões humano-ambientais, que acessa dados recentes da Sociologia, da Economia, da Ciência Política e da Ecologia, distribuído em quatro encíclicas: *Laborem Exercens, Sollicitudo Rei Socialis, Centesimus Annus* e *Evangelium Vitae*.[82]

4.1. Laborem Exercens[83]

A encíclica *Laborem Exercens* trata do trabalho, com ampla reflexão sobre o sentido e a dignidade da atividade humana no mundo, com base na antropologia bíblica e na ética cristã, de um lado, e nos dados da Sociologia, da Economia e do Direito, de outro.[84] Assim, todo o documento pode ser lido à luz da relação humanidade/Natureza, que se manifesta em diferentes realizações do trabalho humano, com seu sentido

---

[80] OA 41.

[81] OA 40.

[82] A estes se acrescentam discursos menores, também importantes: *Discurso por ocasião do encontro com os cientistas e representantes das universidades da ONU* (25.02.1981), *Discurso à Pontifícia Academia das Ciências* (03.10.1981), *Discurso aos participantes do congresso sobre ambiente e saúde* (24.03.1997), entre outros.

[83] JOÃO PAULO II. Carta encíclica *Laborem Exercens*. Sobre o trabalho humano no 90º aniversário da *Rerum Novarum* (14.09.1971). São Paulo: Paulinas, 1981. Coleção A Voz do Papa, 99. Daqui em diante = LE.

[84] LE 4-15, 16-23.

"objetivo" (técnico, produtivo e material) e "subjetivo" (ético, criativo e espiritual) – conforme LE 5-6. Já nas primeiras linhas João Paulo II acena às questões ecológicas, ao propor uma visão humanista do trabalho:

> É mediante o trabalho que o homem deve procurar-se o pão cotidiano e contribuir para o progresso contínuo das ciências e da técnica, e sobretudo para a incessante elevação cultural e moral da sociedade, na qual vive em comunidade com os próprios irmãos. E com a palavra *trabalho* é indicada toda a atividade realizada pelo mesmo homem, tanto manual como intelectual, independentemente das suas características e das circunstâncias, quer dizer toda a atividade humana que se pode e deve reconhecer como trabalho, no meio de toda aquela riqueza de atividades para as quais o homem tem capacidade e está predisposto pela própria natureza, em virtude da sua humanidade. Feito à imagem e semelhança do mesmo Deus no universo visível e nele estabelecido para que dominasse a terra, o homem, por isso mesmo, desde o princípio *é chamado ao trabalho. O trabalho é uma das características que distinguem* o homem do resto das criaturas, cuja atividade, relacionada com a manutenção da própria vida, não se pode chamar trabalho; somente o homem tem capacidade para o trabalho e somente o homem o realiza preenchendo ao mesmo tempo com ele a sua existência sobre a terra. Assim, o trabalho comporta em si uma marca particular do homem e da humanidade, a marca de uma pessoa que opera numa comunidade de pessoas; e esta marca determina a qualificação interior do mesmo trabalho e, em certo sentido, constitui a sua própria natureza.[85]

O caráter humano do trabalho inclui a busca de alimento e o progresso técnico-científico, juntamente com a elevação moral e cultural, numa comunidade de pessoas. A produção de alimento e o progresso técnico-científico denotam a dimensão *objetiva* do trabalho;[86] a moral, a cultura e a sociabilidade denotam a dimensão *subjetiva*,[87] as quais se complementam para expressar de modo pleno o estatuto *humano* do trabalho, seja manual, intelectual, científico ou artístico. Assim, antes que um explorador irracional ou um dominador inescrupuloso da Criação, perfila-se o ser humano como "sujeito" pessoal e comunitário,

---

[85] LE 1.

[86] LE 5.

[87] LE 6.

dotado de consciência e transcendência,[88] cuja atividade no mundo deve operar-se técnica e moralmente em interação com as outras "criaturas, cuja atividade se relaciona com a manutenção da própria vida".[89] Essa ponderação inicial, posta no primeiro parágrafo da encíclica, anuncia dois critérios importantes para a valoração do trabalho: que seja exercido humanamente (com sentido objetivo e subjetivo, consciente e transcendente); que favoreça a manutenção da vida (interação da humanidade com as demais criaturas). Daí o valor ético do trabalho, que comporta a alta responsabilidade de coletar e cultivar, gerir e transformar, explorar e preservar, como sujeito livre e consciente de sua condição na Terra.[90] Sem tal ponderação correr-se-ia o risco de interpretar de modo redutor ou unilateral aquele "domínio" da Terra de que fala o texto bíblico.

Esses critérios norteiam o ensino da *Laborem Exercens* e iluminam dois tópicos que, de modo particular, entram diretamente no debate ecoambiental: a dignidade da produção agrícola e os elementos ambientais da espiritualidade do trabalho:

a) Dignidade da produção agrícola: a agricultura, bem como outras formas de trabalho rural, tem uma importância peculiar por ser fundamental para o sustento humano, a partir das reservas do planeta: nela se tocam, literalmente, os recursos da Natureza (água, solo, clima, ar, vegetais e animais) e a engenhosidade humana (extração, cultivo, beneficiamento, preservação e renovação). Neste campo estão em jogo a manutenção dos recursos naturais e a sustentação da própria humanidade, implicados entre si. Por isso João Paulo II considera urgente "restituir à agricultura – e aos homens do campo – o seu justo valor como base de uma sã economia, no conjunto do desenvolvimento da comunidade social". Além disso, o trabalho agrícola nos mostra, de modo primário, que a ordem divina de

---

[88] Ibidem.

[89] LE 1.

[90] LE 6.

"submeter a terra" supõe, necessariamente, que a mesma terra seja "recebida de Deus como dom".[91]

b) Elementos ambientais da espiritualidade do trabalho: reconhecimento de Deus como Criador, a quem se ordenam todas as coisas; participação, pelo trabalho, na obra do Criador; descoberta dos recursos e dos valores presentes na Natureza; respeito pelas criaturas e reconhecimento da bondade fundamental da Criação; visão dinâmica do ato criador de Deus no planeta e no universo; valorização do repouso como condição de humanização do trabalho, em analogia ao repouso do Criador a contemplar sua obra; responsabilidade pelo planeta deve acompanhar o engenho humano e sua intervenção no mundo; referência ao Criador como verdadeiro Senhor da Criação; valorização dos bens criados na esfera da técnica e da cultura; harmonia de fins entre atividade humana e destino de todas as criaturas;[92] valorização da dimensão criativa do trabalho, em interação com os elementos da Natureza, nas diferentes atividades profissionais;[93] consciência da condição humana enquanto criatura dada à fadiga, menor do que Deus e dependente dos bens criados; solicitude por cultivar a terra presente com vistas na terra definitiva: consciência do provisório e perspectiva escatológica do trabalho.[94]

4.2. Sollicitudo Rei Socialis

Seis anos depois, João Paulo II volta a considerar os temas ecoambientais na encíclica *Sollicitudo Rei Socialis*, que trata do desenvolvimento humano e social nos inícios da Segunda Modernidade.[95] Os princípios ético-teológicos do desenvolvimento integral são retomados e atualizados, na esteira da encíclica *Populorum Progressio*. O contexto é marcado pelas disparidades de desenvolvimento entre Norte e Sul,

---

[91] LE 21.

[92] LE 25.

[93] LE 26.

[94] LE 27.

[95] JOÃO PAULO II. Carta encíclica *Sollicitudo Rei Socialis*. Pelo 20º aniversário da encíclica *Populorum Progressio* (30.12.1987). São Paulo: Paulinas, 1988. Coleção A Voz do Papa, 117. Daqui em diante = SRS.

consolidação de várias nações pós-colônia na África e na Ásia, movimento pela democracia, papel social dos trabalhadores e crises de desemprego, avanço da iniciativa privada e crescimento da especulação financeira, exclusão social e novas formas de pobreza, movimentos de cidadania e direitos humanos, revisão dos organismos internacionais (como a ONU, OMS, FAO), dívida externa dos países subdesenvolvidos e relação problemática entre governos e blocos econômicos.[96]

Fica cada vez mais evidente o quanto os recursos naturais constituem as bases primárias deste quadro socioeconômico, afetando a vida humana e planetária: solo fértil, reservas minerais, qualidade do ar, disponibilidade de recursos hídricos, valor das reservas florestais, produção agropecuária e alimentação, predominância das fontes petrolíferas de energia etc. Muitas das crises recentes em termos ambientais, climáticos e energéticos já se anunciavam na década de 1980, com o desmatamento, a exaustão de terrenos, a poluição do solo e do ar, as secas localizadas e a escassez de grãos. Por outro lado, emergia uma nova consciência planetária e se organizava o Movimento Ecológico local e internacional, envolvendo governos e cientistas, técnicos e ativistas. Diante disso, João Paulo II constata:

> Entre os sinais positivos do tempo presente é preciso registrar, ainda, uma maior consciência dos limites dos recursos disponíveis e da necessidade de respeitar a integridade e os ritmos da natureza, e de tê-los em conta na programação do desenvolvimento, em vez de sacrificá-los a certas concepções demagógicas. É, afinal, aquilo a que se chama hoje preocupação ecológica.[97]

A partir daí, a encíclica terá presente a questão ecológica em sua argumentação, seja de modo transversal, seja de modo pontual, como os parágrafos 29, 30 e 34:

a) Responsabilidade humana em salvaguardar a Criação

> Um desenvolvimento que não é só econômico mede-se e orienta-se segundo a realidade e a vocação do homem visto na sua globalidade; ou seja, segundo um *parâmetro interior* que lhe é próprio. O homem tem

---

[96] SRS 11-26.

[97] SRS 26.

necessidade, sem dúvida, dos bens criados e dos produtos da indústria, continuamente enriquecida pelo progresso científico e tecnológico. E a disponibilidade sempre nova dos bens materiais, na medida em que vem ao encontro das necessidades, abre novos horizontes. O perigo do abuso do consumo e o aparecimento das necessidades artificiais não devem, de modo algum, impedir a estima e a utilização dos novos bens e dos novos recursos postos à nossa disposição; devemos mesmo ver nisso um dom de Deus e uma resposta à vocação do homem, que se realiza plenamente em Cristo. Mas para alcançar o verdadeiro desenvolvimento é necessário não perder jamais de vista esse *parâmetro*, que está na *natureza específica* do homem, criado por Deus à sua imagem e semelhança (cf. Gn 1,26): natureza corporal e espiritual, simbolizada — no segundo relato da criação — pelos dois elementos, a *terra*, com que Deus plasma o físico do homem, e o *sopro de vida*, insuflado nas suas narinas (cf. Gn 2,7). O homem, deste modo, passa a ter uma linha de afinidade com as outras criaturas: é chamado a utilizá-las, a cuidar delas e, sempre segundo a narração do Gênesis (2,15), é colocado no jardim, com a tarefa de o cultivar e guardar, estando acima de todos os outros seres, postos por Deus sob o seu domínio (cf. Gn 1,25-26). Mas, ao mesmo tempo, o homem deve permanecer submetido à vontade de Deus, que lhe prescreve limites no uso e no domínio das coisas (cf. Gn 2,16-17), assim como lhe promete a imortalidade (cf. Gn 2,9; Sb 2,23). O homem, portanto, sendo imagem de Deus, tem uma verdadeira afinidade também com ele.[98]

b) Desenvolvimento com uso criterioso e social das coisas criadas

Com base nesta doutrina, vê-se que o desenvolvimento não pode consistir somente no uso, no domínio e na posse indiscriminada das coisas criadas e dos produtos da indústria humana; mas sobretudo em subordinar a posse, o domínio e o uso à semelhança divina do homem e à sua vocação para a imortalidade. É esta a realidade transcendente do ser humano, a qual é transmitida desde a origem a um casal, o homem e a mulher (cf. Gn 1,27), e que, portanto, é fundamentalmente social.[99]

---

[98] SRS 29.

[99] Ibidem.

c) A relação homem/Natureza requer o cuidado e o cultivo da vida

Segundo a Sagrada Escritura, pois, a noção de desenvolvimento não é somente "laica" ou "profana"; mas aparece também, muito embora conservando a acentuação do aspecto socioeconômico, como a *expressão moderna* de uma dimensão essencial da vocação do homem. O homem, com efeito, não foi criado, por assim dizer, imóvel e estático. A primeira figuração, que a Bíblia dele fornece, apresenta-o claramente como *criatura* e *imagem, definida* na sua profunda realidade pela *origem* e pela *afinidade que o constituem*. Mas tudo isto insere no ser humano, homem e mulher, o germe e a *exigência* de uma tarefa original a desempenhar, quer por cada um, individualmente, quer como casal. É a tarefa de "dominar" sobre as outras criaturas e de "cultivar o jardim"; e deve ser desempenhada no quadro da *obediência* à lei divina; portanto, com o respeito da imagem recebida, fundamento claro do poder de domínio que lhe é reconhecido, em ordem ao seu aperfeiçoamento (cf. Gn 1,26-30; 2,15-16; Sb 9,2-3).[100]

d) A ruptura com o Criador atinge também a relação com a Natureza

Quando o homem desobedece a Deus e se recusa a submeter-se ao seu poder, então a natureza rebela-se contra ele e já não o reconhece como "senhor", porque ele ofuscou em si a imagem divina. O apelo à posse e ao uso dos meios criados permanece sempre válido; mas, depois do pecado, o seu exercício torna-se árduo e cheio de sofrimento (cf. Gn 3,17-19).[101]

e) Há limites morais e objetivos para o domínio humano da Natureza

O caráter moral do desenvolvimento também não pode prescindir do respeito *pelos seres* que formam a natureza visível, a que os gregos, aludindo precisamente à *ordem* que a distingue, chamavam de "cosmos".

---

[100] SRS 30.

[101] Ibidem.

Também estas realidades exigem respeito, em virtude de três considerações sobre as quais convém refletir atentamente:

A *primeira* refere-se às vantagens de tomar *ainda mais consciência* de que não se pode fazer impunemente uso das diversas categorias de seres, vivos ou inanimados — animais, plantas e elementos naturais — como se quiser, em função das próprias exigências econômicas. Pelo contrário, é preciso ter em conta a natureza de cada ser e as ligações mútuas entre todos, num sistema ordenado, qual é exatamente o cosmos.

A *segunda consideração* funda-se, por sua vez, na convicção, dir-se-ia mais premente, da *limitação dos recursos naturais*, alguns dos quais não são *renováveis*, como se diz. Usá-los como se fossem inexauríveis, com *absoluto domínio*, põe em perigo seriamente a sua disponibilidade, não só para a geração presente, mas sobretudo para as gerações futuras.

A *terceira consideração* relaciona-se diretamente com as consequências que um certo tipo de desenvolvimento tem quanto à *qualidade da vida* nas zonas industrializadas. Todos sabemos que, como resultado direto ou indireto da industrialização, ocorre, cada vez com maior frequência, a contaminação do ambiente, com graves consequências para a saúde da população.

Torna-se evidente, uma vez mais, que o desenvolvimento e a vontade de planificação que o orienta, assim como o uso dos recursos e a maneira de os utilizar, não podem ser separados do respeito das exigências morais. Uma destas impõe limites, sem dúvida, ao uso da natureza visível. O domínio conferido ao homem pelo Criador não é um poder absoluto, nem se pode falar de liberdade de "usar e abusar", ou de dispor das coisas como melhor agrade. A limitação imposta pelo mesmo Criador, desde o princípio, e expressa simbolicamente com a proibição de "comer o fruto da árvore" (cf. Gn 2,16-17), mostra com suficiente clareza que, nas relações com a natureza visível, nós estamos submetidos a leis, não só biológicas, mas também morais, que não podem impunemente ser transgredidas.[102]

Por fim, João Paulo II diz que a pretensão de um desenvolvimento *sustentável* requer a revisão corajosa da concepção moderna de desenvolvimento e de como tem sido praticada: "Uma justa concepção do desenvolvimento não pode prescindir destas considerações [cf. acima] – relativas ao uso dos elementos da natureza, às possibilidades de renovação dos recursos e às consequências de uma industrialização

---

[102] SRS 34.

desordenada –, as quais propõem uma vez mais à nossa consciência a *dimensão moral*, que deve distinguir o desenvolvimento".[103]

De fato, a revisão de uma concepção exploratória e tecnicista de desenvolvimento, diante da crise ambiental, climática e alimentar de nossos dias, é uma necessidade moral de efeitos programáticos: a revisão dos valores, métodos e prioridades do modelo vigente deverá conduzir-nos a outros valores, métodos e prioridades mais adequados à preservação, renovação e gestão sustentável dos recursos naturais pelo engenho e governo humanos.

Certamente esta revisão toca a tecnologia e a epistemologia ambientais, mas requer também o reconhecimento moral da Criação como *dádiva*, da qual o ser humano só usufrui enquanto inserido em suas teias vitais, primeiramente como receptor e, depois, como produtor, ainda que exerça o senhorio da razão e da criatividade em relação à Natureza. Como já foi dito, este senhorio deixa de ser razoável e criativo quando esquece que a Terra é dom, passando à exploração irracional e destrutiva dos elementos naturais. Os apelos de João Paulo II – bem como do Magistério anterior – mostram que tal desgaste em nossa relação com a Natureza é sintoma de uma crise primeiramente humana, uma crise de sentido, que – perdendo o foco da transcendência, do primado da vida e da comunhão – atinge a Terra, onde habitamos e com a qual nos relacionamentos pessoal e socialmente.[104]

Felizmente, já desponta no mundo uma percepção conectiva e planetária da vida, ao lado do despertar ecológico das Ciências, da Educação e das Religiões, em reação de contenção e/ou solução da recente crise ambiental, energética e alimentar.[105] Apontando para esta direção, João Paulo II convoca os sujeitos e as sociedades, a começar dos que creem no Evangelho, à prática da solidariedade "fundada sobre o princípio de que os bens da criação são *destinados a todos*: aquilo que

---

[103] Ibidem.

[104] VIVERET, Patrick. Sobre o bom uso do fim de um mundo. In: SUSIN, L. C.; DOS SANTOS, M. G. *Nosso planeta, nossa vida;* ecologia e teologia. São Paulo: Paulinas, 2011. p. 25-39.

[105] PENA-VEGA, Alfredo. *O despertar ecológico.* 2. ed. Rio de Janeiro: Garamond Universitária, 2005. GORE, Al. *A Terra em balanço;* ecologia e o espírito humano. São Paulo: Gaia, 2008.

a indústria humana produz, com a transformação das matérias-primas e com a contribuição do trabalho, deve servir igualmente para o bem de todos".[106]

4.3. Centesimus Annus

O destino universal dos bens da Terra e o desenvolvimento integral do ser humano em sociedade reaparecem já nas primeiras linhas da encíclica *Centesimus Annus*, publicada em 1991.[107] João Paulo II diz, ainda, que a Terra – criada por Deus – é a primeira provedora da vida humana, bem como sustentadora das demais formas de vida.[108] Assim, a terra e o trabalho são os dois fatores básicos do desenvolvimento: de um lado, a fonte primária de todos os recursos; de outro, a atividade humana no meio natural, mediante o trabalho.[109] Contudo, a relação fundamental entre a terra (recursos naturais em geral) e o trabalho (produção artesanal e intervenções tecnológicas) se vê atravessada por questões desafiadoras, como o acúmulo de capital em mãos de poucos, o tratamento do próprio trabalho como mercadoria, o desperdício de recursos, a busca de lucro a qualquer custo e o consumismo.[110] Por outro lado, João Paulo II elenca elementos e processos que garantiriam melhoria neste quadro, como a afirmação da cidadania, o direito de associação e salário justo, os princípios da solidariedade e da subsidiariedade nas relações sociais e econômicas, a consolidação dos direitos humanos e trabalhistas, o desenvolvimento planejado a médio e longo prazo, as vias da negociação e do diálogo social.[111]

Como sabemos, a análise de João Paulo II enfoca as transformações socioeconômicas do fim da década de 1980, com o fim do regime soviético e as crises do capitalismo, cada qual necessitando rever seus argumentos e práticas.[112] É nesse quadro econômico, político e cultural

---

[106] SRS 39.

[107] JOÃO PAULO II. Carta encíclica *Centesimus Annus*. No centenário da *Rerum Novarum* (1º.05.1991). São Paulo: Paulinas, 1991. n. 6, 29-30. Coleção A Voz do Papa, 126.

[108] CA 31.

[109] Ibidem.

[110] CA 19, 30, 33-34.

[111] CA 6-8, 15-16, 23, 32.

[112] CA 22-29.

que o documento aborda a "questão ecológica", discernindo ali uma verdadeira "Ecologia humana" e "social":[113]

a) O relacionamento sujeito/Natureza, questão antropológica grave

Na raiz da destruição insensata do ambiente natural, há um erro antropológico, infelizmente muito espalhado no nosso tempo. O homem, que descobre a sua capacidade de transformar e, de certo modo, criar o mundo com o próprio trabalho, esquece que este se desenrola sempre sobre a base da doação originária das coisas por parte de Deus. Pensa que pode dispor arbitrariamente da terra, submetendo-a sem reservas à sua vontade, como se ela não possuísse uma forma própria e um destino anterior que Deus lhe deu, e que o homem pode, sim, desenvolver, mas não deve trair. Em vez de realizar o seu papel de colaborador de Deus na obra da criação, o homem substitui-se a Deus, e deste modo acaba por provocar a revolta da natureza mais tiranizada que governada por ele. Nota-se aqui, antes de mais, uma pobreza ou mesquinhez da visão humana, mais animada pelo desejo de possuir as coisas do que relacioná-las com a verdade, privado do comportamento desinteressado, gratuito, estético que brota do assombro diante do ser e da beleza, que leva a ler, nas coisas visíveis, a mensagem do Deus invisível que as criou. A respeito disso, a humanidade de hoje deve estar consciente dos seus deveres e tarefas, em vista das gerações futuras.[114]

b) Ao lado da crise ambiental, as urgências da Ecologia humana

Além da destruição irracional do ambiente natural, é de recordar aqui outra ainda mais grave, qual é a do *ambiente humano*, a que se está ainda longe de prestar a necessária atenção. Enquanto justamente nos preocupamos, apesar de bem menos do que o necessário, em preservar o "habitat" natural das diversas espécies animais ameaçadas de extinção, porque nos damos conta da particular contribuição que cada uma delas dá ao equilíbrio geral da terra, empenhamo-nos demasiado pouco em *salvaguardar as condições morais de uma autêntica "ecologia humana"*. Não só a terra foi dada por Deus ao homem, que a deve usar

---

[113] CA 37-38.

[114] CA 37.

respeitando a intenção originária de bem, segundo a qual lhe foi entregue; mas o homem é doado a si mesmo por Deus, devendo por isso respeitar a estrutura natural e moral, de que foi dotado. Neste contexto, são de mencionar os graves problemas da moderna urbanização, a necessidade de um urbanismo preocupado com a vida das pessoas, bem como a devida atenção a uma "ecologia social" do trabalho.[115]

Nesta diagnose sobre as relações sociais e ambientais do ser humano, o viés antropológico de João Paulo II é prioritário, mas não exclusivo. Ao mesmo tempo que alerta sobre a crise ecológica, ele reivindica a centralidade do ser humano como sujeito livre e consciente, imbricado nas relações com os pares e a Natureza, na complexa vida social moderna. O intelecto investigativo e o engenho técnico conferem ao sujeito humano um poder objetivo de interferência na Natureza, para o bem ou para o mal, como se tem verificado. Daí a necessidade de ponderar "Ecologia ambiental" e "Ecologia humana" conjuntamente, à luz de critérios éticos, antropológicos e mesmo teológicos – como lemos nos parágrafos citados.

A partir daí, João Paulo II elenca indicações que favoreçam uma Ecologia humana em conexão com a Ecologia ambiental: a valorização dos vínculos e direitos da família;[116] a tutela do Estado sobre os bens coletivos, sobretudo de ordem natural;[117] a promoção do bem comum, mediante as virtudes do autodomínio, da abnegação, da disponibilidade e da solidaricdade;[118] a educação que desenvolve a criatividade e a inteligência humanas em vista da preservação da vida, hoje e no futuro;[119] o papel do Estado e dos Meios de Comunicação neste mesmo sentido, com foco na verdade, na justiça e no bem comum;[120] a missão da Igreja quanto à verdade sobre o homem e a Criação à luz da Revelação cristã.[121] Com seu olhar contemplativo sobre a realidade, João Paulo II

---

[115] CA 38.

[116] CA 39.

[117] CA 40.

[118] CA 51.

[119] Ibidem.

[120] Ibidem.

[121] Ibidem.

vislumbra o processo de uma "nova Criação" (cf. 2Cor 5,17; Gl 6,15) em curso pela potência do Verbo, cuja declaração nos convida à esperança ativa quanto ao futuro da humanidade e do mundo: "Eis que faço novas todas as coisas!" (Ap 21,5).[122]

4.4. Evangelium Vitae

A encíclica *Evangelium Vitae* trata do valor e da inviolabilidade da vida humana em todo o seu percurso, da concepção à morte.[123] João Paulo II faz ouvir a voz do Magistério da Igreja no polêmico debate sobre contracepção, intervenções nocivas à integridade dos embriões, aborto, métodos questionáveis de controle demográfico e eutanásia.[124] Com farta base bíblica, o pontífice elabora seus argumentos morais e antropológicos a favor do primado da vida em geral, e da sacralidade da vida humana, em particular.[125] Zelar pela vida, especialmente nas situações de carência, fragilidade e risco, é ordem do Evangelho (Lc 10,22-37; Mt 25,31-45) e conduta que deve caracterizar os cristãos, bem como os profissionais da medicina, da pesquisa genética, da assistência social, da promoção humana e das políticas de alimentação, demografia, saúde e desenvolvimento.[126] Ao longo do documento, João Paulo II afirma o valor intrínseco da vida natural e a dignidade peculiar da vida humana; critica as motivações políticas e/ou mercadológicas de certas práticas de aborto, eutanásia e controle ilícito da natalidade; propõe vias de respeito à gestante, ao nascituro e ao idoso; avalia a argumentação legal pertinente a esses temas; convoca seus leitores a ouvir, com disposição renovada, os apelos radicais do Evangelho da Vida – título do documento.

Como se percebe, esses temas compõem a "ecologia humana"[127] em termos materiais (recursos, população, produção de alimento,

---

[122] CA 62.

[123] JOÃO PAULO II. Carta encíclica *Evangelium Vitae*. Sobre o valor e a inviolabilidade da vida humana (25.03.1995). São Paulo: Paulinas, 1995. Coleção A Voz do Papa, 139. Daqui em diante = EV.

[124] EV 10-20; 58-68.

[125] EV 39-46.

[126] EV 40-41; 52-60.

[127] EV 42.

distribuição de terra e de renda) e em termos morais (sacralidade da vida humana, primado do bem comum, defesa dos sujeitos em risco, inclusão social dos pobres). De fato, cultivo da terra, procriação, uso dos bens naturais e manutenção dos recursos necessários à vida se implicam mutuamente, de modo que "Ecologia humana" e "Ecologia ambiental" confluem em muitos aspectos. Fazendo um recorte temático no conjunto do texto, destacamos os parágrafos 34 e 42, em que *Evangelium Vitae* trata diretamente da Ecologia, na esteira dos documentos anteriores:

a) Dignidade do ser humano e seu lugar com as criaturas

> A vida que Deus dá ao homem é diversa e original, se comparada com a de qualquer outra criatura viva, dado que ele, apesar de emparentado com o pó da terra (cf. Gn 2,7; 3, 19; Jó 34,15; Sl 103/102,14; 104/103,29), é, *no mundo, uma manifestação de Deus, sinal da sua presença, vestígio da sua glória* (cf. Gn 1,26-27; Sl 8,6). [...] Afirma-o o Livro do Gênesis, na primeira narração das origens, ao colocar o homem no vértice da ação criadora de Deus, como seu coroamento, no termo de um processo que vai do caos indefinido até à criatura mais perfeita. *Na Criação, tudo está ordenado para o homem e tudo lhe fica submetido:* "Enchei e dominai a terra. Dominai [...] sobre todos os animais que se movem na terra" (1,28). [...] "O Senhor levou o homem e colocou-o no jardim do Éden para o cultivar e, também, para o guardar" (Gn 2,15). Confirma--se assim o primado do homem sobre as coisas: estas estão ordenadas ao homem e entregues à sua responsabilidade, enquanto por nenhuma razão pode o homem ser subjugado pelos seus semelhantes e como que reduzido ao estatuto de coisa".[128]

b) Sentido bíblico do "dominai a terra" e responsabilidade humana pela vida

Feito à imagem e semelhança divina, o ser humano tem a responsabilidade de "dominar" e "guardar" a Terra segundo Deus, que cria, ama e preserva a Criação:

Defender e promover, venerar e amar a vida é tarefa que Deus confia a cada homem, ao chamá-lo, enquanto sua imagem viva, a participar

---

[128] EV 34.

no domínio que ele tem sobre o mundo: "Abençoando-os, Deus disse: 'Crescei e multiplicai-vos, enchei e dominai a terra...'" (Gn 1,28). A literatura sapiencial diz que se trata de um governo justo e santo: "Deus dos nossos pais e Senhor de misericórdia, [...] formastes o homem pela vossa sabedoria, para dominar sobre as criaturas a quem destes a vida, para governar o mundo com santidade e justiça" (9,1.2-3). Na acepção bíblica, Deus confia ao ser humano a administração dos bens por ele criados, com o propósito de salvaguardar o Jardim da Terra, sem o qual o próprio homem morreria.[129] João Paulo II prossegue:

> Chamado, pois, a cultivar e guardar o jardim do mundo (cf. Gn 2,15), o homem detém uma responsabilidade específica sobre o *ambiente de vida*, ou seja, sobre a criação que Deus pôs ao serviço da sua dignidade pessoal, da sua vida: e isto não só em relação ao presente, mas também às gerações futuras. É a *questão ecológica* – desde a preservação do "habitat" natural das diversas espécies animais e das várias formas de vida, até à "ecologia humana" propriamente dita – que, no texto bíblico, encontra luminosa e forte indicação ética para uma solução respeitosa do grande bem da vida, de toda a vida. Na realidade, "o domínio conferido ao homem pelo Criador não é um poder absoluto, nem se pode falar de liberdade de "usar e abusar", ou de dispor das coisas como melhor agrade. A limitação imposta pelo mesmo Criador, desde o princípio, e expressa simbolicamente com a proibição de "comer o fruto da árvore" (cf. Gn 2,16-17), mostra com suficiente clareza que, nas relações com a natureza visível, nós estamos submetidos a leis, não só biológicas, mas também morais, que não podem impunemente ser transgredidas.[130]

Portanto, a ordem de "submeter a terra" que lemos no Gênesis não é em si mesma autônoma, mas supõe nossa própria submissão às leis divinas, morais e biológicas pelas quais se rege a vida na Terra.

---

[129] EV 42.

[130] Ibidem, citando SRS 34.

5. Ecologia à luz da caridade e da verdade: Bento XVI

Do Magistério de Bento XVI, a encíclica *Caritas in Veritate* é a mais significativa para as questões ecoambientais.[131] Discorrendo sobre ética, direitos, economia e justiça social à luz dos princípios teológicos da caridade e da verdade, Bento XVI reafirma a *solidariedade* como princípio do desenvolvimento humano integral, cuja agenda inclui necessariamente as questões ambientais.[132] Como dito desde Paulo VI e João Paulo II, não se pode considerar os temas da tecnologia, pesquisa científica, saúde, alimentação, demografia, economia e políticas de desenvolvimento sem mirar atentamente à Natureza, primeira provedora de recursos e condições de vida. Além disso, neste caso funciona o princípio da interação: "As modalidades com que o homem trata o ambiente influem sobre as modalidades com que trata a si mesmo, e vice-versa".[133] Vejamos, então, quais as principais indicações da *Caritas in Veritate* às questões ecológicas:

a) A Natureza, obra do Criador e provedora da vida

O tema do desenvolvimento aparece, hoje, estreitamente associado também com os deveres que nascem do *relacionamento do homem com o ambiente natural*. Este foi dado por Deus a todos, constituindo o seu uso uma responsabilidade que temos para com os pobres, as gerações futuras e a humanidade inteira. Quando a natureza, a começar pelo ser humano, é considerada como fruto do acaso ou do determinismo evolutivo, a noção da referida responsabilidade debilita-se nas consciências. Na natureza, o crente reconhece o resultado maravilhoso da intervenção criadora de Deus, de que o homem se pode responsavelmente servir para satisfazer as suas legítimas exigências — materiais e imateriais — no respeito dos equilíbrios intrínsecos da própria criação. Se falta esta perspectiva, o homem acaba ou por considerar a natureza um tabu intocável ou, ao contrário, por abusar dela. Nem uma nem

---

[131] BENTO XVI. Carta encíclica *Caritas in Veritate*. Sobre o desenvolvimento humano integral na caridade e na verdade (29.06.2009). São Paulo: Paulinas, 2009. Coleção A Voz do Papa, 193. Daqui em diante = CV.

[132] CV 43; 48-50.

[133] CV 51.

outra destas atitudes corresponde à visão cristã da natureza, fruto da criação de Deus.[134]

b) Sentido transcendente da Natureza e sabedoria para usar de seus recursos

A natureza é expressão de um desígnio de amor e de verdade. Precede--nos, tendo-nos sido dada por Deus como ambiente de vida. Fala-nos do Criador (cf. Rm 1,20) e do seu amor pela humanidade. Está destinada, no fim dos tempos, a ser "instaurada" em Cristo (cf. Ef 1,9-10; Cl 1,19-20). Por conseguinte, também ela é uma "vocação". A natureza está à nossa disposição, não como "um monte de lixo espalhado ao acaso", mas como um dom do Criador que traçou os seus ordenamentos intrínsecos, dos quais o homem há de tirar as devidas orientações para a "guardar e cultivar" (Gn 2, 5). Mas é preciso sublinhar também que é contrário ao verdadeiro desenvolvimento considerar a natureza mais importante do que a própria pessoa humana. Esta posição induz a comportamentos neopagãos ou a um novo panteísmo: só da natureza, entendida em sentido puramente naturalista, não pode derivar a salvação para o homem. Por outro lado, há que rejeitar também a posição oposta, que visa à sua completa tecnicização, porque o ambiente natural não é apenas matéria de que dispor a nosso bel-prazer, mas obra admirável do Criador, contendo nela uma "gramática" que indica finalidades e critérios para uma utilização sapiente, não instrumental nem arbitrária.[135]

c) Ecologia e compromisso com as futuras gerações

O homem interpreta e modela o ambiente natural através da cultura, a qual, por sua vez, é orientada por meio da liberdade responsável, atenta aos ditames da lei moral. Por isso, os projetos para um desenvolvimento humano integral não podem ignorar os vindouros, mas devem ser animados pela solidariedade *e a justiça entre as gerações*, tendo em conta os diversos âmbitos: ecológico, jurídico, econômico, político, cultural.[136]

---

[134] CV 48.

[135] Ibidem.

[136] Ibidem.

Esta responsabilidade é global, porque não diz respeito somente à energia, mas a toda a criação, que não devemos deixar às novas gerações depauperada dos seus recursos. [...] Devemos, porém, sentir como gravíssimo o dever de entregar a terra às novas gerações num estado tal que também elas possam dignamente habitá-la e continuar a cultivá-la.[137]

d) Fontes de energia, economia e inclusão dos pobres

Hoje, as questões relacionadas com o cuidado e a preservação do ambiente devem ter na devida consideração as *problemáticas energéticas*. De fato, o açambarcamento dos recursos energéticos não renováveis por parte de alguns Estados, grupos de poder e empresas constitui um grave impedimento para o desenvolvimento dos países pobres. Estes não têm os meios econômicos para chegar às fontes energéticas não renováveis que existem, nem para financiar a pesquisa de fontes novas e alternativas. A monopolização dos recursos naturais, que em muitos casos se encontram precisamente nos países pobres, gera exploração e frequentes conflitos entre as nações e dentro das mesmas. E muitas vezes estes conflitos são travados precisamente no território de tais países, com um pesado balanço em termos de mortes, destruições e maior degradação. A comunidade internacional tem o imperioso dever de encontrar as vias institucionais para regular a exploração dos recursos não renováveis, com a participação também dos países pobres, de modo a planificar em conjunto o futuro.[138]

e) Papel dos governos e da economia na gestão dos recursos naturais

É desejável que a comunidade internacional e os diversos governos saibam contrastar, de maneira eficaz, as modalidades de utilização do ambiente que sejam danosas para o mesmo. É igualmente forçoso que se empreendam, por parte das autoridades competentes, todos os esforços necessários para que os custos econômicos e sociais derivados do uso dos recursos ambientais comuns sejam reconhecidos de maneira transparente e plenamente suportados por quem deles usufrui e não por outras populações nem pelas gerações futuras: a proteção do

---

[137] CV 50.

[138] CV 49.

ambiente, dos recursos e do clima requer que todos os responsáveis internacionais atuem conjuntamente e se demonstrem prontos a agir de boa-fé, no respeito da lei e da solidariedade para com as regiões mais débeis da terra. Uma das maiores tarefas da economia é precisamente um uso mais eficiente dos recursos, não o abuso, tendo sempre presente que a noção de eficiência não é axiologicamente neutra.[139]

f) A interferência humana na Natureza pede a conversão de hábitos

As modalidades com que o homem trata o ambiente influem sobre as modalidades com que trata a si mesmo, e vice-versa. Isto chama a sociedade atual a uma séria revisão do seu estilo de vida que, em muitas partes do mundo, pende para o hedonismo e o consumismo, sem olhar aos danos que daí derivam. É necessária uma real mudança de mentalidade que nos induza a adotar *novos estilos de vida*, "nos quais a busca do verdadeiro, do belo e do bom e a comunhão com os outros homens para um crescimento comum sejam os elementos que determinam as opções dos consumos, das poupanças e dos investimentos". Toda lesão da solidariedade e da amizade cívica provoca danos ambientais, assim como a degradação ambiental por sua vez gera insatisfação nas relações sociais.[140]

g) A imbricação entre Natureza e humanidade é fator de guerra ou paz

A natureza, especialmente no nosso tempo, está tão integrada nas dinâmicas sociais e culturais, que quase já não constitui uma variável independente. A desertificação e a penúria produtiva de algumas áreas agrícolas são fruto também do empobrecimento das populações que as habitam e do seu atraso. Incentivando o desenvolvimento econômico e cultural daquelas populações, tutela-se também a natureza. Além disso, quantos recursos naturais são devastados pela guerra! A paz dos povos e entre os povos permitiria também uma maior preservação da natureza. O açambarcamento dos recursos, especialmente da água, pode provocar graves conflitos entre as populações envolvidas. Um

---

[139] CV 50.
[140] CV 51.

acordo pacífico sobre o uso dos recursos pode salvaguardar a natureza e, simultaneamente, o bem-estar das sociedades interessadas.[141]

Enfim, Bento XVI adverte o quanto "a degradação da natureza está estreitamente ligada à cultura que molda a convivência humana: *quando a 'ecologia humana' é respeitada dentro da sociedade, beneficia também a ecologia ambiental*". Nas condições atuais, "o sistema ecológico se rege sobre o respeito de um projeto [de humanidade e desenvolvimento] que se refere tanto à sã convivência em sociedade como ao bom relacionamento com a natureza".[142]

6. Ecologia integral e conversão de paradigmas: Francisco

O Papa Francisco discorre sobre temas ecológicos em alguns tópicos da exortação apostólica *Evangelii Gaudium* (2013), já acenando para a encíclica *Laudato Si'*, publicada dois anos depois (2015). A encíclica trata do "cuidado da nossa casa comum", a Terra, com uma abordagem articulada, crítica e propositiva da relação entre humanidade, sociedade e Natureza. Desde a sua publicação, *Laudato Si'* tem sido reconhecida como a carta magna do Magistério pontifício a respeito da questão ecológica, coroando os documentos anteriores com sua proposta de "ecologia integral".[143] Passemos a esses documentos.

6.1. Evangelii Gaudium

Na exortação apostólica *Evangelii Gaudium*, Francisco propõe as linhas-mestras de seu pontificado, com foco nos sujeitos, instâncias e processos da nova evangelização.[144] O papa reconhece a importância e a complexidade das questões ecológicas e as insere na agenda evangelizadora

---

[141] Ibidem.

[142] Ibidem.

[143] FRANCISCO. Carta encíclica *Laudato Si'*. Sobre o cuidado da casa comum (24.05.2015). São Paulo: Paulinas, 2015. Ver Capítulo IV. Coleção A Voz do Papa, 201. Daqui em diante = LS.

[144] Idem. Exortação apostólica *Evangelii Gaudium*. Sobre o anúncio do Evangelho no mundo atual (24.11.2013). São Paulo: Paulinas, 2013. n. 14-18. Daqui em diante = EG.

da Igreja, tendo por prioridade os "mais indigentes".[145] A preocupação ecológica é citada entre outras questões candentes da nova evangelização: "[...] a paz, a concórdia, o meio ambiente, a defesa da vida, os direitos humanos e civis etc.".[146] Com estilo direto e transparente, Francisco destaca os aspectos que lhe parecem mais fundamentais:

a) Humanidade e Natureza incluem-se na perspectiva cósmica e universal da salvação

É o critério da universalidade, próprio da dinâmica do Evangelho, dado que o Pai quer que todos os homens se salvem; e o seu plano de salvação consiste em "submeter tudo a Cristo, reunindo nele o que há no céu e na terra" (Ef 1,10). O mandato é: "Ide pelo mundo inteiro, proclamai o Evangelho a toda criatura" (Mc 16,15), porque toda "a criação se encontra em expectativa ansiosa, aguardando a revelação dos filhos de Deus" (Rm 8,19). Toda a criação significa também todos os aspectos da vida humana, de tal modo que "a missão do anúncio da Boa-Nova de Jesus Cristo tem destinação universal. Seu mandato de caridade alcança todas as dimensões da existência, todas as pessoas, todos os ambientes da convivência e todos os povos. Nada do humano pode lhe parecer estranho".[147]

b) O usufruto dos bens da Criação sob o critério do bem comum

[...] a tarefa da evangelização implica e exige uma promoção integral de cada ser humano. Já não se pode afirmar que a religião deve limitar-se ao âmbito privado e serve apenas para preparar as almas para o céu. Sabemos que Deus deseja a felicidade dos seus filhos também nesta terra, embora estejam chamados à plenitude eterna, porque Ele criou todas as coisas "para nosso usufruto" (1Tm 6,17), para que *todos* possam usufruir delas. Por isso, a conversão cristã exige rever "especialmente tudo o que diz respeito à ordem social e consecução do bem comum".[148]

---

[145] EG 65.

[146] Ibidem.

[147] EG 181.

[148] EG 182.

c) A Terra, casa comum de muitos irmãos

> Uma fé autêntica – que nunca é cômoda nem individualista – comporta sempre um profundo desejo de mudar o mundo, transmitir valores, deixar a terra um pouco melhor depois da nossa passagem por ela. Amamos este magnífico planeta, onde Deus nos colocou, e amamos a humanidade que o habita, com todos os seus dramas e cansaços, com os seus anseios e esperanças, com os seus valores e fragilidades. A terra é a nossa casa comum, e todos somos irmãos.[149]

Dessas afirmações destacam-se cinco aspectos basilares para o ensino da Igreja sobre a Ecologia: a perspectiva cósmica da salvação, a Terra como casa de toda a humanidade, a fraternidade dos que convivem no planeta, o destino universal dos bens da criação, o primado do bem comum.[150] Esses aspectos funcionam como critérios de análise da Economia, da Política e dos Direitos, apreciados sob um forte senso de caridade e justiça.[151]

É sob tal ótica que Francisco questiona os limites de uma jurisprudência construída sobre o indivíduo (o cidadão da Modernidade), mas desatenta aos direitos "dos povos mais pobres da terra";[152] afinal, "a paz funda-se não só no respeito pelos direitos do homem, mas também no respeito pelo direito dos povos. Lamentavelmente, até os direitos humanos podem ser usados como justificação para uma defesa exacerbada dos direitos individuais ou dos direitos dos povos mais ricos".[153] E, recordando o destino universal dos bens da Terra, reivindica uma ordem social mais equitativa e inclusiva: "Respeitando a independência e a cultura de cada nação, é preciso recordar-se sempre de que o planeta é de toda a humanidade e para toda a humanidade, e que o simples fato de ter nascido num lugar com menores recursos ou menor desenvolvimento não justifica que algumas pessoas vivam menos dignamente".[154]

---

[149] EG 183.
[150] EG 181-183.
[151] EG 202-208.
[152] EG 190.
[153] Ibidem.
[154] Ibidem.

O raciocínio de Francisco alerta-nos sobre os riscos da privatização generalizada dos recursos naturais e defende atitudes de abnegação e solidariedade para gerir os bens de forma mais equitativa e inclusiva:

> É preciso repetir que "os mais favorecidos devem renunciar a alguns dos seus direitos, para poderem colocar, com mais liberalidade, os seus bens ao serviço dos outros". Para falarmos adequadamente dos nossos direitos, é preciso alongar mais o olhar e abrir os ouvidos ao clamor dos outros povos ou de outras regiões do próprio país. Precisamos crescer numa solidariedade que "permita a todos os povos tornarem-se artífices do seu destino", tal como "cada homem é chamado a desenvolver-se".[155]

Na perspectiva cristã, o acesso aos bens naturais – essenciais para a manutenção da vida humana e das demais espécies – se alicerça mais na dádiva do Criador e menos na prerrogativa da posse. Conforme a teologia bíblica da Criação, o domínio da Terra não é um direito autônomo do ser humano, mas prerrogativa derivada do dom; um direito edificado sobre o fato de Deus ter-nos criado e confiado a Natureza (cf. Gn 1–2; Sl 8; Sb 11,21-26; Eclo 17).

6.2. Laudato Si'

Publicada em 2015, a encíclica *Laudato Si'* recolhe elementos do Ensino Social anterior para lançar-se crítica e propositivamente no debate ecológico contemporâneo, endereçando-se às ciências, aos governos, à economia e à educação, desde a fé e a ética cristãs. A encíclica abre-se com o reconhecimento da Terra como nossa "casa comum" (em perspectiva horizontal, relativa às espécies) e criatura "irmã" (em perspectiva vertical, relativa ao Criador), numa referência intencional a São Francisco de Assis: "Louvado sejas, meu Senhor, pela nossa irmã, a mãe terra, que nos sustenta e governa e produz variados frutos com flores coloridas e verduras".[156]

---

[155] Ibidem.

[156] LS 1.

a) Valor das criaturas e cuidado da Terra

Já nas primeiras linhas da encíclica Francisco expõe a sensibilidade crítica e ao mesmo tempo propositiva, plena de responsabilidade e esperança, que marcará o conjunto do documento:

> Esta irmã [a Terra] clama contra o mal que lhe provocamos por causa do uso irresponsável e do abuso dos bens que Deus nela colocou. Crescemos pensando que éramos seus proprietários e dominadores, autorizados a saqueá-la. A violência, que está no coração humano ferido pelo pecado, vislumbra-se nos sintomas de doença que notamos no solo, na água, no ar e nos seres vivos. Por isso, entre os pobres mais abandonados e maltratados, conta-se a nossa terra oprimida e devastada, que está "gemendo como que em dores de parto" (Rm 8,22). Esquecemo-nos de que nós mesmos somos terra (cf. Gn 2,7). O nosso corpo é constituído pelos elementos do planeta; o seu ar permite-nos respirar, e a sua água vivifica-nos e restaura-nos.[157]

A noção de "Ecologia integral" é apresentada quando o papa se refere à inspiração franciscana de sua abordagem ecológica:

> O seu testemunho [de Francisco de Assis] mostra-nos também que uma ecologia integral requer abertura para categorias que transcendem a linguagem das ciências exatas ou da biologia e nos põem em contato com a essência do ser humano. Tal como acontece a uma pessoa quando se enamora por outra, a reação de Francisco, sempre que olhava o sol, a lua ou os minúsculos animais, era cantar, envolvendo no seu louvor todas as outras criaturas. Entrava em comunicação com toda a criação, chegando mesmo a pregar às flores "convidando-as a louvar o Senhor, como se gozassem do dom da razão". A sua reação ultrapassava de longe uma mera avaliação intelectual ou um cálculo econômico, porque, para ele, qualquer criatura era uma irmã, unida a ele por laços de carinho. Por isso, sentia-se chamado a cuidar de tudo o que existe.[158]

O reconhecimento do valor intrínseco de cada criatura e de sua origem comum em Deus-Criador vincula o ser humano com os demais,

---

[157] LS 2.

[158] LS 11.

resultando em apreço e responsabilidade pelas diversas formas de vida. Nesse sentido, a postura de São Francisco é por si mesma uma crítica ao tratamento das criaturas como mero objeto de utilidade e de consumo:

> Se nos aproximarmos da natureza e do meio ambiente sem esta abertura para a admiração e o encanto, se deixarmos de falar a língua da fraternidade e da beleza na nossa relação com o mundo, então as nossas atitudes serão as do dominador, do consumidor ou de um mero explorador dos recursos naturais, incapaz de pôr um limite aos seus interesses imediatos. Pelo contrário, se nos sentirmos intimamente unidos a tudo o que existe, então brotarão de modo espontâneo a sobriedade e a solicitude. A pobreza e a austeridade de São Francisco não eram simplesmente um ascetismo exterior, mas algo mais radical: uma renúncia a fazer da realidade um mero objeto de uso e domínio.[159]

b) Interação e responsabilidade na relação humanidade/Natureza

Francisco deixa claro que a encíclica "se insere no Magistério Social da Igreja"[160] e faz um apelo a toda a família humana: "proteger a nossa casa comum [...] na busca de um desenvolvimento sustentável e integral",[161] mediante um renovado "diálogo sobre a maneira como estamos construindo o futuro do planeta".[162] Diz que "precisamos de um debate que nos una a todos, porque o desafio ambiental, que vivemos, e as suas raízes humanas dizem respeito e têm impacto sobre todos nós".[163] Pois, apesar dos resultados alcançados pelo movimento ecológico, há muitos esforços a superar no que toca à resolução da crise ambiental: "as atitudes que dificultam os caminhos de solução, mesmo entre os crentes, vão da negação do problema à indiferença, à resignação acomodada ou à confiança cega nas soluções técnicas". E arremata: "Precisamos de nova solidariedade universal".[164]

---

[159] LS 11.

[160] LS 15.

[161] LS 13.

[162] LS 14.

[163] Ibidem.

[164] Ibidem.

A encíclica propõe uma tomada de consciência sobre a crise climática, energética, sanitária e alimentar das últimas décadas, que nos permita individuar suas causas objetivas (exploração, poluição, limitação de recursos) e subjetivas (consumismo, desperdício, indiferença). Para isso, Francisco traça uma diagnose da Terra em nossos dias: poluição e mudanças climáticas; questão da água, impreterível para o sustento, e saúde; perda da biodiversidade terrestre e marítima; deterioração da qualidade de vida humana e degradação social; incidência dos meios de comunicação social neste cenário; impacto da crise ecológica sobre as populações pobres e desigualdade social; limites da economia de mercado em relação à crise ecológica, por priorizar a maximização do lucro no usufruto da Natureza.[165]

Nessa diagnose o papa aplica o *princípio da interação* (conexões que se dão na teia vital) combinado com o *princípio da responsabilidade* (cuidado humano pela vida das espécies):

> Visto que todas as criaturas estão interligadas, deve ser reconhecido com carinho e admiração o valor de cada uma, e todos nós, seres criados, precisamos uns dos outros. Cada território detém uma parte de responsabilidade no cuidado desta família, pelo que deve fazer um inventário cuidadoso das espécies que abriga a fim de desenvolver programas e estratégias de proteção, cuidando com particular solicitude das espécies em vias de extinção.[166]

A proposta da encíclica é tão exigente quanto promissora: nem biocentrismo irrestrito nem antropocentrismo unilateral, mas sim uma *conduta inclusiva e responsável* em face da Natureza, com as seguintes características:

- valorização dos saberes, tradicionais e/ou inovadores, que alie tecnologia e sabedoria na busca de soluções à crise ecológica;[167]
- correção do antropocentrismo desordenado, com seus modos unilaterais e até irracionais no tratamento da Natureza, em

---

[165] LS 20-59; 106-115.

[166] LS 42.

[167] LS 110-112; 199-201.

vista de uma relação sustentável entre trabalho, tecnologias e recursos naturais;[168]

- respeito da diversidade biológica e cultural do planeta, incluindo as especificidades dos ecossistemas e das populações locais no cuidado ambiental;[169]

- transparência entre poderes públicos e populações no debate e na tomada de decisões em matéria ecológica;[170]

- diálogo efetivo entre economia e políticas públicas no que toca às avaliações, planejamentos e ações em matéria ecológica, com produção e distribuição de bens a serviço do bem comum;[171]

- diálogo entre religiões e ciências para ampliar perspectivas na cosmovisão, consolidar valores e práticas proativas no trato com a Natureza, promover a sabedoria ecológica e a solidariedade com os pobres;[172]

Afinal, observa Francisco, "não podemos deixar de reconhecer que uma verdadeira abordagem ecológica sempre se torna uma abordagem social, que deve integrar a justiça nos debates sobre o meio ambiente, para ouvir tanto o clamor da terra como o clamor dos pobres".[173]

c) Crítica do paradigma tecnocrático em vista da sustentabilidade

Ao aproximar Ecologia ambiental e Ecologia humana, Francisco indica as luzes e as sombras da história recente, avaliando as condições da Terra sob os efeitos da Modernidade industrial: reconhece os benefícios da indústria e da tecnologia para as pessoas e as sociedades,[174] mas alerta para as ambiguidades da ciência e da tecnologia enquanto "poder tremendo" aplicável tanto ao bem quanto ao mal, dependendo

---

[168] LS 115-136.
[169] LS 176-181.
[170] LS 182-188.
[171] LS 189-198.
[172] LS 199-201.
[173] LS 49.
[174] LS 102-103.

dos valores e dos interesses daqueles que detêm este mesmo poder.[175] Positivamente, temos "a transformação da natureza para fins úteis", proporcionando "remédios a inúmeros males, que afligiam e limitavam o ser humano", com "progressos alcançados especialmente na medicina, engenharia e comunicações".[176] Negativamente, temos "as bombas atômicas", o uso das tecnologias pelos "regimes totalitários", os "instrumentos [de guerra] cada vez mais mortíferos",[177] alimentados por uma postura de "uso e domínio" da natureza,[178] que provocou a degradação *ambiental* e *social* da vida no planeta.[179] Afinal, as interações entre humanidade, natureza e sociedade – além de biológicas, climáticas e nutricionais – são também econômicas e geopolíticas.[180]

Com discernimento, Francisco vai dos efeitos às causas da crise ecológica moderna; e percebe em suas raízes um problema civilizacional de paradigma: uma abordagem disjuntiva da realidade, consolidada na Modernidade urbana e industrial, que separa humanidade e natureza com o muro das tecnologias de produção. A partir dessa disjunção, o planeta é tratado como estoque de recursos a ser explorado e capitalizado, para alimentar uma economia que maximiza o lucro.[181] De fato, a Modernidade urbana e industrial se ergueu, em grande escala, sobre as posições de Descartes e de Bacon, pensadores do século XVI. Para Descartes, a pessoa é "coisa pensante" (qualificada pelo intelecto), distinta da natureza, que seria "coisa extensa" (uma grande máquina); para ele, o objetivo da ciência é "tornar-nos senhores e donos da natureza" (*Discurso do método*: livro 6). Bacon, por sua vez, desvinculava a natureza de Deus, seu Criador, e exaltava o ser humano como fonte do seu próprio "saber de domínio"; pois "o império do homem sobre as coisas depende totalmente das artes e das ciências" (*Novum Organon*: aforisma 129).

---

[175] LS 104.

[176] LS 102.

[177] LS 104.

[178] LS 11.

[179] LS 43-47.

[180] LS 138-140.

[181] LS 190-191.

Trata-se da *racionalidade instrumental* que dimensionou nossa relação com a natureza ao longo da Revolução Industrial, aliada à ideologia do progresso ilimitado e à economia de mercado centrada no lucro e na especulação. Isso se complicou ainda mais com uma leitura parcial do Gênesis, que enfatizava o "dominar" (Gn 1,28) e esquecia o "guardar" (Gn 2,15), que o Criador nos havia ordenado em relação à Terra.[182]

Esse conjunto de fatores fez com que se estabelecesse o *paradigma tecnocrático* no manejo das ciências, da tecnologia e do mercado: o ser humano se concebe como sujeito de domínio e de manipulação; tudo o que está fora de sua constituição lógico-racional é tratado como objeto; a disjunção entre humanidade e natureza se torna habitual; e o conhecimento acaba promovendo "técnicas de posse, domínio e transformação".[183] A esse viés instrumental do paradigma tecnocrático se aliou a ilusão "de um crescimento infinito ou ilimitado", com o "falso pressuposto de que existe [no planeta] uma quantidade ilimitada de energia e de recursos a serem utilizados, que a sua regeneração é possível de imediato e que os efeitos negativos das manipulações da ordem natural podem ser facilmente absorvidos".[184] Com essa visão míope, exploramos os bens da Terra sem respeitar seu ritmo de regeneração, numa prova clara do quanto o paradigma tecnocrático é "unidimensional",[185] pois não contempla a complexidade da teia biótica, com seus elementos e suas comunidades vitais: o planeta inteiro deve se ajustar às dimensões do homem moderno produtor e consumidor. Em decorrência disto, ultrapassamos o limite dos ecossistemas e sugamos os recursos ambientais numa velocidade agressiva que "contrasta com a lentidão natural da evolução biológica".[186] Resta-nos uma opção crucial: ou avaliamos nossa abordagem da Terra com reflexão crítica e ações benéficas, ou colocamos em risco a sustentabilidade dos ecossistemas.

---

[182] LS 66-67.

[183] LS 106.

[184] Ibidem.

[185] Ibidem.

[186] LS 18.

d) Avaliar os danos e buscar soluções

É justo notar que a encíclica *Laudato Si'* não despreza "a energia nuclear, a biotecnologia, a informática, o conhecimento de nosso próprio DNA e outras potencialidades que adquirimos" mediante as pesquisas científicas.[187] Pois "a tecnociência, bem orientada, pode produzir coisas realmente valiosas para melhorar a qualidade de vida do ser humano".[188] A crítica mira, sobretudo, a instrumentalidade e a hegemonia do paradigma tecnocrático, que consolidou uma abordagem unilateral da relação humanidade-Natureza e resultou em sérios danos à vida na Terra.[189]

O Papa Francisco elenca mesmo esses danos: perde-se a perspectiva social da Ecologia e o cuidado da natureza como bem comum;[190] arrisca-se a usar impropriamente o domínio e manejo da natureza em benefício de grupos economicamente poderosos;[191] "tende-se a crer que 'toda aquisição de poder seja simplesmente progresso, aumento de segurança, de utilidade, de bem-estar, de força vital, de plenitude de valores', como se a realidade, o bem e a verdade desabrochassem espontaneamente do próprio poder da tecnologia e da economia";[192] encantadas com o progresso projetado, as pessoas reduzem "a autoconsciência dos próprios limites";[193] pode ocorrer que "a humanidade não se dê conta da seriedade dos desafios [ambientais] que se lhe apresentam";[194] "cresce continuamente a possibilidade de o homem fazer mau uso do seu poder quando não existem normas de liberdade, mas apenas pretensas necessidades de utilidade e segurança";[195] "o paradigma tecnocrático tende a exercer o seu domínio também sobre a economia e a política. A economia assume todo o desenvolvimento tecnológico em função do

---

[187] LS 104.
[188] LS 103.
[189] LS 107.
[190] LS 93.
[191] LS 105.
[192] Ibidem.
[193] Ibidem.
[194] Ibidem.
[195] Ibidem.

lucro, sem prestar atenção a eventuais consequências negativas para o ser humano".[196]

Nesse sentido, temos de admitir que a *racionalidade instrumental* – que funciona como o núcleo duro da economia capitalista – não foi nada racional em seus mecanismos e em suas consequências, causando degradação ambiental e social no planeta. Ao descuidar das interações entre sociedade e Natureza, entre economia e Ecologia, a Modernidade se mostrou irracional em certos aspectos: buscou o lucro à custa da exclusão social, concentrou a renda de muitos nas mãos de poucos, condicionou os governos com interesses econômicos, perverteu a escala de valores ao colocar a economia acima da ética. Com o passar do tempo, essa postura gerou uma "cultura do descarte" com resíduos ambientais (as sobras da exploração da natureza e do consumo) e com resíduos sociais (a exclusão de milhares de pobres) – como insiste muitas vezes o Papa Francisco.[197]

e) Ecologia integral e salvaguarda da vida

A aproximação entre Ecologia ambiental (desde as Ciências da Natureza) e Ecologia humana (a partir das Ciências do Homem) tem feito uma longa estrada, seja no Magistério da Igreja, seja na elaboração das ciências. Francisco insiste na "relação entre a natureza e a sociedade que a habita".[198] Nesse sentido, a encíclica recolhe a contribuição dos documentos anteriores,[199] entra no debate contemporâneo sobre a presença humana nos ecossistemas,[200] defende a promoção de uma "cultura ecológica" na qual dialogam as ciências e os saberes das populações locais,[201] e propõe a noção de "Ecologia integral".[202]

É interessante notar que a Ecologia tem sido adjetivada à medida que se aprimorou o conhecimento das comunidades vivas do planeta (biocenoses) e como estas interagem com a população humana

---

[196] LS 109.
[197] LS 22; 29; 48-49.
[198] LS 139.
[199] LS 3-10.
[200] LS 140.
[201] LS 143.
[202] LS 137.

(antropocenose). Fala-se de *Ecologia científica*: relativa à biosfera e suas conexões entre terra, oceanos, clima e dinamismo das espécies; de *Ecologia ambiental*: relativa à organização dos ecossistemas e à manutenção de seus recursos; de *Ecologia humana*: relativa à demografia, às condições da vida humana no planeta e ao uso social e econômico dos recursos naturais; e também de *Ecologia complexa*: relativa ao conhecimento interdisciplinar da relação humanidade-natureza, articulando biologia, antropologia, sociologia e bioética numa nova epistemologia científica.[203] João Paulo II, por exemplo, tratou de Ecologia humana, Ecologia ambiental e Ecologia social na encíclica *Centesimus Annus*.[204]

A "Ecologia integral" proposta por Francisco reelabora a compreensão das encíclicas anteriores com uma evidente revisão de paradigmas, com o propósito de oferecer um enfoque conectivo e não fragmentário da questão ecológica (cf. Capítulo IV). A "Ecologia integral" é uma noção-chave da argumentação do papa: fundamenta-se na complexidade da vida na Terra, com seus elementos objetivos (espécies, recursos naturais e ecossistemas) e subjetivos (liberdade, criatividade e uso humano do planeta), e explicita a dimensão ecológica da economia, da política, do direito, da educação e da cultura. Qualifica-se de *integral* porque articula humanidade, sociedade e natureza de modo conjuntivo: de um lado, distingue esses fatores, sendo cada qual um fio na teia de vida; de outro lado, mostra como estão conectados entre si, como fios entrelaçados na mesma teia vital. Francisco não distingue "ecologia ambiental, econômica e social"[205] para dividi-las de modo estanque, mas para demonstrar como se implicam mutuamente na Ecologia complexa do planeta, onde habitam múltiplas espécies – entre as quais a espécie humana.

O Papa Francisco convoca-nos à "conversão ecológica" do olhar, do pensar e do agir:[206] na nossa relação com a Natureza, temos de passar da ótica disjuntiva e instrumental à ótica conjuntiva e cuidadora. Então

---

[203] LEFF, Enrique. *Ecologia, capital e cultura*. Petrópolis: Vozes, 2009. BARBAULT, Robert. *Ecologia geral;* estrutura e funcionamento da biosfera. Petrópolis: Vozes, 2011.

[204] CA 37-38.

[205] LS 138-141.

[206] LS 220.

poderemos reconhecer a imbricação entre humanidade e Natureza, e explicitar a dimensão ecológica que interliga o conjunto da vida social, política, econômica e cultural. O papa é estratégico ao propor a "conversão ecológica" como um processo de aprimoramento humano (epistemológico, prático e espiritual) promotor de uma "cultura ecológica" de largo horizonte:

> A cultura ecológica não se pode reduzir a uma série de respostas urgentes e parciais para os problemas que vão surgindo à volta da degradação ambiental, do esgotamento das reservas naturais e da poluição. Deveria ser um olhar diferente, um pensamento, uma política, um programa educativo, um estilo de vida e uma espiritualidade que oponham resistência ao avanço do paradigma tecnocrático. Caso contrário, até as melhores iniciativas ecologistas podem acabar bloqueadas na mesma lógica globalizada. Buscar apenas um remédio técnico para cada problema ambiental que aparece, é isolar coisas que, na realidade, estão interligadas e esconder os problemas verdadeiros e mais profundos do sistema mundial.[207]

Conclusão

O teor dos documentos mostra-nos que a *questão ambiental* se inscreve no Ensino Social da Igreja desde João XXIII (1961) até sua explícita e articulada elaboração com Francisco (2015). Não é um assunto passageiro nem restrito a alguma especialidade teológica ou moral, mas um tema cada vez mais recorrente e interdisciplinar. Diferente de um "estudo de caso" que caberia num único "dossiê", o Magistério trata da Ecologia como uma verdadeira *quaestio* posta à inteligência e à prática da fé, de importância e grandeza similares à "questão social" levantada por Leão XIII e desenvolvida pelos demais pontífices desde então.

a) O impacto de um paradigma

A pertinência teológica, ética, econômica e social da Ecologia é reconhecida e ponderada no conjunto dos documentos sociais, em ângulos complementares, revelando sua força de paradigma: as questões eco-ambientais não problematizam peças isoladas da reflexão e da práxis

---

[207] LS 111.

cristãs, que se poderiam facilmente separar e reajustar conformes ao dogma e à moral, mas englobam – de modo dinâmico e conectivo – praticamente todo o *corpus* ético-teológico da fé da Igreja. Revelação, Hermenêutica Bíblica, Teologia da Criação, Antropologia Teológica, Cristologia, Pneumatologia, Moral Social e Teologia Pastoral são acionadas, em suas especificidades, pelo mesmo paradigma ecológico. Daí o cruzamento de enunciados e implicações que notamos no Magistério, ao tratar de recursos naturais, fontes de energia, habitação, segurança sanitária e alimentar, economia, industrialização, desenvolvimento humano, solidariedade e inclusão social, considerados em perspectiva ecoambiental. Somente uma *quaestio* de impacto paradigmático poderia causar tal reviravolta no pensamento cristão, já consolidado, levando mesmo à explicitação de uma nova área de conhecimento teológico: a Ecoteologia. De fato, nos últimos trinta anos tem-se ensaiado uma abordagem teológica que dê conta de acolher, ponderar e prospectar a *questão ecológica* de modo sistemático e interdisciplinar, no diálogo entre Teologia, Humanidades e Tecnologias.[208]

b) O Magistério como referência aberta à interlocução

Em nossos dias, o Magistério eclesial sobre Ecologia se mantém como *referência* de discernimento e proposição, enraizado na fé professada e, ao mesmo tempo, aberto à leitura, interpretação, interlocução e aplicação por parte dos outros sujeitos, saberes e instituições da sociedade, nos níveis local, nacional e internacional. Aliás, tal interlocução não só é pretendida pelo próprio Magistério como é bem oportuna e necessária no quadro urgente do atual debate sobre as questões ambientais. Como lemos na *Laudato Si'*,[209] é no debate com a sociedade, nos espaços de pesquisa, educação e decisão, que as afirmações ecológicas do Magistério se tornam efetivamente propositivas, postas à discussão e dispostas à aceitação, como voz significativa (entre outras vozes) do diálogo cultural, político, ecumênico e inter-religioso.[210]

---

[208] HAERING, Bernhard. *Livres e fiéis em Cristo III...*, p. 162-174. MOLTMANN, Jürgen. *Doutrina ecológica da criação*; SUSIN, L. C.; DOS SANTOS, M. G. *Nosso planeta, nossa vida;...*

[209] LS 63; 188.

[210] CONSELHO EPISCOPAL LATINO-AMERICANO. *Documento de Aparecida*. Texto conclusivo da V Conferência Geral do Episcopado Latino-Americano e do Caribe. Brasília/São Paulo: Edições CNBB/Paulus/Paulinas, 2007. n. 86; 122; 233; 239; 491.

c) Qualificação de agentes e colaboração interinstitucional

Para que este debate seja produtivo, vale insistir no estudo dos documentos ao interno da Igreja, entre os diferentes agentes eclesiais, para qualificar nossa reflexão e ação como evangelizadores e cidadãos. Simultaneamente, será oportuno abrir e participar de espaços colaborativos entre Igreja, educação, governos, empresas, ONGs e outras confissões religiosas para fazer-nos ouvir e poder dialogar, em benefício da sustentabilidade da vida.

d) A força dos argumentos

Como constatamos nos documentos anteriores, o pensamento cristão tem muito a oferecer em termos de ética, antropologia e gestão, motivado por uma visão transcendente e dadivosa da Criação, com foco no bem comum e na inclusão social. Com efeito, a concepção cristã do antropocentrismo responsável, da interação humanidade/Natureza e do destino universal dos bens da Criação não constitui um argumento de conveniência nem uma teoria banal. Trata-se de uma assimilação inteligente e comprometedora da realidade vital e do lugar humano no mundo, a partir da Revelação, com solidez argumentativa e realismo, em face das condições atuais do planeta e da humanidade. Os argumentos são razoáveis e instigam a reflexão. Mas cabe a todos nós, cristãos, fazer valer a força desses mesmos argumentos.

e) Correção hermenêutica e perspectiva de ação

Nos documentos apreciados aqui, valores como sacralidade da vida, dignidade da pessoa e responsabilidade pela Criação são confrontados com os riscos, desvios, reduções, abusos e ameaças à mesma vida, pessoa e Criação, de tal modo que a Igreja efetua uma crítica interna às interpretações exploratórias e/ou unilaterais do "dominai a terra", ajuntando a necessária fidelidade do ser humano à ordem divina de "cultivar e guardar" o planeta, com seus elementos e espécies. Essa correção hermenêutica, necessária em muitos casos, favorece a releitura do pensamento anterior e abre perspectivas de ação para os evangelizadores (cf. LS, Capítulo II). Dizer que somos motivados pela narrativa bíblica da Criação e pela esperança escatológica de "novos céus e nova terra" é fornecer uma base milenar de engajamento, que renova nossa aliança com o Criador e sua Criação (2Pd 3,13). Dessa aliança, consumada na Páscoa do Senhor, brotam a antropologia, a ética e a espiritualidade ecológica propriamente cristãs.[211]

Referências bibliográficas

ACOSTA, Richard. A opção pela Terra como lugar teológico. In: SUSIN, L. C.; DOS SANTOS, M. G. (orgs.). *Nosso planeta, nossa vida;* ecologia e teologia. São Paulo: Paulinas, 2011.

BARBAULT, Robert. *Ecologia geral;* estrutura e funcionamento da biosfera. Petrópolis: Vozes, 2011.

BENTO XVI. Carta encíclica *Caritas in Veritate.* Sobre o desenvolvimento humano integral na caridade e na verdade (29.06.2009). São Paulo: Paulinas, 2009. Coleção A Voz do Papa, 193.

BOFF, Leonardo. *Ecologia;* grito da terra, grito dos pobres. Rio de Janeiro: Sextante, 2004.

_____. *Ética e moral;* a busca dos fundamentos. 8. ed. Petrópolis: Vozes, 2012.

CONSELHO EPISCOPAL LATINO-AMERICANO. *Documento de Aparecida.* Texto conclusivo da V Conferência Geral do Episcopado Latino-Americano e do Caribe. Brasília/São Paulo: Edições CNBB/Paulus/Paulinas, 2007.

FRANCISCO. Carta encíclica *Laudato Si'.* Sobre o cuidado da casa comum (24.05.2015). São Paulo: Paulinas, 2015. Coleção A Voz do Papa, 201.

_____. Exortação apostólica *Evangelii Gaudium.* Sobre o anúncio do Evangelho no mundo atual (24.11.2013). São Paulo: Paulinas, 2013. Coleção A Voz do Papa, 198.

GORE, Al. *A Terra em balanço;* ecologia e o espírito humano. São Paulo: Gaia, 2008.

HAERING, Bernhard. *Livres e fiéis em Cristo III.* São Paulo: Paulus, 1984.

[211] SOTER. *Sustentabilidade da vida e espiritualidade.* São Paulo: Paulinas/Soter, 2008.

JOÃO PAULO II. Carta encíclica *Centesimus Annus*. No centenário da *Rerum Novarum* (1º.05.1991). São Paulo: Paulinas, 1991. Coleção A Voz do Papa, 126.

_____. Carta encíclica *Laborem Exercens*. Sobre o trabalho humano no 90º aniversário da *Rerum Novarum* (14.09.1981). São Paulo: Paulinas, 1981. Coleção A Voz do Papa, 99.

_____. Carta encíclica *Sollicitudo Rei Socialis*. Pelo 20º aniversário da encíclica *Populorum Progressio* (30.12.1987). São Paulo: Paulinas, 1988. Coleção A Voz do Papa, 117.

_____. *Encíclicas de João Paulo II*. São Paulo: Paulus, 1997.

JOÃO XXIII. Carta encíclica *Mater et Magistra*. Sobre a recente evolução da questão social à luz da doutrina cristã (15.05.1961). São Paulo: Paulinas, 1962. Coleção A Voz do Papa, 24.

_____. Carta encíclica *Pacem in Terris*. Sobre a paz de todos os povos na base da verdade, justiça, caridade e liberdade (11.04.1963). São Paulo: Paulinas, 1963. Coleção A Voz do Papa, 25.

_____. *Documentos de João XXIII*. São Paulo: Paulus, 1997.

KÜNG, Hans. *O princípio de todas as coisas;* ciências naturais e religião. 2. ed. Petrópolis: Vozes, 2009.

LEFF, Enrique. *Ecologia, capital e cultura*. Petrópolis: Vozes, 2009.

_____. *Epistemologia ambiental*. 4. ed. São Paulo: Cortez, 2006.

MAÇANEIRO, Marcial. Profundidade e reconhecimento: da cosmovisão religiosa ao cuidado ambiental. *Revista Paralellus* [on-line], v. 4, n. 8 (2013) p. 164. Disponível em: <http://www.unicap.br/ojs-2.3.4/index.php/paralellus/article/view/288/pdf>. Acesso em: 20 out. 2014.

_____. *Religiões & ecologia;* cosmovisão, valores, tarefas. São Paulo: Paulinas, 2011.

MOLTMANN, Jürgen. *Doutrina ecológica da criação*. Petrópolis: Vozes, 1993.

PAULO VI. Carta apostólica *Octogesima Adveniens*. Por ocasião do 80º aniversário da encíclica *Rerum Novarum* (14.05.1971). São Paulo: Paulinas, 1971. Coleção A Voz do Papa, 68.

_____. Carta encíclica *Populorum Progressio*. Sobre o desenvolvimento dos povos (26.03.1967). São Paulo: Paulinas, 1990. Coleção A Voz do Papa, 49.

_____. *Documentos de Paulo VI*. São Paulo: Paulus, 1997.

PENA-VEGA, Alfredo. *O despertar ecológico*. 2. ed. Rio de Janeiro: Garamond Universitária, 2005.

PONTIFÍCIO CONSELHO "JUSTIÇA E PAZ". *Compêndio da Doutrina Social da Igreja*. São Paulo: Paulinas, 2005.

SOTER. *Sustentabilidade da vida e espiritualidade*. São Paulo: Paulinas/ Soter, 2008.

VIER, Frederico (coord.). *Compêndio do Vaticano II*. Constituições, decretos, declarações. 29. ed. Petrópolis: Vozes, 2000.

VIVERET, Patrick. Sobre o bom uso do fim de um mundo. In: SUSIN, L. C.; DOS SANTOS, M. G. *Nosso planeta, nossa vida;* ecologia e teologia. São Paulo: Paulinas, 2011. p. 25-39.

14

Reflexões bioéticas sobre a questão ecológica hoje: em busca do respeito e do cuidado para com a casa comum da humanidade!

Leo Pessini[1]

"Estamos diante de um momento crítico na história da Terra, numa época em que a humanidade deve escolher o seu futuro [...] A escolha é nossa: formar uma aliança global para cuidar da Terra e uns dos outros ou arriscar a nossa destruição e a da diversidade da vida" (*Carta da Terra* – Haia, 29.06.2000).

"Reconhecemos que as pessoas estão no centro do desenvolvimento sustentável e, neste sentido, nos esforçaremos para construir um mundo que seja justo, equitativo e inclusivo,

---

[1] *Leocir Pessini* é doutor em Teologia Moral (Pontifícia Faculdade Nossa Senhora da Assunção - São Paulo), especialista em *Clinical Pastoral Education and Bioethics* (Saint Luke´s Medical Center – Milwaukee/WI/USA) e superior-geral da Ordem dos Ministros dos Enfermos (Camilianos): <http://lattes.cnpq.br/9706932162215780>.

e nos comprometeremos em trabalhar juntos para promover um crescimento econômico sustentável e inclusivo, desenvolvimento social e proteção ambiental e que seja benéfico para todos" (*Rio+20 – O futuro que queremos. Documento final –* ONU, 10.01.2012).

"Reconhecendo que as mudanças climáticas são uma preocupação de toda a humanidade, os países, ao agir frente a elas, devem respeitar, promover e considerar suas respectivas obrigações em relação aos direitos humanos, o direito à saúde, os direitos dos povos indígenas, das comunidades locais, dos migrantes, das crianças, das pessoas portadoras de deficiências e das pessoas em situações de vulnerabilidade, bem como o direito de desenvolvimento de igualdade de gênero, empoderamento das mulheres e equidade intergeracional" (*Acordo de Paris – 21ª Conferência do Clima –* COP-21).

Introdução

As questões relacionadas ao meio ambiente e à ecologia estão na pauta diária de nossas discussões acadêmicas e notícias midiáticas. A todo momento ouvimos e assistimos na TV a cenários espantosos de destruição relacionados com o aquecimento global, poluição dos rios, catástrofes da natureza (terremotos, tufões, tsunamis etc.), desertificação, escassez de água, degradação ambiental, entre outros fenômenos da natureza, que vão eliminando a biodiversidade dos ecossistemas e comprometendo a possibilidade de vida no futuro do planeta. Até o Papa Francisco, do alto de sua autoridade moral mundial, para além do âmbito católico, escreve uma encíclica sobre ecologia, chamando a atenção da humanidade para a questão e sugerindo uma "conversão ecológica" para toda a humanidade.[2] Até muito recentemente tudo isso aparentava um alarme exagerado dos ecologistas, ou mesmo uma visão romântica dos guerrilheiros dos movimentos ambientalistas. A humanidade, até então tranquila, "deitada em berço esplêndido", como

---

[2] FRANCISCO. Carta encíclica *Laudato Si'*. Sobre o cuidado da casa comum (24.05.2015). Brasília/São Paulo: Edições CNBB/Paulinas/Paulus, 2015. Ver Capítulo IV. Daqui em diante = LS.

cantamos no Hino Nacional Brasileiro, acorda assustada, infelizmente já um tanto tardiamente, e se dá conta de que, se não ocorrerem mudanças no nosso modelo de desenvolvimento econômico e em nosso "estilo de vida" consumista, o futuro da vida do planeta estará irremediavelmente comprometido.

O termo ecologia deriva do grego *oikós*, que significa "casa", e do termo *logos*, que significa "estudo". Assim, ecologia seria o "estudo da casa", do ambiente, incluindo todos os organismos que nele vivem e os processos que o tornam habitável, ou seja, ecologia expressa o "estudo do lugar onde se vive". A palavra economia também deriva de *oikos*, e *nomia* significa manejo, gerenciamento. Assim, *economia* seria "o manejo, a administração da casa". Por sua vez, o termo *ecumenismo* também provém da mesma raiz *oikos* e *ecumenê*, significando a "convivência respeitosa e harmoniosa, entre os membros da casa". Nessa trilogia semântica temos, então, a "casa" (ecologia), a administração da casa (economia) e a convivência harmônica entre os habitantes da casa (ecumenismo, entre os cristãos, e diálogo inter-religioso, entre diferentes religiões). Economia e ecologia deveriam andar de mãos dadas, em se respeitando a origem semântica dos termos. Infelizmente, ecologistas e economistas ainda estão longe de se encontrarem num diálogo que possa contribuir para o futuro do planeta.

O itinerário temático desta reflexão ética sobre questões atuais de ecologia inicia-se com a Conferência da ONU sobre o Meio Ambiente e Desenvolvimento, realizada no Rio de Janeiro em 1992, conhecida como ECO-92, uma discussão sobre a sua importância e o seu legado histórico (1); discorre sobre alguns marcos fundamentais do processo evolutivo da consciência ecológica contemporânea (2), detendo-se em especial na Rio+20, Conferência da ONU sobre o Desenvolvimento Sustentável, realizada no Rio de Janeiro em 2012 (3); entra na delicada questão da necessidade de mudança de paradigma de uma matriz energética "fossilizada" (petróleo, carvão mineral e gás natural) do planeta (4); avança apresentando alguns dados inquietantes e ao mesmo tempo promissores sobre a realidade do Brasil neste cenário mundial das mudanças climáticas (5); examina algumas consequências do aquecimento global sobre a saúde humana e a vida de todos os organismos vivos (6) e a necessidade urgente de se fortalecer uma governança global, para gerenciar a implementação das decisões globais de mudança de estilos de vidas (7) e construir no futuro um novo paradigma para além do desenvolvimento dito "sustentável", a chamada "sustentabilidade ambiental" (8). Numa visão prospectiva de construção de um futuro promissor para a humanidade, são apresentados três importantes movimentos que tentam resgatar a esperança de futuro para a vida no planeta, neste contexto hodierno tão complexo: a agenda promissora da ONU, pós-objetivos do Milênio (pós-2015) com a proposta do desenvolvimento sustentável, o chamado caminho para a dignidade até 2030 (9); a implementação dos valores éticos apontados pelo importante documento intitulado a Carta da Terra, assumida pela Unesco no ano 2000 (10), e alguns comentários a respeito da carta encíclica do Papa Francisco *Laudato Si': sobre o cuidado da casa comum*, que tem gerado uma impressionante expectativa e reação em nível global na mídia secular e suscitado esperanças de um futuro para a humanidade se implementarmos uma "ecologia integral" e estivermos dispostos a passar por uma "conversão ecológica", ou seja, por uma mudança de estilos de vida (11).

1. O marco histórico e o legado da Conferência Mundial da ONU sobre o Meio Ambiente: Rio de Janeiro (ECO-92)

A questão ecológica ganha visibilidade midiática e se transforma numa questão política importante para muitas nações particularmente a partir da ECO-92, realizada no Rio de Janeiro, Brasil. Anteriormente, uma série de eventos prepararam esse acontecimento mundial.

O marco inicial ocorre com a realização da Conferência de Estocolmo, na Suécia, em 1972, que abre o caminho para todas as conferências ambientais que ocorrerão posteriormente. Essa Conferência apenas consolidou um novo modelo de pensar o meio ambiente, embasado na publicação do livro *Primavera silenciosa*, de Rachel Carson, de 1962.[3] A temática fica adormecida praticamente até o final dos anos 1980,

---

[3] CARSON, Rachel. *Primavera silenciosa*. São Paulo: Gaia, 2010.

quando cresce a consciência de que esses problemas eram reais e deveriam se enfrentados.[4]

O mais importante evento até o momento foi a ECO-92 (ou Rio-92), ou, mais precisamente, a Conferência das Nações Unidas sobre o Meio Ambiente e Desenvolvimento (3-14 junho de 1992). Esse megaevento

---

[4] As conferências sobre desenvolvimento sustentável tiveram início em 1972, em Estocolmo (Suécia) – Conferência das Nações Unidas sobre o Ambiente Humano. Primeira conferência da ONU que juntou as nações industrializadas e em desenvolvimento para discutir a relação entre o ser humano e o meio ambiente. Uma série de reuniões dessa natureza se repetiram, por exemplo, sobre o direito das pessoas à alimentação adequada, à habitação segura, a água potável, ao acesso e aos meios de planejamento familiar. Em 1980, foi publicada a Estratégia de Conservação Mundial, precursora do conceito de desenvolvimento sustentável. A Estratégia afirmava que a conservação da natureza não podia ser alcançada sem o desenvolvimento para amenizar a pobreza e a miséria de centenas de milhões de pessoas. Também afirmava que a interpendência entre conservação e desenvolvimento depende do cuidado da Terra. Em 1982, elaborou-se a Carta Mundial da Natureza. Dez anos depois da primeira reunião, na 48ª Reunião da Assembleia Geral, foi feita a Carta Mundial da Natureza. A Carta afirmou que "a humanidade é parte da natureza e depende do funcionamento ininterrupto dos sistemas naturais". Em 1983, foi criada a Comissão Mundial sobre Meio Ambiente e Desenvolvimento, com o objetivo de discutir e propor meios de promover o desenvolvimento econômico e a conservação ambiental. Essa Comissão elaborou a definição mais aceita de desenvolvimento sustentável: o desenvolvimento capaz de suprir as necessidades da geração atual sem comprometer a capacidade de atender as necessidades das futuras gerações. Em 1987, foi publicado o Relatório Nosso Futuro Comum. A Comissão sobre o Meio Ambiente e o Desenvolvimento promoveu a compreensão sobre a interdependência global e a relação entre economia e meio ambiente. O Relatório entrelaçou questões sociais, econômicas, culturais, ambientais e soluções globais, afirmando que "o meio ambiente não existe como uma esfera separada das ações, ambições e necessidades humanas, e por isso não deve ser considerado isoladamente aos seus interesses". Em 1992, no Rio de Janeiro, foi realizada a ECO-92, Conferência das Nações Unidas sobre o Meio Ambiente e o Desenvolvimento. Essa conferência marcou uma mudança nos valores sociais. Foi a partir dessa conferência que o meio ambiente foi estabelecido como sendo um dos pilares do desenvolvimento sustentável, ao lado do social e econômico. Consolidaram-se a Convenção da Diversidade Biológica e a Convenção-Quadro sobre as mudanças climáticas. Nessa conferência também se adotou uma Agenda para com o meio ambiente para o século XXI (Agenda 21) e a inclusão da sociedade civil nas discussões. Em 1993, instituiu-se a Comissão para o Desenvolvimento Sustentável, para acompanhar a implementação da chamada Agenda 21. Em 2002, foi realizada a Rio+10, em Johannesburgo – África do Sul, Convenção sobre o Desenvolvimento Sustentável. Em 2012, a Rio+20, no Rio de Janeiro, Conferência das Nações Unidas sobre o Desenvolvimento Sustentável, por se realizar vinte anos depois da ECO-92. Tratou de dois temas principais: economia verde dentro da erradicação da pobreza e estrutura institucional para o desenvolvimento sustentável.

reuniu 108 chefes de Estado, 187 representantes estrangeiros, 17 agências especializadas da ONU, 35 organizações intergovernamentais e um número igualmente expressivo de ONGs. Paralelamente ao evento oficial, ocorreu o Fórum Global, organizado pelas ONGs. A ECO-92 produziu importantes documentos, considerados os mais importantes acordos ambientais globais da história da humanidade. Entre eles estão a Declaração do Rio de Janeiro sobre o Meio Ambiente e Desenvolvimento, a Declaração de Princípios para Florestas, a Convenção sobre Biodiversidade Biológica, a Convenção do Clima e a Agenda 21.

Uma das principais críticas a esse evento referiu-se à falta de resoluções vinculantes, ou seja, com valor jurídico, as quais estabelecessem prazos e metas específicas a serem cumpridos pelos Estados membros. As linhas de ação praticamente não foram implementadas e, nesse sentido, pouco se avançou. Diz-se que a Rio-92 não apresentou uma solução política para os problemas que ela apontava. Os movimentos ambientais e os cientistas envolvidos não constituíam uma força social e política capaz de fazer frente ao conjunto de interesses envolvidos na manutenção de uma economia embasada no fossilismo dos países economicamente mais abastados do planeta.

O Protocolo de Quioto, que é um desdobramento da ECO-92, somente foi discutido, negociado e assinado em 1997, quando 55 países, que juntos produzem 55% das emissões de gás carbônico do planeta, concordaram. Além disso, o documento só foi aprovado dois anos depois, e entrou em vigor de fato apenas em 16 de fevereiro de 2005, depois que a Rússia o sancionou, no fim de 2004. O Brasil assinou o documento em 2008, que até hoje não foi reconhecido pelos EUA, sob a alegação de que isso iria afetar e economia do país. Uma das regras do Protocolo estipulava que países desenvolvidos deveriam ter reduzido em 5,2% as emissões de carbono até 2012, em relação aos níveis de 1990.

Ocorreu, ainda, a criação dos chamados "créditos de carbono": os países que não conseguem a redução estabelecida tornam-se compradores dos créditos de outros países. O dióxido de carbono é decorrente da queima de combustíveis fósseis e da fabricação de cimento. O crédito de carbono tornou-se um exemplo claro das contradições e artimanhas dos países para burlar as metas propostas. Essa iniciativa, também conhecida como "economia verde", nasceu sob o signo da sustentabilidade, mas logo se tornou vilã para os ambientalistas, porque, na prática, comprar créditos de carbono no mercado corresponde a comprar uma permissão para emitir gases do efeito estufa.

A Rio-92 dividiu o mundo em duas facções: os países desenvolvidos, considerados os grandes poluidores, e as nações em desenvolvimento, isentadas das medidas de controle de emissão de gases. Segundo especialistas, isso foi um erro, pois a China, que ficou no segundo bloco, é hoje um dos maiores poluidores do mundo, tendo ultrapassado os EUA em emissões absolutas, em 2006. Além de ser o país mais populoso do planeta, com 1,3 bilhão de pessoas (25% da população mundial), encontra-se em plena explosão de desenvolvimento econômico. Um dos aspectos positivos da ECO-92 foi que esta colocou a agenda ambiental na pauta dos governos. Além disso, foi a primeira vez que se produziu um documento abordando temas tão amplos, com patamares, limites, e assinado por tantos líderes.[5]

A falta de controle a respeito das responsabilidades ambientais de cada país, com a emissão de gases tóxicos no ambiente, deixa um rastro de destruição. A poluição do ar foi responsável pela morte de 99 mil pessoas no estado de São Paulo (Brasil) entre 2006-2011. Essas mortes foram consequência de doenças cardiovasculares, pulmonares e câncer de pulmão, todas decorrentes de inalação de ar poluído. No cenário mundial, mais de 100 milhões de pessoas poderão morrer até 2030, caso as medidas de combate às mudanças climáticas não sejam levadas a sério.

A partir da ECO-92, a mídia também mudou sua maneira de abordar a questão ambiental. Naquele momento, quem falava sobre a questão eram apenas os chamados "ecochatos", considerados ultraextremistas, tais como o *Greenpeace*. Entre os documentos produzidos durante a ECO-92 está a Agenda 21, que consiste num acordo para a elaboração de estratégias de desenvolvimento sustentável, conceito que se consolidou durante o evento. A Agenda 21 tem um papel fundamental, pois

---

[5] RODRIGUES, Fania. Os legados e limites da Rio-92. Revista *Caros Amigos*. Colapso climático: a caótica era do homem. Edição especial. Ano XVIII, n. 73 (abr. 2015) 9-11.

passa a ser utilizada como roteiro – para países, estados e cidades – de como crescer e, ao mesmo tempo, resolver problemas socioambientais.

Uma das lições da Rio-92 – e as tarefas a serem cumpridas que apontam para a continuidade – é o chamado desenvolvimento sustentável. O aprimoramento da gestão das cidades, principalmente na Europa, pode ser apontado como uma das principais conquistas. A coleta seletiva de lixo, o tratamento do esgoto, a despoluição de rios, como na Suíça, e a ampliação da produção de energia renovável – na Alemanha esse tipo de energia solar e eólica conta 35% do total – são alguns bons exemplos pós-Rio-92.[6]

Segundo Gro Harlem Brundtland, ex-primeira-ministra da Noruega, que teve uma atuação muito importante na ECO-92, "o desenvolvimento sustentável é a única maneira viável de assegurar o futuro do planeta". A transição para esse tipo de desenvolvimento é indispensável tanto para os países do Sul como para os do Norte do planeta. Esse processo impõe desvantagens aos pobres e responsabilidades especiais aos ricos. Em última análise, os que possuem pouco devem alcançar patamares mais elevados de qualidade de vida e, por outro lado, os que possuem muito devem controlar a voracidade de seu consumo.

Para Maurice Strong, que foi o coordenador-geral da ECO-92, esse evento estabeleceu, embora timidamente, uma nova relação entre países ricos e pobres – assumindo o combate conjunto à pobreza – que se torna imperativo tanto em matéria de segurança ambiental quanto em termos morais e humanitários. O subdesenvolvimento constitui, em si mesmo, uma fonte de degradação ambiental. A pobreza e a miséria, que reduzem populações inteiras a níveis de existência incompatíveis com a dignidade humana, são a expressão mais cruel e desumana do nosso tempo. Por isso a proteção do meio ambiente não pode ser alcançada sem a melhoria das condições socioeconômicas que afligem as populações mais pobres.

A Conferência do Rio não trouxe muitas novidades em termos de conquistas. Ela conseguiu várias declarações não muito comprometedoras dos delegados. O máximo a que se chegou foi à proteção do meio

---

[6] RODRIGUES, Fania. Os legados e limites da Rio-92.

ambiente, o que soou como um inofensivo lugar comum. Especialistas do Instituto Mundial de Observações dos EUA acreditam que apenas uma revolução no estilo de vida e no sistema de valores poderá salvar a Terra. Não existe outro meio para deter a espiral de destruição e o declínio que tem na pobreza seu principal fator de aceleração.[7]

Após a ECO-92, a defesa da natureza tornou-se uma aspiração mundial. A consciência de que somos todos interdependentes cresceu. Estamos cientes de que a destruição, a poluição e a pobreza de uma metade do mundo afetam a outra metade, pois, afinal, somos um mundo só! Maurice Strong, secretário-geral da ECO-92, no discurso de encerramento, afirmou, em alto e bom som, que, se quisermos salvar a Terra para as gerações futuras, teremos também de preservar as atuais. Para conseguirmos esse objetivo, temos de começar a eliminar a maior barreira entre os homens, ou seja, a pobreza.

2. Marcos fundamentais no processo de evolução da consciência ecológica contemporânea

Os documentos Nosso Futuro Comum e Agenda 21 são os mais importantes documentos elaborados sobre ecologia e desenvolvimento sustentável da contemporaneidade produzidos na ECO-92. O primeiro é um extenso relatório feito pela Comissão Mundial sobre Meio Ambiente e Desenvolvimento, presidida pela primeira-ministra da Noruega, Gro Harlem Brundtland. Essa comissão apresentou à comunidade internacional uma proposta de estratégias ambientais a longo prazo para obter um desenvolvimento sustentável por volta do ano 2000 e, daí em diante, erradicar a pobreza. Quando concluído, em 1987, o documento passou a ser chamado de Relatório Brundtland. Esse importante documento definiu o desenvolvimento sustentável como sendo do "o desenvolvimento que satisfaz as necessidades do presente sem

---

[7] BARBIERI, Edison. *Desenvolver ou preservar o ambiente*. São Paulo: Cidade Nova, 1996. p. 23.

comprometer a capacidade de as futuras gerações satisfazerem suas próprias necessidades".[8]

O Relatório Brundtland chama a atenção para uma nova postura ética, caracterizada pela responsabilidade tanto entre as gerações quanto entre os membros contemporâneos da sociedade atual. Apresenta uma série de medidas a serem tomadas em nível nacional e internacional. Em *nível nacional*, aponta-se a necessidade de diminuição da população a longo prazo, diminuição do consumo de energia, desenvolvimento de novas tecnologias que empreguem energia renovável, aumento da produção industrial nos países não industrializados à base de tecnologias ecologicamente adaptadas, controle da urbanização e atendimento das necessidades básicas da população. Em *nível internacional*, as organizações de desenvolvimento precisam adotar a estratégia do desenvolvimento sustentável, a comunidade internacional deve proteger os ecossistemas supranacionais, como a Antártida, os oceanos e o espaço; as guerras devem ser banidas, e a ONU deve implantar o desenvolvimento sustentável.

Outro importante referencial como documento é a Agenda 21, que constitui um plano de ação destinado a garantir a sustentabilidade ambiental do planeta. Foi elaborado durante a ECO-92 e serviu para aumentar a consciência sobre os perigos que o atual modelo de desenvolvimento econômico acarreta. A Agenda 21 aborda os problemas atuais da sustentabilidade e também tenta preparar o mundo para os desafios do século XXI. Reflete um consenso mundial e um compromisso político em nível mais abrangente sobre o desenvolvimento e a cooperação na esfera ambiental. Nesse cenário, o sistema das Nações Unidas tem uma função-chave a desempenhar.[9]

Graças à Conferência Rio-92, o cenário político mundial passou a discutir as questões ambientais. Neste cenário, surge a sustentabilidade ambiental influenciando um novo conceito de crescimento que envolve

---

[8] COMISSÃO MUNDIAL SOBRE MEIO AMBIENTE E DESENVOLVIMENTO. *Nosso futuro comum.* Rio de Janeiro: Fundação Getúlio Vargas, 1991. Conhecido como Relatório Brundtland.

[9] SECCO, Amanda. Um marco legal para a Terra. Revista *Caros Amigos.* Colapso climático: a caótica era do homem. Edição especial. Ano XVIII, n. 73 (abr. 2015) 15-16.

oportunidades e justiça para todos os povos da Terra, inclusive para as populações pobres.

A noção de que a humanidade vive um momento de definição em sua história é subjacente a esses dois documentos. Podemos continuar com as políticas atuais que somente perpetuam as desigualdades ou podemos mudar de rumo. Podemos oferecer melhores condições de vida para todos, sistemas ecológicos melhor protegidos e um futuro mais seguro e digno para todos.

Doravante, a crise ambiental não pode mais ser reduzida a uma questão de manter limpo o ar que respiramos, a água que bebemos ou o solo que produz o nosso alimento. A visão tecnocrática de definição dos problemas foi superada. Já não tem mais sentido opor meio ambiente e desenvolvimento, pois os problemas do primeiro são simplesmente o resultado dos problemas acarretados pelo segundo. A questão do desenvolvimento desigual das sociedades humanas é nociva para os sistemas atuais, o que não constitui um problema técnico, mas uma problemática ou questão sociopolítica. O que está em jogo é a possibilidade de imprimir uma mudança dramática em sua forma de organização social e de interação com os ciclos da natureza, uma vez que o meio ambiente não constitui uma dimensão ilimitada para aquilo que os homens desejam fazer sobre o planeta.[10]

Hoje temos consciência de que a Terra é finita, bem como seus bens e serviços. Os dois infinitos, dos recursos e do futuro, imaginados pela Modernidade, se revelaram ilusórios. Se quiséssemos generalizar para toda a humanidade o bem-estar que os países mais desenvolvidos desfrutam hoje, precisaríamos dispor de pelo menos três terras iguais à nossa, afirmam muitos ecologistas e estudiosos desta área. Como afirma Leonardo Boff, "cumpre garantir previamente a sustentabilidade da Terra, se quisermos fazer face aos problemas mundiais que nos afligem, como a crise social mundial, a alimentar, a energética e a climática. Agora não dispomos de uma Arca de Noé que pode salvar alguns e deixar perecer a todos os demais. Ou nos salvamos todos ou pereceremos todos".[11]

---

[10] BARBIERI, Edison. *Desenvolver ou preservar o ambiente*, p. 24-27.

[11] BOFF, L. Discurso na ONU: *Por que a Terra é nossa mãe*. Disponível em: <https://leonardoboff.wordpress.com/2012/04/22/discurso-no-onu-por-que-a-terra-e-nossa-mae/> Acesso em: 23 ago. 2015.

3. A Conferência da ONU sobre Desenvolvimento Sustentável – 2012 (Rio+20): impasses, avanços e perspectivas

Esta conferência, batizada como "Rio+20", foi realizada no Rio de Janeiro de 13 a 22 de junho de 2012 e ganhou tal nome para comemorar os vinte anos da realização da ECO-92. Participaram dessa conferência líderes de 193 países do mundo. Os sete temas principais discutidos na Rio+20 foram os seguintes: 1) *energia:* a discussão pela busca de fontes de energias renováveis vai da energia nuclear às termoelétricas que usam carvão e petróleo e emitem grande quantidade de CO2 na atmosfera; 2) *segurança alimentar:* com a população mundial crescendo, é importante garantir alimento para todos; hoje, ainda temos, infelizmente, cerca de 925 milhões de famintos no mundo, especialmente na África; 3) *emprego:* a ideia é discutir maneiras de serem criados empregos verdes, que ajudem o desenvolvimento social e econômico e façam frente à crise econômica e ao aumento do desemprego; 4) *cidades sustentáveis:* até 2030, quase 70% das pessoas viverão em cidades, por isso é essencial torná-las mais sustentáveis, com menos danos ao ambiente e com mais empregos e oportunidades para os cidadãos; 5) *água:* o acesso ao saneamento básico e à água potável para todos os habitantes do planeta é um desafio; 6) *oceanos:* a acidificação gera a destruição de corais e de muitas espécies marinhas; 7) *desastres naturais:* com as mudanças climáticas é cada vez mais frequente o impacto do ambiente no nosso dia a dia. Enchentes, secas, tempestades, furacões, calor e frio extremo: tudo é reflexo do nosso modo de vida e a Rio+20 tratou dessa extensa agenda temática.

Para o secretário-geral da ONU, Ban Ki-moon, a Rio+20 foi um "sucesso". "Permita-me ser claro. A Rio+20 foi um sucesso", disse o secretário-geral. "No Rio, vimos a evolução de um movimento global inegável pela mudança." Para o secretário-geral, o documento resultante da conferência, intitulado "O futuro que queremos", é "uma importante vitória para o multilateralismo, após meses de difíceis negociações". Ele destacou ainda que os mais de setecentos compromissos voluntários assumidos por governos, empresas e sociedade civil durante a conferência deixam um legado concreto e duradouro.

O propósito da Rio+20 era formular um plano para que a humanidade se desenvolvesse de modo a garantir vida digna a todas as pessoas, administrando os recursos naturais para que as gerações futuras não fossem prejudicadas. Uma das expectativas era de que a reunião conseguisse determinar metas de desenvolvimento sustentável em diferentes áreas, mas isso não foi atingido. O documento apenas cita que elas devem ser criadas para adoção a partir de 2015.

O documento prevê, entre outras medidas, a criação de um fórum político de alto nível para o desenvolvimento sustentável dentro das Nações Unidas, além de reafirmar um dos Princípios do Rio, criado em 1992, sobre as "responsabilidades comuns, porém diferenciadas". Esse princípio significa que os países ricos devem investir mais no desenvolvimento sustentável por terem degradado mais o meio ambiente durante séculos.

Outra medida aprovada foi o fortalecimento do Programa das Nações Unidas sobre Meio Ambiente (PNUMA) e o estabelecimento de um mecanismo jurídico dentro da Convenção das Nações Unidas sobre o Direito do Mar que institui regras para conservação e uso sustentável dos oceanos.

Com relação à pobreza, o texto estabelece a erradicação da pobreza como o maior desafio global do planeta e recomenda que "o Sistema da ONU, em cooperação com doadores relevantes e organizações internacionais", facilite a transferência de tecnologia para os países em desenvolvimento. Esse sistema atuaria para facilitar o encontro entre países interessados e potenciais parceiros, ceder ferramentas para a aplicação de políticas de desenvolvimento sustentável, fornecer bons exemplos de políticas nessas áreas e informar sobre metodologias para avaliar essas políticas.

Por atender restrições de países com visões muito diferentes, o texto da Rio+20 tem sido criticado por avançar pouco: não especifica quais são os objetivos de desenvolvimento sustentável que o mundo deve perseguir nem quanto deve ser investido para alcançá-los, muito menos quem coloca a mão no bolso para financiar ações de sustentabilidade. O que o documento propõe são planos para que esses objetivos sejam definidos num futuro próximo.

Fala-se muito de Economia Verde. Essa é uma expressão de significados e implicações ainda controversos, relacionada ao conceito mais abrangente de Desenvolvimento Sustentável, consagrado pelo Relatório Brundtland, de 1987, e assumido oficialmente pela comunidade internacional na Rio-92, tomando gradualmente o lugar do termo "ecodesenvolvimento" nos debates, discursos e formulação de políticas envolvendo meio ambiente e desenvolvimento.

A Iniciativa Economia Verde do Programa das Nações Unidas para o Meio Ambiente (PNUMA), lançada em 2008, concebe a Economia Verde como aquela que resulta em melhoria do bem-estar humano e da igualdade social, ao mesmo tempo que reduz significativamente os riscos ambientais e a escassez ecológica. Ela tem três características preponderantes: é pouco intensiva em carbono, eficiente no uso de recursos naturais e socialmente inclusiva. A ideia central da Economia Verde é que o conjunto de processos produtivos da sociedade e as transações deles decorrentes contribuam cada vez mais para o Desenvolvimento Sustentável, tanto em seus aspectos sociais quanto ambientais. Para isso, propõe como essencial que, além das tecnologias produtivas e sociais, sejam criados meios pelos quais fatores essenciais ligados à sustentabilidade socioambiental, hoje ignorados nas análises e decisões econômicas, passem a ser considerados.

O conceito de "ecodesenvolvimento" foi mencionado inicialmente pelo canadense Maurice Strong, primeiro diretor executivo do PNUMA e secretário-geral da Conferência de Estocolmo (1972) e da Rio-92. Foi Maurice Strong quem pediu ao economista e sociólogo polonês Ignacy Sachs que desenvolvesse o conceito para inspirar documentos e projetos do PNUMA, criado na conferência. Sachs escreveu vários livros e artigos sobre o "ecodesenvolvimento", que compreende cinco dimensões da sustentabilidade: social, econômica, ecológica, espacial e cultural. O termo iria posteriormente cair em desgraça, em consequência da repercussão negativa que teve no governo dos Estados Unidos.

Embora não haja consenso teórico sobre uma definição universal do Desenvolvimento Sustentável, a expressão se popularizou no mundo a partir da ECO-92. Depois da conferência, a expressão foi sendo pouco a pouco absorvida por governos, corporações e entidades da sociedade civil, geralmente relacionada à formulação e execução tanto de políticas públicas quanto de iniciativas privadas ligadas à responsabilidade socioambiental.

Por parte das autoridades promotoras da ONU, a Rio+20 foi um passo avante importante, mas não faltaram também críticas. O texto da Rio+20 recebeu críticas das próprias delegações que participaram da conferência e também das organizações não governamentais. Os negociadores da União Europeia classificaram a redação de "pouco ambiciosa" e disseram que faltaram "ações concretas" de implementação das ações voltadas ao desenvolvimento sustentável.

Por sua vez, antes mesmo da ratificação pelos chefes de Estado, integrantes da sociedade civil assinaram uma carta endereçada aos governantes intitulada "A Rio+20 que não queremos", na qual classificaram o texto da conferência como "fraco". O documento "é fraco e está muito aquém do espírito e dos avanços conquistados nestes últimos vinte anos, desde a Rio-92. Está muito aquém, ainda, da importância e da urgência dos temas abordados, pois simplesmente lançar uma frágil e genérica agenda de futuras negociações não assegura resultados concretos", afirma a carta assinada por mais de mil ambientalistas e representantes de organizações.

A carta diz ainda que a Rio+20 passará para a história como uma conferência das Nações Unidas que ofereceu à sociedade mundial um texto marcado por "graves omissões que comprometem a preservação e a capacidade de recuperação socioambiental do planeta, bem como a garantia, às atuais e futuras gerações, de direitos humanos adquiridos".

A Cúpula dos Povos, um dos maiores eventos paralelos da Rio+20, também fez uma série de críticas ao documento final. "Hoje afirmamos que, além de confirmar nossa análise, ocorreram retrocessos significativos em relação aos direitos humanos já reconhecidos. A Rio+20 repete o falido roteiro de falsas soluções defendidas pelos mesmos atores que provocaram a crise global", diz um trecho da declaração. Num outro trecho, diz o documento da Cúpula dos Povos que "à medida que essa crise se aprofunda, mais as corporações avançam contra os direitos dos povos, a democracia e a natureza, sequestrando os bens comuns da humanidade para salvar o sistema econômico-financeiro".

Infelizmente, o resultado da Rio+20 não foi o esperado. Os impasses, principalmente entre os interesses dos países desenvolvidos e em desenvolvimento, acabaram por frustrar as expectativas para o desenvolvimento sustentável do planeta. O documento final apresenta várias intenções e joga para os próximos anos a definição de medidas práticas para garantir a proteção do meio ambiente. Muitos analistas disseram que a crise econômica mundial, principalmente nos Estados Unidos e na Europa, prejudicou as negociações e tomadas de decisões práticas.

4. A necessidade de mudança do paradigma energético dos produtos fósseis para fontes de "energias limpas"

A humanidade, perante cada descoberta de novas fontes de energia, dá um salto importante. Foi assim com o carvão, depois com o petróleo. O desenvolvimento capitalista alcançou seu apogeu com energia fóssil, que por sinal é finita. Os altos custos de produção dessa energia, os limites da natureza considerada como uma fonte inesgotável de recursos e o ar, sempre mais poluído, poderiam tornar os fósseis um combustível inviável num futuro próximo. Hoje, 85% da energia mundial são ainda produzidos pela queima dos combustíveis fósseis, e a infraestrutura envolvida nesse sistema é gigantesca e exige investimentos bilionários. Segundo especialistas, essa mudança infelizmente é muito lenta por causa de uma complexidade de fatores que se entrelaçam, sejam de natureza econômica, sejam culturais e humanos envolvidos no processo. Esta é umas das razões de se realizar as grandes reuniões internacionais sobre o meio ambiente.

Na era pré-industrial, a atmosfera tinha uma concentração de 280ppm (parte por milhão) de CO_2, chamado popularmente de "gás de efeito estufa". Hoje, a concentração média subiu para 399ppm. Desde 1850, as concentrações de CO_2 aumentaram em 40%, de metano em 158%, e as de óxido nitroso em 20%. São 9,3 bilhões de toneladas de CO_2 jogadas na atmosfera todo ano.

Após a ECO-92, tivemos inúmeras outras conferências internacionais *sobre Mudanças Climáticas* (COP). Surgiu o organismo da ONU chamado *Painel Intergovernamental de Mudanças Climáticas* (IPCC), que congrega centenas de cientistas de todo o mundo, de múltiplas áreas do conhecimento, dedicados a oferecer uma visão científica sobre a problemática das mudanças climáticas e seus potenciais impactos sobre a humanidade e o meio ambiente.

A 21ª Conferência das Partes da Convenção-Quadro das Nações Unidas sobre a Mudança do Clima (COP-21), foi realizada em Paris, de 30 de novembro a 12 de dezembro de 2015. Esse evento da ONU chegou a um acordo global sobre mudanças climáticas para entrar em vigor em 2020, o que para muitos é histórico. O documento final dessa conferência, batizado como "Acordo de Paris", tem caráter "legalmente vinculante" e obriga todas as nações signatárias a organizarem estratégias para limitar o aumento médio da temperatura da Terra a uma média global bem abaixo de 2°C em relação aos níveis pré-industriais e a manterem esforços para limitar o aumento da temperatura a 1, 5°C até 2100. Além disso, prevê US$ 100 bilhões por ano como piso de ajuda dos países ricos aos mais pobres a partir de 2020 para mitigação dos efeitos das mudanças climáticas a serem empreendidos pelos países em desenvolvimento. O montante, considerado baixo, perante uma necessidade que especialistas calculam ser de trilhões de dólares, deverá ser revisado. O acordo também determina um calendário de procedimentos, incluindo o balanço global das metas nacionais a cada cinco anos. A redução do aquecimento da temperatura pretende evitar fenômenos extremos, como ondas de calor, seca, cheias, ou subida do nível dos oceanos que ameaçam desaparecer com de centenas de milhares de ilhas, bem como coloca em risco a vida de milhões de seres humanos que residem à beira-mar no planeta.

O Acordo de Paris é o primeiro sobre o clima desde a assinatura do Protocolo de Quioto em 1997 e o primeiro a compromissar todos os países, desenvolvidos e industrializados, bem como os em via de desenvolvimento e pobres, em relação à redução de emissões de gases de efeito estufa. Já na abertura dos trabalhos da conferência, o presidente norte-americano, Barak Obama, bradava: "Nós somos a primeira geração a ter detonado o aquecimento climático, mas nós talvez sejamos a última a poder fazer algo para evitá-la". "Este texto contém os principais avanços, que muitos de nós não acreditavam possíveis. Temos um acordo equilibrado, ambicioso, durável, juridicamente obrigatório e justo, respeitando as diferenças de capacidade e responsabilidade", declarou o chanceler francês e presidente da 21ª Conferência da ONU para o Clima, Laurent Fabius. "É um documento histórico, estabelece ao mundo um novo caminho. Chegou o tempo de deixar os interesses nacionais de lado e agir nos interesses globais", disse Ban Ki-moon, secretário-geral da ONU. David Cameron, primeiro-ministro britânico, saudou a conquista do acordo climático, dizendo que "garante que nossos netos verão que fizemos nosso dever para garantir o futuro de nosso planeta". O ecologista Al Gore também comemorou: "Hoje, as nações do mundo concluíram um acordo ousado e histórico", escreveu ele.[12]

5. O Brasil no cenário das mudanças climáticas e um rápido *checkup* da Conferência do Clima da ONU (COP-21 – Paris, 2015)

O Brasil assumiu o compromisso de diminuir entre 36 e 39% suas emissões até 2020 (projeções feitas durante a COP-15, em Copenhagen, 2010). Entre 2005 e 2012, o Brasil reduziu 41% das emissões de dióxido de carbono, enquanto a meta mundial era de 18%. Os vilões ambientais, em 2005, eram liderados pelo desmatamento de florestas, responsáveis por 56% das emissões; depois vinha o agronegócio, com 20%; e, por último, o setor produtor de energia, com 16%. Em 2012, o cenário foi revertido. O agronegócio e o setor de energia passaram a ser responsáveis por 37% das emissões cada um, e o desmatamento das florestas ocupa o último posto, com 15%. O desmatamento de florestas entra na contagem de emissões de CO^2, porque resulta na retirada da cobertura vegetal, por meio do corte de árvores ou queimadas. O Brasil reduziu drasticamente os níveis de desmatamento, com uma queda de 70% em 2013. Segundo relatório das Nações Unidas, divulgado em 2014, 80% da floresta amazônica ainda continua em seu estado original.[13]

---

[12] LEITE, Marcelo; COLON, Leandro. Países assinam acordo inédito para conter aquecimento global. *Folha de S.Paulo*, ano 95, n. 31.669 (17 dez. 2015). Disponível em: <http://www1.folha.uol.com.br/mundo/2015/12/1718310-franca-apresenta-proposta-para-cop21-selar-acordo.shtml>. Acesso em: 18 dez. 2015.

[13] CASTRO, Fabio de. ONGs propõem corte de 35% das emissões de gás carbônico.

Desde 1997, em Quioto, existe um grande impasse nas negociações. De um lado, os emergentes que pressionaram os industrializados para assumir a responsabilidade pelo que já poluíram. Ficou acertado que os países em desenvolvimento e do chamado Terceiro Mundo diminuiriam a pobreza e melhorariam a qualidade de vida dos seus cidadãos. Os países desenvolvidos, por sua vez, se recusaram a diminuir seus níveis de crescimento econômico em nome de um ambiente mais limpo. O impasse nunca foi resolvido e continua no atual debate sobre as questões relacionadas com mudanças climáticas.

O Brasil tem boa reputação no setor ambiental. Realizou a mais importante conferência ambiental da História e, além disso, diminuiu a emissão de CO^2, com a redução do desmatamento, o uso de energia de baixo impacto ambiental, como as hidroelétricas, energia eólica e os biocombustíveis. A proposta brasileira para a COP-21 fala de uma *responsabilidade diferenciada*.[14] Conceito-chave para alcançar o nível

O Estado de S. Paulo, 27 jun. 2015. Disponível em: <http://sustentabilidade.estadao.com.br/noticias/geral,ongs-propoem-corte-de-35-das-emissoes-de-gas-carbonico,1714475>. Acesso em: 30 jun. 2015.

[14] COP-21 é a designação abreviada da Conferência da ONU sobre o Clima, realizada de 30 de novembro a 11 de dezembro de 2015 em Paris. A conferência anterior, a COP-20, conferência sobre a Mudança Climática da ONU, foi realizada em Lima, no Peru, no final de 2014. Um dos objetivos centrais da COP-21 era chegar a um acordo climático que permita manter o aumento das temperaturas médias globais abaixo de 2°C. Lideranças de 195 países aprovaram o chamado "Acordo de Paris", como foi chamado o documento final da 21ª Conferência do Clima da Organização das Nações Unidas (ONU), que entrará em vigor em 2020. O Acordo de Paris é o primeiro marco universal de luta contra o aquecimento global. É o primeiro acordo sobre clima desde o Protocolo de Quioto (1997) e o primeiro a ter um compromisso de todos os países, e não somente dos mais desenvolvidos, com a redução de emissões de gás com efeito estufa. O acordo obriga (legalmente vinculante, ou seja, tem força de lei internacional como regulamentação da Convenção do Clima da ONU), pela primeira vez, todos os países signatários da Convenção do Clima (Rio, 1992) a adotarem medidas de combate ao aquecimento global. O presidente francês, François Hollande, no encerramento da COP-21, num tom triunfalista, exortou os delegados de todos os 195 países a estarem à altura de um momento único na história. "12 de dezembro de 2015 poderá ser um dia não só histórico, mas uma grande data para a humanidade", afirmou, pedindo aos ministros de Estado que adotassem "o primeiro acordo universal de nossa história. O acordo é um marco para o planeta. É raro em uma vida a ocasião de mudar o mundo. Vocês a tem. Aproveitem". NETTO, Andrei; GIRARDI, Giovana. 195 países aprovam o Acordo de Paris, primeiro marco universal para o clima. *O Estado de S. Paulo*, 12 dez. 2015. Disponível em: <http://sustentabilidade.estadao.com.br/noticias/

de envolvimento de todas as partes, demonstrando que os países em desenvolvimento devem assumir a iniciativa no combate às mudanças climáticas. Isso sem deixar de levar em consideração as prioridades econômicas e de desenvolvimento social e a erradicação da pobreza dos países em desenvolvimento. O Brasil reduziu em 72% as emissões de gás do efeito estufa de 2005 a 2014. A Alemanha já tem 35% de energia solar e eólica e a meta é que até 2050 tenha 60% de energias alternativas. A Dinamarca hoje tem 75% de sua matriz energética de fonte renovável.[15]

Em meados de 2015, Dilma Rousseff, presidente do Brasil, e Barak Obama, presidente dos EUA, na declaração conjunta dos dois países, se comprometeram em elevar a 20% a participação de fontes renováveis em sua matriz energética, sem considerar hidrelétricas. Reconhecem os líderes desses países que a questão da mudança climática é um dos desafios centrais do século XXI. O percentual de energias renováveis na matriz energética americana está em 12,9%. O Brasil se comprometeu em restaurar e reflorestar 12 milhões de hectares de florestas até 2030 e adotar políticas para eliminar o desmatamento ilegal. A presidente manifestou, ainda, a intenção de o Brasil atingir o "desmatamento ilegal zero". A China, país mais populoso e com a maior emissão de carbono no mundo, também está anunciando metas ambientais que representam um avanço para que se alcance um acordo global sobre as mudanças climáticas. Ela se compromete em reduzir até 2030 suas emissões de carbono por unidade de PIB (Produto Interno Bruto) entre 60% e 65% em relação aos níveis de 2005.[16]

Embora o Acordo de Paris, documento final da COP-21, reconheça que as INDCS – metas nacionalmente determinadas até o momento por 187 países – ainda fazem com que as emissões do planeta atinjam, em 2030, a marca de 55 gigatoneladas de CO^2, número incompatível

---

geral,195-paises-aprovam-o-acordo-de-paris--primeiro-marco-universal-para-o--clima,10000004678>. Acesso em: 17 dez. 2015.

[15] SEMENSATO JUNIOR, Décio Luis. Mudanças climáticas são uma questão sobre clima. Revista *Caros Amigos*. Colapso climático: a caótica era do homem. Edição especial. Ano XVIII, n. 73 (abr. 2015) 30-32.

[16] ASSOCIATED PRESS DE SÃO PAULO. China anuncia metas inéditas para reduzir emissões de carbono. *Folha de S.Paulo*, 30 jun. 2015. Disponível em: <http://www1.folha.uol.com.br/mundo/2015/06/1649669-china-estabelece-metas-ineditas-para--reduzir-emissoes-de-carbono.shtml>. Acesso em: 05 jul. 2015.

com a meta de 2°C. O texto "nota" que esforços maiores serão necessários e sugere que seria preciso baixar para 40 gigatoneladas até aquele ano. Hoje as emissões globais estão em torno de 52 gigatoneladas. Para atender a essa necessidade, o acordo estabelece um mecanismo de avaliação quinquenal das metas. Ficou acertado que um primeiro balanço dos objetivos será realizado em 2018, mas a primeira verificação de fato acontecerá em 2023.[17]

Para chegar a esse consenso, não há menção a obrigatoriedade de cumprimento das metas de cada país, as chamadas INDCS. Tal era a condição imposta pelos EUA, por exemplo, cujo Congresso se recusa a retificar qualquer tratado sobre clima. Fazer o balanço desses compromissos a cada cinco anos foi a saída encontrada. Não há regra prevista, porém, que obrigue os países a melhorar suas promessas, mesmo se ficar evidente no balanço que a meta de 1,5°C-2°C não será alcançada. Foi uma exigência de países como a China e a Índia, refratários a aceitar a verificação externa e com receio de comprometer sua soberania.

Para os líderes da COP-21, o Acordo de Paris é histórico e será bem-sucedido porque, além de buscar o ambicioso objetivo de 1,5°C, ainda que apenas de forma indicativa, obriga os países a seguirem um calendário de procedimentos, incluindo a revisão global a cada cinco anos.

---

[17] Metas estabelecidas por alguns países para redução de emissão de gás carbônico na atmosfera: Suíça – Até 2030, reduzir 50% das emissões, com base em 1990; Europa (28 países) – Até 2030, reduzir 40% das emissões de 1990; Noruega – Até 2030, reduzir 40% das emissões de 1990; México – Até 2030, reduzir 35% das emissões de 1990; EUA – Até 2025, reduzir de 26% a 28% das emissões registradas em 2005; Rússia – Até 2030, reduzir 25% das emissões de 2005; Canadá – até 2030, reduzir 30% das emissões de 2005; Brasil – até 2030, reduzir 35% das emissões de 2010. CASTRO, Fabio de. ONGS propõem corte de 35% das emissões de gás carbônico. O presidente norte-americano, Barack Obama, em 3 agosto de 2015, apresentou ao público o Plano de Energia Limpa. O mais ambicioso dos países até hoje para enfrentar o aquecimento global ao impor um limite na emissão de carbono por usinas termoelétricas movidas a carvão. Até 2030, as usinas deverão reduzir em 32% a emissão de carbono em relação aos níveis de 2005. A matriz energética dos Estados Unidos em 2014 é composta dos seguintes elementos: 39% carvão; 27% gás natural; 19% nuclear; 13% renováveis (hidrelétrica, biomassa, geotérmica, solar e eólica); 2% outros. Para 2030, a estimativa é a seguinte: 28% renováveis; 27% carvão; 27% gás natural; 16% nuclear, 2% outros (BILENKY, Thais. Obama lança plano contra efeito estufa. *Folha de S.Paulo* (4 ago. 2015). Disponível em: <http://www1.folha.uol.com.br/fsp/mundo/228358-obama-lanca-plano-contra-efeito-estufa.shtml>. Acesso em: 08 ago. 2015.

Cientistas e ONGs afirmaram em Paris que, para ter 1,5°C, as emissões mundiais de gases do efeito estufa têm de alcançar um pico em 2020 e, em seguida, cair a zero até 2050, algo que a soma dos atuais INDCS de cada país não permite atingir (pelos níveis atuais, calcula-se que o aquecimento ficaria entre 2,7°C a 3,5°C). O acordo prevê que os sumidouros naturais de carbono (como florestas e oceanos) e formas tecnológicas de capturá-lo compensem as emissões humanas por queima de combustíveis fósseis.

Nesse cenário político internacional estamos no meio de um difícil jogo de interesses econômicos das potências mundiais, com discursos diplomáticos, ideal e eticamente ousados, apontando para a necessidade de se levar em conta prioritariamente os valores globais de toda a humanidade, mas na realidade sem compromissos concretos. Para as ONGs e militantes ambientalistas, a COP-21 avançou sim, com algumas conquistas que apontamos antes, mas ainda estamos longe do ideal desejável. Já para os protagonistas da COP-21, o que se conseguiu foi um feito histórico, até certo ponto inusitado, e que marcará um antes e um depois na história da questão do aquecimento global.[18]

6. O impacto das mudanças climáticas na vida e saúde dos seres vivos

Entre 1995 e 2014, 15 mil eventos climáticos extremos causaram a morte de mais de meio milhão de pessoas e prejuízos financeiros de quase US$ 3 bilhões. Eventos como tempestades, inundações, deslizamentos de terra e ondas de calor tiveram impactos mais rigorosos especialmente nos países mais pobres. E os impactos são injustos. Nove em cada 10 países afetados em vinte anos são nações com renda média baixa. Essas são as principais conclusões da nova edição do relatório *Global Climate Risk*, feito pela organização alemã Germanwatch.[19]

---

[18] NETTO, Andrei; GIRARDI, Giovana. 195 países aprovam o Acordo de Paris, primeiro marco universal para o clima. CYMBALUK, Fernando; FERREIRA, Lilian. Países firmam acordo histórico que indica mudança no combate ao aquecimento. *UOL Notícias* (12 dez. 2015). Disponível em: <http://noticias.uol.com.br/meio-ambiente/lista s/acordo-de-paris-indica-mudanca-no-combate-ao-aquecimento-global.htm>. Acesso em: 17 dez. 2015.

[19] KREFT, Sönke; ECKSTEIN, David; DORSCH, Lukas; FISCHER, Livia. *Global Climate Risk Index 2016:* Who Suffers Most From Extreme Weather Events?

As mudanças climáticas impactam na saúde humana de muitas maneiras. Desde catástrofes graves, tais como enchentes, furacões ou ondas de calor que prejudicam diretamente as populações, até danos causados indiretamente, tais como alergias, doenças infecciosas ou desnutrição, são resultado de alterações no ecossistema. A poluição do ar matou sete milhões de pessoas em 2012, segundo a Organização Mundial da Saúde (OMS). O número é 4,5 vezes maior do que o de mortes causadas pelo HIV/Aids e cerca de 2 vezes maior do que os óbitos por malária.

As regiões mais pobres são as que mais sofrem com os eventos extremos por causa da infraestrutura deficiente. Além disso, essas populações tendem a morar em áreas de risco, mais sujeitas a desabamentos, terremotos, vulcões. Os desastres naturais são as consequências das mudanças climáticas que mais têm e terão impacto na saúde humana, principalmente nos países pobres.

O biólogo inglês James Lovelock tem uma previsão terrível ao afirmar que mais de 4 bilhões de pessoas vão morrer por falta de água, comida, proteção adequada contra as intempéries. É uma previsão "terrorista", que considera o pior cenário, mas faz todo o sentido. James Lovelock, autor, em 1979, da *teoria Gaia*, considera a Terra como um superorganismo vivo, do qual somos o sistema nervoso. Ela perderia muito se nos perdesse, diz o biólogo inglês. A biosfera é uma entidade de autorregulação com capacidade de manter o planeta saudável, controlando as interconexões da química e o ambiente físico.

A Terra certamente não vai acabar e certamente vamos sobreviver, afirmam os cientistas mais moderados em termos de previsões futuras. O problema é que com o padrão de consumo atual a terra não vai dar para todo mundo, segundo Lovelock. Um crescimento sem limites é realmente um absurdo num planeta com limites naturais. Apesar de termos previsões apocalípticas como as de Lovelock, nenhum cientista diz que não vamos sobreviver, ou que o mundo vai acabar. Todos falam da necessidade de mudança de estilo de vida, do modo como vivemos

Weather-related Loss Events in 2014 and 1995 to 2014. Briefing Paper. Germanwatch, November 2015. Disponível em: <https://germanwatch.org/en/download/13503.pdf>. Acesso em: 18 dez. 2015.

e da necessidade de se fazerem escolhas estratégicas em relação à sociedade que queremos construir e ao desenvolvimento que devemos implementar.

Hoje, Lovelock, com mais de 90 anos, admite que "foi alarmista sobre o clima" (entrevista em 23.04.2012). "Extrapolei, fui longe demais", diz o cientista, para quem o clima está realizando truques habituais. "Não há nada realmente acontecendo ainda. Nós deveríamos estar a meio caminho em direção a um mundo em estado de 'fritamento' agora", diz ele. Em *Gaia: alerta final*, o cientista relata como os seres humanos podem sobreviver num planeta que se está tornando hostil aos seres humanos.[20]

É impressionante a mudança de visão e perspectiva de Lovelock, que acabou desapontando muitos militantes da causa ambientalista. Sem dúvida, um pesquisador polêmico, que num determinado momento de sua jornada acadêmica acabou fazendo mais "astrologia" da adivinhação do que "ciência propriamente dita", segundo seus críticos mais ferozes. Por outro lado, Lovelock também foi saudado pela revista *Scientist* como sendo o "Gandhi da ciência" (sic). Era considerado praticamente um dos terroristas apocalípticos em relação a suas previsões do futuro. Agora, mais moderado, chama os outros de "alarmistas", tais como o ex-vice-presidente dos EUA, Al Gore, que ganhou o prêmio Nobel da Paz em 2007 pela sua militância pela causa ambiental e ficou famoso pelo documentário *An Inconvenient Truth* (2006).[21]

7. Necessidade de se criar e implementar uma governança global sobre o clima

Sem uma forte governança global, que ainda não existe, não obstante a atuação da ONU, não adianta fazer acordo climático, pois nada se resolve. Tudo fica no nível idealístico das intenções, sem muitas consequências práticas e duradouras. É preciso criar fortes instituições globais, política e economicamente, em que os países respeitem e sejam

---

[20] LOVELOCK, James. *Gaia; alerta final*. Rio de Janeiro: Intrínseca, 2013.

[21] GORE, Al. *An Inconvenient Truth*. Documentary 2006. Directed by: Davis Guggenheim.

obedientes a um poder decisório global superior. Na verdade, o mundo se globalizou. Não somente a economia, a cultura, a produção de alimentos, energia e bens de consumo etc. Mas o "gerenciamento" da sociedade não se globalizou. Continuamos com cada país cuidando de seu próprio interesse e, assim, fazer acordo com 190 países, na mesma direção, é algo bastante utópico, afirma Paulo Artaxo, pesquisador da USP e membro da equipe do Painel Intergovernamental de Mudanças Climáticas (IPCC).[22] Esse sistema de governança global ainda não existe. A ONU, por exemplo, foi criada para resolver os problemas da Guerra Fria no pós-guerra dos anos 1950. Vamos ter de construir novas entidades globais; sem isso, as chances de um acordo climático global dificilmente terão sucesso. Tal governança global pode garantir equidade na utilização dos recursos disponíveis e no financiamento das ações de reparo e mitigação. Isso não se consegue de uma hora para outra; leva décadas, segundo Artaxo.

A COP-21 talvez possa conseguir um acordo para reduzir de 20 a 30% as emissões de gás. Mas, segundo Artaxo, para estabilizar o aquecimento do planeta em, no máximo, 2°C, o grau de redução de emissão do gás de efeito estufa que teremos de ter é de 70%. As emissões de gás carbônico destroem a camada de ozônio que protege o planeta do calor solar e por isso a temperatura aumenta. Basta considerar que, em maio de 2015, as altas temperaturas do verão indiano causaram a morte de mais de 2 mil pessoas.

Compreender o clima do planeta é fundamental para contextualizar o momento atual e projetar com maior precisão o futuro. As questões centrais são: as atividades humanas causam mudanças significativas no comportamento do clima? Em que extensão e quais são as suas consequências? Entramos definitivamente numa nova era geológica da Terra. Passamos do período denominado "holoceno", caracterizado por uma estabilidade climática, para o que os cientistas chamam de "era antropocênica". Nessa nova era, a humanidade começa a interferir profundamente nos processos da natureza. O ser humano, através de suas intervenções na natureza, está definitivamente alterando o clima do planeta.

---

[22] ARTAXO, Paulo. Vem aí um outro mundo. Revista *Caros Amigos*. Edição especial: Colapso climático: a caótica era do homem. Ano XVIII, n. 73 (abr. 2015) 24-29.

A primeira consequência do aquecimento global é o que a comunidade científica denomina de "eventos climáticos extremos".

A questão fundamental é que não existe nenhum sistema físico, econômico, social ou político que possa crescer *ad infinitum*. A China tem 1,3 bilhão de pessoas e a Índia, 1,1 bilhão; juntas somam hoje 2,5 bilhões. Uma fração mínima desses 2,5 bilhões de pessoas tem um fogão, um aparelho de ar condicionado e um automóvel em casa. Quando todos quiserem ter o mesmo nível de consumo, com pelo menos esses três itens, as coisas vão se complicar ainda mais para todos, pois não existem recursos naturais para isso. Defrontamo-nos aqui com uma questão ética importante, a da equidade. Um suíço vai ter de diminuir o seu padrão de consumo, o uso de recursos naturais, e reduzir o uso e o consumo de água, por exemplo.[23]

Temos hoje no planeta cerca de 800 milhões de automóveis. A previsão é que esse número aumentará para 5 bilhões em 2050, para uma população de 9 bilhões na Terra. Hoje, 30% de toda a superfície do planeta, que era originalmente floresta, foi mudada pela agricultura. Os oceanos são 30% mais ácidos do que eram antes da Revolução Industrial. Certamente, o critério de produção de bens não poderá mais ser o da acumulação do lucro, mas o da satisfação das necessidades fundamentais da população e do respeito pelo meio ambiente.

Como vemos, desde há várias décadas cientistas de todo o mundo estão alertando para o progressivo aquecimento do planeta ao longo do século XXI, sua relação com as atividades humanas e suas possíveis consequências. Não resta dúvida de que a pressão antrópica sobre o clima está presente deste a Revolução Industrial, com a intensificação a partir da década de 1950. Naquele momento histórico, a humanidade iniciou uma nova fase de desenvolvimento pós-Segunda Guerra Mundial, ampliando a dependência de combustíveis fósseis.[24]

---

[23] Ibidem, p. 27.

[24] PY, Fabio. A domesticação burgo-capitalista da ecologia. Revista *Caros Amigos*. Colapso climático: a caótica era do homem. Edição especial. Ano XVIII, n. 73 (abr. 2015) 33-36.

8. A passagem do "desenvolvimento sustentável" à "sustentabilidade ambiental"

Hoje o próprio conceito de desenvolvimento sustentável, que se tornou um referencial central na discussão da ética ecológica, está sendo criticado por reduzir a natureza ao seu valor econômico e, consequentemente, mantê-la como mero instrumento e recurso. Além disso, o conceito de desenvolvimento ainda está atrelado à lógica de um capitalismo predador, tanto do ambiente natural como do humano.[25]

De um modelo de desenvolvimento "insustentável", que levou ao uso predatório e destrutivo da natureza, precisamos caminhar para uma realidade de "sustentabilidade ambiental". "Trata-se de um novo conceito de crescimento econômico, que permite justiça e oportunidades para todas as pessoas que vivem na Terra. O objetivo é aumentar as opções das pessoas, respeitando não só as gerações atuais como também as gerações futuras. É o desenvolvimento com equidade social entre gerações e entre nações."[26]

Para conseguirmos este objetivo de sustentabilidade ambiental, os modelos de desenvolvimento devem pôr as pessoas no centro das prioridades. A proteção do meio ambiente é vital, porém não um fim em si mesma, assim como o progresso econômico é só um meio e não um fim. O objetivo de nossas ações deve ser proteger a vida e as opções humanas. Toda e qualquer ação ou medida em relação ao meio ambiente deve ser posta à prova: até que ponto agrega bem-estar à humanidade? Em outras palavras, segundo Barbieri, "devemos optar por um desenvolvimento equitativo e sustentável, começando a abrir os olhos e enxergar que, em muitos lugares, a espécie que está em maior perigo de extinção é a espécie humana".[27]

A busca de sustentabilidade ambiental não acontecerá sem o envolvimento das pessoas e comunidades locais, que deve ser o ponto de partida, o centro e o propósito final de cada intervenção que tende para

---

[25] PEPPARD, Christiana Z.; VICINI, Andrea (editors). *Just Sustainability*; Technology, Ecology, and Resource Extraction. New York: Orbis Books, 2015.

[26] BARBIERI, Edison. *Desenvolver ou preservar o ambiente*, p. 29.

[27] Ibidem, p. 38.

o desenvolvimento. Infelizmente, sobretudo no mundo em desenvolvimento, os planejadores e administradores praticamente ignoram as populações tradicionais nos processos de desenvolvimento. Experiências demonstram que os planos tendem ao fracasso quando não ocorrem esse envolvimento e a participação ativa da população no processo de desenvolvimento sustentável. Não se pode mais ignorar as experiências e tradições locais para o gerenciamento sustentável da água, da terra, do solo, da flora e da fauna. O desenvolvimento sustentável não pode ser imposto por pressões externas, mas penetrar na cultura como parte dos valores e interesses da população. A transição para a sustentabilidade exigirá um ambiente econômico internacional solidário.

A solidariedade internacional ainda é um discurso teórico que não encontrou espaço em nosso planeta, infelizmente. Organismos internacionais, tais como ONU, Banco Mundial e outras agências planetárias, estão ainda longe de superar a terrível dependência dos países pobres em relação aos ricos. Sem uma relação de interdependência não é possível haver cooperação. Na natureza há um equilíbrio das espécies entre si e delas com o meio ambiente, formando um todo harmônico. É evidente que na atual ordem econômica internacional são necessárias mudanças. Sem elas, muitos países em desenvolvimento não conseguirão sobreviver, e isto trará também graves consequências para as nações mais abastadas.[28] A sociedade humana também é um elemento da

---

[28] A Fundação Ética Global, que tem como um dos seus artífices fundadores o teólogo suíço Hans Küng, é um desdobramento do encontro do Parlamento Mundial das Religiões realizado em Melbourne, Austrália, em 2009. Nesse parlamento, Hans Küng, presidente da Fundação Ética Global, apresentou o *Manifesto por uma Ética Econômica Global: consequências para negócios globais*. Os princípios fundamentais e os valores de uma economia global, que são apresentados nesse Manifesto, inspiram-se na famosa *Declaração de uma Ética Global*, aprovada pelo Parlamento Mundial das Religiões realizado em Chicago, em 1993. Os signatários deste documento afirmam que "levam a sério as regras do mercado e da competição e objetivam colocar estas regras numa sólida base ética para o bem-estar de todos". O primeiro princípio desse Manifesto é o chamado "princípio da humanidade", que defende e procura promover os direitos humanos fundamentais do ser humano, consequentemente, "os humanos devem sempre ser sujeitos de direitos, devem ser fins e nunca meros meios, e nunca devem ser meros objetos de comercialização e dos processos de industrialização na economia, na política, nos meios de comunicação, nos institutos de pesquisa, ou nas corporações industriais". Entre os "valores básicos a serem protegidos e implementados para uma atividade econômica global", para que esta atividade econômica seja ética, são elencados: *a não violência e*

natureza e sempre se diz que a melhor solução para um problema é a solução "natural", aquela que emerge da natureza das coisas.

Estamos em busca de um equilíbrio harmônico entre os seres humanos e o meio ambiente, entre países desenvolvidos e em desenvolvimento, entre países industrializados ricos do hemisfério norte com os países pobres do hemisfério sul do planeta, em meio a um cenário marcado por profundas desigualdades e desníveis a serem superados.

Os estudiosos da área afirmam que precisamos superar quatro desníveis, a saber: 1) *no nível econômico, o desnível de renda:* os ricos e os pobres, seja na população de um mesmo país, seja entre os povos industrializados e a grande maioria que ainda vive em áreas rurais; 2) *o desnível alimentar:* temos os bem-alimentados, que enfrentam problemas de obesidade mórbida, e os subnutridos, que passam fome; 3) *o desnível de valores:* valores éticos inegociáveis, tais como a dignidade do ser humano, a natureza como um bem em si e não meramente um valor instrumental de objeto, bens de serviço e bens externos ao mercado; 4) *o grande desnível da educação:* os alfabetizados e os analfabetos, os escolarizados e os não escolarizados, os que foram profissionalizados e os que não conseguiram este avanço na vida.[29]

***

o respeito pela vida, a justiça e solidariedade, a honestidade e tolerância e a mútua estima e parceria. O respeito pelos direitos humanos pressupõe o princípio de humanidade, que diz respeito a direitos e deveres. Segundo Hans Küng, "a aceitação de padrões responsáveis relacionados com condições salutares de trabalho pressupõe uma atitude básica de justiça e equidade, bem como o compromisso ético para com uma justa ordem econômica. A proteção do meio ambiente, na perspectiva do princípio da precaução, pressupõe respeito por todos os seres viventes, incluindo animais e plantas. A luta contra a corrupção em todas as suas formas pressupõe o compromisso com a honestidade e a justiça". Para Hans Küng comentando o Manifesto, ver: <www.globaleconomicethic.org>. Acesso em: 15 jun. 2015. O próximo encontro do Parlamento Mundial das Religiões está programado para Salt Lake City (USA), de 15 a 19 de outubro de 2015, e abordará a instigante temática: "Resgatando o coração de nossa humanidade: trabalhando juntos para um mundo de compaixão, paz, justiça e sustentabilidade". Serão abordadas três questões críticas da contemporaneidade: mudanças climáticas e o cuidado da criação; guerras, violências e discursos odiosos; o aumento do fosso entre a riqueza e a pobreza e o consumismo. FUNDAÇAO ÉTICA GLOBAL. *Global Economic Ethic. Consequences for Global Business.* UN Headquarters, New York. 6 October 2009. Disponível em: <www.parlamentofreligiousn.org>. Acesso em: 15 jul. 2015.

[29] BARBIERI, Edison. *Desenvolver ou preservar o ambiente*, p. 37.

Enfim, ética e economia são duas dimensões que não podem ser separadas. "Apenas procedendo de maneira coerente com a natureza científica da economia e com as normas próprias da ética será possível aproximar-se, simultaneamente, dos objetivos de eficácia e de justiça, de produtividade e de equidade, de competitividade e de solidariedade, por um desenvolvimento integral das formas de organização social e convivência humana."[30] Necessitamos de um desenvolvimento humano verdadeiramente sustentável e de um mundo em que todos possam viver com dignidade.

9. O caminho para a dignidade até 2030: sustentabilidade!

No fim de dezembro de 2014, através da Resolução A/69/700, da Assembleia Geral da ONU, foi apresentado, aos 193 Estados membros, o relatório síntese da agenda de desenvolvimento sustentável pós-2015 intitulado *O caminho para a dignidade até 2030: acabando com a pobreza, transformando todas as vidas e protegendo o planeta.*[31] O secretário-geral da Organização das Nações Unidas (ONU), Ban Ki-moon, apresentou uma síntese desse documento que trata dos Objetivos de Desenvolvimento Sustentável (ODS) pós-2015. O documento final deve guiar as negociações dos países membros para construção de uma nova agenda global centrada nas pessoas e no planeta, baseada nos direitos humanos, que será aprovada no COP-21, em Paris, no final de 2015.[32]

---

[30] MARADIAGA, Oscar. *Sem ética não há desenvolvimento.* Petrópolis: Vozes, 2015. p. 57.

[31] UNITED NATIONS. The Road to Dignity by 2030: Ending Poverty, Transforming All Lives and Protecting the Planet. *Synthesis Report of the Secretary-General on the Post-2015 Agenda.* New York. December, 4 2014. Disponível em: <http://www.un.org/disabilities/documents/reports/SG_Synthesis_Report_Road_to_Dignity_by_2030.pdf>. Acesso em: 23 ago. 2015.

[32] GLOBETHICS.NET. Global Ethics Network for Applied Ethics. *Principles on Equality and Inequality for a Sustainable Economy.* Endorsed by the Global Ethics Forum 2014 with Results from Ben Africa Conference 2014. Text 5. Globethics.net, 2015. (Cf. especialmente Annex 1: Equality in the Sustainable Development Goals. Annex 2: Inequality in the Post-2015 Agenda.) Disponível em: <http://www.globethics.net/documents/4289936/13403256/GE_Texts_5_Equality_web.pdf/1c0cc-866-5ca5-4ba5-98ef-aa55612b3bd4>. Acesso em: 23 ago. 2015.

Sobre o relatório, Ban Ki-moon disse que "nunca antes uma consulta tão ampla e profunda tinha sido feita sobre a questão do desenvolvimento". Ele lembrou que o documento vem sendo elaborado desde a Conferência Rio+20 (2012) e conta com a colaboração dos governos, de todo o sistema da ONU, de especialistas, da sociedade civil e de empresários. O secretário-geral agradeceu o projeto do grupo de trabalho que apresentou os 17 ODS, com 160 alvos de atuação. Para ele, o resultado expressa o desejo dos países de ter uma agenda que possa acabar com a pobreza, alcançar a paz, a prosperidade e proteger o planeta.

"Em 2015, anunciaremos medidas de longo alcance sem precedentes que vão assegurar o nosso bem-estar futuro", disse Ban Ki-moon, ao falar sobre a nova agenda global que irá suceder os Objetivos de Desenvolvimento do Milênio (ODM), que visam reduzir a pobreza extrema e a fome, promover a educação, especialmente para as meninas, combater doenças e proteger o meio ambiente, cujo prazo expira em 2015. Os objetivos do Desenvolvimento Sustentável serão o guia para nortear todo o desenvolvimento global da humanidade, pós-2015, com o fim do prazo para o cumprimento dos Objetivos de Desenvolvimento do Milênio (ODM).

Ban também pediu aos países para serem inovadores, inclusivos, ágeis e determinados nas negociações e reforçou a "responsabilidade histórica" para entregar uma agenda transformadora. "Estamos no limiar do ano mais importante para o desenvolvimento desde a fundação da própria ONU. Temos de dar sentido à promessa desta organização que reafirma a fé na dignidade e no valor da pessoa humana e dar ao mundo um futuro sustentável", disse ele. "Temos uma oportunidade histórica e o dever de agir de forma corajosa, enérgica e rápida."

É importante que conheçamos os dezessete Objetivos de Desenvolvimento Sustentável (ODS) propostos pela ONU no documento intitulado *O caminho para a dignidade até 2030: acabando com a pobreza, transformando todas as vidas e protegendo o planeta*. Esse documento aborda os desafios pós-2015 e pós-Objetivos do Milênio (ODM) e a construção da nova agenda de desenvolvimento a ser seguida pela ONU:

1. acabar com a pobreza em todas as suas formas, em todos os lugares;

2. eliminar a fome, alcançar a segurança alimentar, melhorar a nutrição e promover a agricultura sustentável;

3. assegurar uma vida saudável e promover o bem-estar para todos, em todas as idades;

4. garantir educação inclusiva e equitativa de qualidade e promover oportunidades de aprendizado ao longo da vida para todos;

5. alcançar igualdade entre homens e mulheres e empoderar todas as mulheres e meninas;

6. garantir disponibilidade e manejo sustentável da água e saneamento para todos;

7. garantir acesso à energia barata, confiável, sustentável e moderna para todos;

8. promover o crescimento econômico sustentado, inclusivo e sustentável, emprego pleno e produtivo e trabalho decente para todos;

9. construir infraestrutura resiliente, promover a industrialização inclusiva e sustentável e fomentar a inovação;

10. reduzir a desigualdade entre os países e dentro deles;

11. tornar as cidades e os assentamentos humanos inclusivos, seguros, resilientes e sustentáveis;

12. assegurar padrões de consumo e produção sustentáveis;

13. tomar medidas urgentes para combater a mudança do clima e seus impactos;

14. conservar e promover o uso sustentável dos oceanos, mares e recursos marinhos para o desenvolvimento sustentável;

15. proteger, recuperar e promover o uso sustentável dos ecossistemas terrestres, gerir de forma sustentável as florestas, combater a desertificação, bem como deter e reverter a degradação do solo e a perda de biodiversidade;

16. promover sociedades pacíficas e inclusivas para o desenvolvimento sustentável, proporcionar o acesso à justiça para todos

e construir instituições eficazes, responsáveis e inclusivas em todos os níveis;

17. fortalecer os mecanismos de implementação e revitalizar a parceria global para o desenvolvimento sustentável.

Há diferenças de perspectiva em relação aos 8 Objetivos do Milênio, que foram criados pelo secretariado da ONU e eram voltados para os países em desenvolvimento. Os Objetivos do Desenvolvimento Sustentável (ODS) apresentam um novo salto no desenvolvimento, agregam as dimensões econômica, social e ambiental, incorporando a sustentabilidade. São metas não apenas para os países pobres, mas para todo o mundo. Notamos que as metas de 1 a 5 já existiam nos Objetivos do Milênio. O bloco vem sendo denominado "tarefa incompleta". Engloba erradicar a pobreza, acabar com a fome, garantir a segurança alimentar e promover a agricultura sustentável, garantir saúde, educação e igualdade entre homens e mulheres ("gênero"). A meta 6 é a da água, e diz, por exemplo, que por volta de 2030 é preciso ter conseguido implementar sistemas de gestão integrada dos recursos hídricos, "incluindo a cooperação transfronteira, quando apropriado". A meta 7 é sobre a energia ("tecnologias mais modernas e limpas de combustíveis fósseis"). Existem metas para combater a mudança climática, proteger a biodiversidade marinha e terrestre. O objetivo 16 fala em promover sociedades inclusivas e pacíficas, reduzindo o tráfico ilegal de armas.

O desafio é gigantesco para se atingir tais metas e objetivos do Desenvolvimento Sustentável pós-2015 que substituem o projeto Objetivos do Milênio (2000-2015). O documento em pauta, *O caminho para a dignidade até 2030: acabando com a pobreza, transformando todas as vidas e protegendo o planeta*, propõe uma agenda universal e transformadora para o desenvolvimento sustentável, tendo por base os direitos humanos e as pessoas e o planeta como centro de discussão.

Um conjunto integrado de 6 elementos essenciais (que poderíamos chamar de referenciais, e/ou critérios, ou valores éticos) foi escolhido para auxiliar e reforçar a agenda do desenvolvimento sustentável, a saber:

a) *dignidade*: para acabar com a pobreza e combater as desigualdades;

b) *pessoas*: para garantir uma vida saudável, o conhecimento e a inclusão das mulheres e crianças no processo de desenvolvimento;

c) *prosperidade:* para crescer uma economia forte, inclusiva e transformadora;

d) *planeta:* para proteger os ecossistemas para todas as sociedades e para os nossos filhos;

e) *justiça:* para promover sociedades e instituições fortes, seguras e pacíficas; e

f) *parceria:* para catalisar a solidariedade global para o desenvolvimento sustentável.[33]

Muitos, diante dessa proposta de implementar o projeto do Desenvolvimento Sustentável, simplesmente reagirão dizendo que novamente estamos apenas diante de um sonho inatingível, uma utopia inalcançável. Mas a crise presente da humanidade – falam muitos pensadores contemporâneos das mais diferentes áreas do conhecimento humano, especialmente no âmbito das ciências humanas – tem como uma das causas exatamente a falta de uma utopia maior, de um horizonte de sentido e valores que una os esforços dos mais diferentes povos do planeta. Então, para que serve a utopia? Vale lembrar aqui a resposta de Eduardo Galeano: "A utopia serve para nós como um horizonte. Quando eu ando dois passos, ela se distancia dois passos e o horizonte se afasta dez passos mais adiante. Então para que serve a utopia, a não ser para caminhar?".

10. A Carta da Terra: um grito global para salvar nossa casa comum

A Carta da Terra é um dos documentos mais preciosos e inspiradores deste início de século XXI. Trata-se de uma declaração de princípios fundamentais visando à construção de uma sociedade global que seja justa, sustentável e pacífica. Muitos nutrem a expectativa de que esse documento seja incorporado à Carta dos Direitos Humanos de 1948. Teríamos, assim, um documento único sobre o cuidado da Terra e a defesa da dignidade do ser humano.[34]

---

[33] GLOBETHICS.NET. *Principles on Equality and Inequality for a Sustainable Economy.*

[34] Leonardo Boff, filósofo e teólogo brasileiro de grande projeção internacional, fez

O documento procura inspirar em todos os povos um novo sentido de interdependência global e de responsabilidade compartilhada pelo bem-estar da família humana e do mundo em geral. É uma expressão de esperança e um chamado a contribuir para a criação de uma sociedade global num contexto crítico na história. A visão ética inclusiva do documento reconhece que a proteção ambiental, os direitos humanos, o desenvolvimento humano equitativo e a paz são interdependentes e inseparáveis. Isto fornece uma nova base de pensamento sobre estes temas e a forma de abordá-los. O resultado é um conceito novo e mais amplo sobre o que constitui uma comunidade sustentável e o próprio desenvolvimento sustentável.

Em um momento no qual grandes mudanças na nossa maneira de pensar e viver são urgentemente necessárias, a Carta da Terra desafia-nos a examinar nossos valores e escolher um caminho melhor. Além disso, faz-nos um chamado para procurarmos um terreno comum no meio da nossa diversidade e para acolhermos uma nova visão ética

---

parte da redação e implementação da Carta da Terra. Como convidado oficial, fez um pronunciamento durante a 6ª Sessão da Assembleia Geral da ONU, no dia 22 de abril de 2009, para fundamentar o projeto a ser votado na ocasião de transformar o Dia Internacional da Terra, celebrado em 22 de abril, em Dia Internacional da Mãe Terra. O projeto foi acolhido por unanimidade pelos 192 Estados membros da ONU. Algumas razões apresentadas por Boff para chamar a Terra de nossa Mãe. "Antes de mais nada, falam os testemunhos mais ancestrais de todos os povos, do Oriente e do Ocidente das principais religiões. Todos testemunham que a Terra sempre foi venerada como Grande Mãe, Terra Mater, Inana, Tonantzin e Pacha Mama. Para os povos originários de ontem e de hoje, é constante a convicção de que a Terra é geradora de vida e por isso comparece como mãe generosa e fecunda. Somente um ser vivo pode gerar vida em sua imensa diversidade, desde a miríade de seres microscópicos até os mais complexos. A Terra surge efetivamente como a Eva universal". Em seguida, o teólogo faz uma denúncia severa: "Durante muitos séculos predominou esta visão, da Terra como Mãe, base de uma relação de respeito e de veneração para com ela. Mas irromperam os tempos modernos com os mestres fundadores do saber científico, Newton, Descartes e Francis Bacon, entre outros. Estes inauguraram uma outra leitura da Terra. Ela não é mais vista como uma entidade viva, mas apenas como uma realidade extensa (res extensa), sem vida e sem propósito. Por isso, ela vem entregue à exploração de seus bens e serviços por parte dos seres humanos em busca de riqueza e de bem-estar. Ousadamente afirmou alguém: para conhecer suas leis devemos submetê-la a torturas como o inquisidor faz com o seu inquirido até que entregue todos os seus segredos". BOFF, Leonardo. Discurso na ONU:...

compartilhada por uma quantidade crescente de pessoas em muitas nações e culturas ao redor do mundo.

Este movimento de pensamento teve início em 1987, com a Comissão Mundial das Nações Unidas para o Meio Ambiente e Desenvolvimento, que fez um chamado para a criação de uma Carta que estabelecesse os princípios fundamentais para o desenvolvimento sustentável. A redação da Carta da Terra fez parte dos assuntos não concluídos da Cúpula da Terra no Rio, em 1992 e, em 1994, Maurice Strong, secretário-geral da Cúpula da Terra realizada no Rio de Janeiro e presidente do Conselho da Terra e Mikhail Gorbachev, presidente da Cruz Verde Internacional, lançaram uma nova Iniciativa da Carta da Terra com o apoio do Governo da Holanda. A Comissão da Carta da Terra foi formada em 1997 para supervisionar o projeto e estabeleceu-se a Secretaria da Carta da Terra no Conselho da Terra na Costa Rica. O teólogo brasileiro, Leonardo Boff, integrou o seleto grupo que elaborou este documento.

A Carta da Terra é o resultado de uma série de debates interculturais sobre objetivos comuns e valores compartilhados, realizados em todo o mundo por mais de uma década. A redação da Carta da Terra foi feita através de um processo de consulta aberto e participativo jamais realizado em relação a um documento internacional. Milhares de pessoas e centenas de organizações de todas as regiões do mundo, diferentes culturas e diversos setores da sociedade participaram. A Carta foi moldada tanto por especialistas como por representantes das comunidades populares, e o resultado é um tratado dos povos que estabelece importante expressão das esperanças e aspirações da sociedade civil global emergente.

Esse documento tem origem no início de 1997, com a Comissão da Carta da Terra, que formou um comitê redator internacional para conduzir o processo de consulta. A evolução e o desenvolvimento do documento refletem o progresso de um diálogo mundial sobre a Carta da Terra. Começando com o Esboço de Referência, o qual foi editado pela Comissão após o Fórum Rio+5 (RJ), os esboços da Carta da Terra circularam internacionalmente como parte do processo de consulta. A versão final da Carta foi aprovada pela Comissão na reunião celebrada na sede da Unesco, em Paris, em março de 2000.

Junto com o processo de consulta para a redação da Carta da Terra, as mais importantes influências que dão forma a suas ideias e valores são as ciências contemporâneas, as leis internacionais, os ensinamentos dos povos indígenas, a sabedoria das grandes religiões e tradições filosóficas do mundo, as declarações e os relatórios das sete conferências de cúpula das Nações Unidas realizadas nos anos 1990, o movimento ético mundial, o grande número de declarações não governamentais e os tratados dos povos feitos durante os últimos trinta anos, assim como as melhores práticas para criar comunidades sustentáveis.

Com o lançamento oficial da Carta da Terra no Palácio da Paz, em Haia, no dia 29 de junho de 2000, iniciou-se uma nova fase para a Iniciativa, qual seja, estabelecer uma base ética sólida para a sociedade global emergente e ajudar na construção de um mundo sustentável baseado no respeito à natureza, aos direitos humanos universais, à justiça econômica, bem como na edificação de uma cultura de paz.[35]

---

[35] Os pontos principais da Carta da Terra são os seguintes: no preâmbulo, são apresentados quatro temas: a Terra, nosso lar; a situação global; os desafios para o futuro e a responsabilidade universal. Entre os princípios: I. RESPEITAR E CUIDAR DA COMUNIDADE DA VIDA: 1. Respeitar a Terra e a vida em toda sua diversidade; 2. Cuidar da comunidade da vida com compreensão, compaixão e amor; 3. Construir sociedades democráticas que sejam justas, participativas, sustentáveis e pacíficas; 4. Garantir as dádivas e a beleza da Terra para as atuais e as futuras gerações; II. INTEGRIDADE ECOLÓGICA: 5. Proteger e restaurar a integridade dos sistemas ecológicos da Terra, com especial preocupação pela diversidade biológica e pelos processos naturais que sustentam a vida; 6. Prevenir o dano ao ambiente como o melhor método de proteção ambiental e, quando o conhecimento for limitado, assumir uma postura de precaução; 7. Adotar padrões de produção, consumo e reprodução que protejam as capacidades regenerativas da Terra, os direitos humanos e o bem-estar comunitário; 8. Avançar o estudo da sustentabilidade ecológica e promover a troca aberta e a ampla aplicação do conhecimento adquirido; III. JUSTIÇA SOCIAL E ECONÔMICA: 9. Erradicar a pobreza como um imperativo ético, social e ambiental; 10. Garantir que as atividades e instituições econômicas em todos os níveis promovam o desenvolvimento humano de forma equitativa e sustentável; 11. Afirmar a igualdade e a equidade de gênero como pré-requisitos para o desenvolvimento sustentável e assegurar o acesso universal à educação, assistência à saúde e às oportunidades econômicas; 12. Defender, sem discriminação, os direitos de todas as pessoas a um ambiente natural e social, capaz de assegurar a dignidade humana, a saúde corporal e o bem-estar espiritual, concedendo especial atenção aos direitos dos povos indígenas e minorias; IV. DEMOCRACIA, NÃO VIOLÊNCIA E PAZ: 13. Fortalecer as instituições democráticas em todos os níveis e proporcionar-lhes transparência e prestação de contas no exercício do governo, participação inclusiva na tomada de decisões e acesso à justiça; 14. Integrar, na

11. A encíclica do Papa Francisco *Laudato Si'*: sobre o cuidado da casa comum

Sem dúvida alguma, esta encíclica provocará muita polêmica, pois criou-se uma enorme expectativa mundial quando foi anunciada, acrescida pelo fato de ser dirigida a todos, aos "crentes e não crentes". Este documento foi precedido por uma verdadeira sabotagem em termos de informação, especialmente em certos setores dos EUA, ligados às indústrias de petróleo e carvão. Ele mexe com gigantescos interesses políticos e econômicos. Diz-se que, assim como o Papa Leão XIII (1879-1903) assombrou o mundo de outrora com a encíclica *Rerum Novarum*: sobre a condição operária, hoje, é o Papa Francisco, com a *Laudato Si'*: sobre o cuidado da casa comum, que provoca o mesmo "assombro".

Aqui seguimos de perto os comentários de Leonardo Boff, considerado um dos protagonistas da primeira hora da Teologia da Libertação na América Latina. Destaca Boff que o documento é inspirado em teólogos latino-americanos que optaram por ficar ao lado dos pobres. A pobreza e a degradação ambiental são dois lados da mesma moeda. Essa é a certeza que permeia a encíclica "verde" do Papa Francisco.[36]

Trata-se de uma encíclica muito especial, exatamente por ser, segundo Boff, a primeira vez que um papa aborda o tema da ecologia no sentido de ecologia integral, que vai além, portanto, da ambiental, de forma tão completa. E constatamos uma grande surpresa: Francisco elabora o tema dentro do novo paradigma ecológico, coisa que nenhum documento oficial da ONU até hoje fez. Fundamental é seu discurso com os dados mais seguros das ciências da vida e da terra. O papa lê os dados afetivamente, com a inteligência sensível e cordial, pois discerne

---

educação formal e na aprendizagem ao longo da vida, os conhecimentos, valores e habilidades necessários para um modo de vida sustentável; 15. Tratar todos os seres vivos com respeito e consideração; 16. Promover uma cultura de tolerância, não violência e paz. O CAMINHO ADIANTE. "Que o nosso tempo seja lembrado pelo despertar de uma nova reverência ante a vida, pelo compromisso firme de alcançar a sustentabilidade, a intensificação da luta pela justiça e pela paz, e a alegre celebração da vida."

[36] BOFF, Leonardo. O grito da Terra. *O Estado de S. Paulo*. Caderno Aliás, São Paulo, 20 jun. 2015.

que, por trás deles, escondem-se dramas humanos e muito sofrimento também por parte da mãe Terra.

Neste documento pontifício percebemos uma profunda influência da América Latina. O Papa Francisco não escreve na qualidade de mestre e doutor da fé, mas como um pastor zeloso, que cuida da casa comum e de todos os seres – e não só dos humanos – que moram nela. Um elemento merece ser ressaltado: o pensamento do Papa Francisco é tributário da experiência pastoral e teológica das igrejas latino-americanas que, à luz dos documentos do episcopado latino-americano de Medellín (1968), de Puebla (1979) e de Aparecida (2007), fizeram uma opção pelos pobres, contra a pobreza e em favor da libertação.

O texto e o tom da encíclica são típicos do Papa Francisco e da cultura ecológica que acumulou. Porém, muitas expressões e modos de falar remetem ao que vem sendo pensado e escrito principalmente na América Latina. Os temas da "casa comum", da "mãe Terra", do "grito da Terra e do grito dos pobres", do "cuidado", da interdependência entre todos os seres, dos "pobres e vulneráveis", da "mudança de paradigma" do "ser humano como Terra" que sente, pensa, ama e venera, da "ecologia integral", entre outros, são recorrentes na América Latina a partir do início dos anos 1990.

A estrutura da encíclica obedece ao ritual metodológico usado pela reflexão teológica latino-americana ligada à prática de libertação, agora assumida e consagrada pelo papa: *ver, julgar, agir e celebrar*. Tal método obriga a considerar as realidades concretas, a partir dos desafios reais, e não de doutrinas a partir das quais se fazem deduções, geralmente abstratas e pouco mordentes quando referidas aos temas suscitados. O método obriga-nos a incorporar os dados mais seguros das ciências da vida e da terra entre outras.

Primeiramente, revela sua fonte de inspiração maior: São Francisco de Assis, chamado por Francisco de "exemplo por excelência do cuidado pelo que é frágil e por uma ecologia integral, vivida com alegria e autenticidade" e que mostrou "uma atenção particular pela criação de Deus e pelos mais pobres e abandonados".[37]

Ao aproximar meio ambiente e pobreza, o papa incorpora os dados mais consistentes com referência às mudanças climáticas, à questão da

---

[37] LS 10.

água, à erosão da biodiversidade, à deterioração da qualidade da vida humana e à degradação da vida social, denuncia a alta taxa de iniquidade planetária, afetando todos os âmbitos da vida, sendo que as principais vítimas são os pobres.

Nesta parte, traz uma frase que nos remete à reflexão feita na América Latina: "Hoje não podemos desconhecer que uma verdadeira abordagem ecológica sempre se torna uma abordagem social que deve integrar a justiça nas discussões sobre o ambiente para escutar tanto o grito da Terra quanto o grito dos pobres". Logo a seguir acrescenta: "Essas situações provocam os gemidos da irmã Terra, que se unem aos gemidos dos abandonados do mundo".[38] Isso é absolutamente coerente, pois logo no início diz que "nós mesmos somos Terra",[39] bem na linha do grande cantor e poeta indígena argentino Atahualpa Yupanqui: "O ser humano é Terra que caminha, que sente, que pensa e que ama".

Condena as propostas de internacionalização da Amazônia, que "só servem aos interesses econômicos das corporações internacionais".[40] Para Francisco, é gravíssima iniquidade "obter benefícios significativos, fazendo pagar ao resto da humanidade, presente e futura, os altíssimos custos da degradação ambiental".[41]

Com tristeza reconhece: "Nunca maltratamos e ferimos nossa casa comum como nos últimos dois séculos".[42] Em face dessa ofensiva humana contra a mãe Terra, que muitos cientistas denunciaram como a inauguração de uma nova era geológica – o antropoceno –, lamenta a debilidade dos poderes deste mundo, que, iludidos, pensam que tudo pode continuar como está como álibi para manter seus hábitos autodestrutivos, com "um comportamento que às vezes parece suicida".[43]

Em relação ao papel de cientistas e estudiosos do clima, o papa, prudentemente, reconhece a diversidade das opiniões e que "não há uma única via de solução". A encíclica dedica todo o terceiro capítulo à análise

---

[38] LS 53.

[39] LS 2.

[40] LS 38, citando o *Documento de Aparecida* 86.

[41] LS 36.

[42] LS 53.

[43] LS 55.

"da raiz humana da crise ecológica". Aqui o papa se propõe a analisar a tecnociência, sem preconceitos, acolhendo o que ela trouxe de "coisas realmente valiosas para melhorar a qualidade de vida do ser humano".[44]

A tecnociência tornou-se tecnocracia, uma verdadeira ditadura com sua lógica férrea de domínio sobre tudo e sobre todos. A grande ilusão, hoje dominante, reside na crença de que com a tecnociência se podem resolver todos os problemas ecológicos. Essa é uma diligência enganosa porque implica "isolar coisas que, na realidade, estão interligadas".[45] Na verdade, tudo é relacionado, tudo está em relação, uma afirmação que perpassa todo o texto da encíclica, pois é um conceito-chave do novo paradigma contemporâneo. O grande limite da tecnocracia está no fato de fragmentar os saberes e "perder o sentido de totalidade".[46] O pior é não reconhecer o valor intrínseco de cada ser e até "negar qualquer valor peculiar ao ser humano".[47]

Francisco propõe uma "ecologia integral" que vai além da costumeira ecologia ambiental. A visão da ecologia integral é sistêmica, integra todas as coisas num grande todo, dentro do qual nos movemos e somos. É o ponto central da construção teórica e prática da encíclica. Boff receia que ela não seja entendida pela grande maioria, colonizada mentalmente apenas pelo discurso antropocêntrico de ambientalismo, dominante nos meios de comunicação social e, infelizmente, também nos discursos oficiais dos governos e das instituições internacionais, tais como a ONU. Como o novo paradigma sugere, todos formamos um grande e complexo todo.

Isso implica entender que a economia tem a ver com a política, a educação com a ética, a ética com a ciência. Todas as coisas relacionadas se entreajudam para existir, subsistir e continuar neste mundo. O velho paradigma separava, dicotomizava, atomizava e dividia a realidade em compartimentos. Em vista dessa visão distorcida, para cada problema tinha a sua solução específica, sem dar-se conta de sua incidência nas outras partes, que podia ser maléfica.

---

[44] LS 103.
[45] LS 111.
[46] LS 110.
[47] LS 118.

O espírito terno e fraterno de São Francisco de Assis perpassa todo o texto da encíclica *Laudato Sí*. A situação atual não significa uma tragédia anunciada, mas um desafio para cuidarmos da casa comum e uns dos outros. Há no texto leveza, poesia e inabalável esperança de que, se grande é a ameaça, maior ainda é a oportunidade de solução de nossos problemas ecológicos.

Uma palavra final: para onde caminhamos? Existe esperança de mudanças para uma nova cultura da sustentabilidade?

No preâmbulo do recém-firmado Acordo de Paris, documento final da 21ª Conferência sobre o Clima da ONU (COP-21), realizada em Paris no final de 2015, afirma-se o reconhecimento de alguns valores e conceitos importantes que revelam a sabedoria de povos indígenas e culturas ancestrais da humanidade no tocante ao planeta Terra. "Percebendo a importância de assegurar a integridade de todos os ecossistemas, incluindo oceanos, e a proteção da biodiversidade, reconhecida por algumas culturas como Mãe Terra, e realçando a importância para muitos do conceito de 'justiça climática', quando agimos para enfrentar as mudanças climáticas."[48] Isso sinaliza para uma nova consciência ecológica que traz esperança de dias melhores para o futuro da humanidade.

Ao entrarmos nessa discussão ética sobre questões de ecologia, percebemos logo que hoje somos vítimas e prisioneiros de um modelo hegemônico de desenvolvimento baseado no livre mercado, que busca o lucro a qualquer custo, alimenta o desrespeito à natureza, cujos "dons" são paradoxalmente gratuitos, levando-nos a este impasse que vivemos hoje, simplesmente "insustentável". Uma crítica a esse processo de desenvolvimento "insustentável", que depreda o meio ambiente, inicia-se com o chamado *Clube de Roma*, um movimento que começou a discutir o problema da Terra e seus limites. Em 1972, o Clube publicou o

---

[48] UNITED NATIONS. Framework Convention on Climate Change. *Adoption of the Paris agreement*. Conference of the Parties. Twenty-first session. Paris, 30 November to 11 December 2015. FCCC/CP/2015/L.9/Rev.1 (12 December 2015). Disponível em: <http://unfccc.int/resource/docs/2015/cop21/eng/l09r01.pdf>. Acesso em: 18 dez. 2015.

relatório *Os limites do crescimento*, em que introduz um conceito importante no cenário, o conceito de "desenvolvimento sustentável".[49]

Segundo os cientistas dessa área ambiental, não resta dúvida de que a atmosfera e o oceano aqueceram, a quantidade de neve e gelo diminuiu e o nível médio do mar se elevou, entre outros fenômenos naturais adversos. As últimas três décadas foram sucessivamente mais quentes do que qualquer década precedente, desde 1850. Essas e outras questões semelhantes estão no coração da agenda do movimento pela justiça climática e dos fóruns sociais mundiais.

Urgem mudanças radicais em algumas áreas da vida humana. O estilo de vida baseado no consumo desenfreado, o crescimento econômico depredatório e o acúmulo são insustentáveis, pois estão se esgotando as chances de sobrevivência da humanidade. Temos de desenhar e construir certamente um outro mundo possível e a questão do clima é a peça-chave de mudança global neste início de milênio. Implementando-se tal perspectiva, muito provavelmente estaremos entrando num novo cenário geopolítico e geoeconômico da humanidade.

É claro que não se deseja este final apocalíptico para ninguém. Para evitá-lo, algumas coisas já estão em processo de mudanças, são urgentes e necessárias mudanças estruturais, civilizacionais e no de estilo de vida. Deve ocorrer mudança de sistema econômico, de produção de bens e desenvolvimento. Problemas globais exigem soluções globais, não individuais. Daí a importância da ideia de uma governança global efetivamente vinculante de todos os países. É urgente que ocorra o abandono do uso das fontes de combustíveis fósseis para geração de energia e o final da mentalidade consumista. Temos de lutar pela preservação das florestas, das águas dos rios e dos oceanos, da produção de alimentos de forma agroecológica, respeitar os chamados direitos da terra de ter córregos, rios e mares com águas limpas, aprender a utilizar com eficiência e cuidado a energia, bem como produzir a energia com o uso dos raios e do calor do sol, dos ventos, do movimento natural das águas, das matérias orgânicas dos lixos e esgotos.

---

[49] MEADOWS, Dennis L.; MEADOWS, Donella H.; RANDERS, Jørgen; BEHRENS III, William. *The Limits to Growth*. New York: Universe Books, 1972. A versão brasileira foi publicada em 1973, pela Editora Perspectiva.

Essa agenda do clima é marcada pela urgência, pois chegamos muito tarde nesse cenário para intervirmos construtivamente. A humanidade não pode perder mais tempo, porque, se a decisão for continuar no sistema de vida, desenvolvimento e economia vigentes dominantes, o aumento da temperatura média global poderá chegar a mais de 3°C ou 4°C até 2100. Isso inviabilizará a existência de vida humana no planeta Terra; é o que afirmam, não os "astrólogos" que tentam adivinhar o futuro, mas os estudiosos e cientistas da área ambiental.

Necessitamos desenhar uma nova ética socioambiental, que tem o ser humano como sujeito moral (dimensão antropocêntrica), mas que coloca no centro da sua visão e reflexão a vida, no sentido mais amplo possível (dimensão biocêntrica). Os referenciais fundamentais dessa nova ética socioambiental são: 1) *respeito à alteridade* (o "outro" respeitado e reconhecido como "outro"). No modelo antigo, a natureza é mero objeto do ser humano e não um organismo vivo, constituído por uma multiplicidade de vínculos e inter-relações; 2) *o cuidado responsável e a solidariedade com a vida em suas múltiplas formas de expressão.* Nessa perspectiva ética, a *biosfera ganha um profundo significado moral.* Superamos, assim, o biocentrismo unilateral, bem como uma visão antropocêntrica moderna depredadora da natureza. A natureza não é mais considerada um mero instrumento e objeto ao *bel-prazer* humano, mas um organismo vivo, um sistema aberto, constituído por uma multiplicidade de vínculos e inter-relações.[50]

Na arena onde ocorrem os debates sobre as questões ecológicas e ambientais está surgindo um horizonte de compreensão "sistêmico e holístico", trazido pelos estudos da área ecológica. No âmbito da ciência geográfica, incorpora-se à discussão sobre o desenvolvimento do conceito de "espaço social", que é um grande aliado do discurso da ética ambiental inovadora. Esse diálogo interdisciplinar pode convergir numa visão ética, chamada "espaço da coexistência, que, numa perspectiva

---

[50] RUBIO, Alfonso Garcia. Prefácio. In: CIRNE, Lúcio F. Ribeiro. *O espaço da coexistência;* uma visão interdisciplinar de ética socioambiental. São Paulo: Loyola, 2013. p. 13.

relacional e integradora, pode orientar o agir humano diante da crise socioambiental".[51]

No fundo da crise ecológica existe uma crise de visão do ser humano. Necessitamos de uma nova visão antropológica, como diz François L'Yvonnet ao apresentar um texto de Edgar Morin, *Para onde vai o mundo?* Trata-se de um humanismo revisitado, regenerado, que não é mais justificação antropocêntrica de uma divinização do homem, que seria destinado a conquistar a Terra (por meio do programa suicida da Modernidade: "sejamos mestres e dominadores da natureza"). Mas um "humanismo planetário, que comporta uma conscientização da 'Terra-pátria' como comunidade de destino, de origem e de perdição". Segundo este mesmo autor, isso conduzirá Edgar Morin a preconizar uma espécie de "evangelho da perdição: já que estamos perdidos (no gigantesco universo), fadados ao sofrimento e à morte, devemos ser irmãos. Uma fraternidade que é muito mais do que uma solidariedade: ela é a chave do próximo milênio para a implementação da verdadeira política de civilização".[52]

A Terra "foi denominada de Gaia, deusa grega, responsável pela fecundidade da Mãe Terra [...] A Terra é Mãe e é Gaia, geradora de toda a biodiversidade. O ser humano representa aquela porção da própria Terra que, num momento avançado de sua evolução e de sua complexidade, começou a sentir, a pensar e a amar. Com razão, para as línguas neolatinas, homem vem de *húmus*, que significa terra fecunda, e Adão, na tradição hebraico-cristã, deriva de *adamah*, que em hebraico quer dizer terra fértil. Por isso o ser humano é a Terra que anda, que ri, que chora, que canta, que pensa, que ama e que hoje clama por cuidado e proteção".[53] Em outras palavras, somos a Terra consciente e inteligente.

"Para além da razão instrumental técnica, é urgente colocarmos juntos a razão emocional e cordial. É a partir desta perspectiva que se elaboram os valores, o cuidado essencial, a compaixão, o amor, os grandes sonhos e as utopias que movem a humanidade para inventar soluções salvadoras. É este tipo de razão que nos levará a sentir a Terra

---

[51] CIRNE, Lúcio F. Ribeiro. *O espaço da coexistência;...*, p. 17.

[52] MORIN, Edgar. *Para onde vai o mundo?* Petrópolis: Vozes, 2007. p. 8-9.

[53] BOFF, Leonardo. Discurso na ONU:...

como Mãe e nos levará a amá-la, a respeitá-la e a protegê-la contra violências e extermínios. Nossa missão no conjunto dos seres humanos é a de sermos os guardiães e os cuidadores desta herança sagrada que o universo nos confiou."[54]

É importante não esquecer que a Terra pode continuar a existir sem nós, como existe já há milhões de anos, mas nós não poderemos continuar a existir sem ela! A Carta da Terra, como vimos, constitui-se num dos mais importantes documentos da contemporaneidade sobre consciência ética em relação à natureza (eco-ética). Segundo ela, "estamos num momento crítico da história da Terra, no qual a humanidade deve escolher o seu futuro... A nossa escolha é essa: ou formamos uma aliança global para cuidar da Terra e uns dos outros ou então arriscamos a nossa própria destruição e a da diversidade da vida".

As palavras finais da Carta da Terra, que o próprio Papa Francisco cita na sua encíclica, renovam as esperanças em nossos corações de um futuro promissor para toda a humanidade: "Que o nosso tempo seja um tempo que se recorde pelo despertar de uma nova reverência adiante da vida, pela firme resolução de alcançar a sustentabilidade, pela intensificação da luta em prol da justiça e da paz e pela jubilosa celebração da vida".[55]

Referências bibliográficas

ARTAXO, Paulo. Vem aí um outro mundo. Revista *Caros Amigos*. Colapso climático: a caótica era do homem. Edição especial. Ano XVIII, n. 73 (abr. 2015) 24-29.

ASSOCIATED PRESS DE SÃO PAULO. China anuncia metas inéditas para reduzir emissões de carbono. *Folha de S.Paulo*, 30 jun. 2015. Disponível em: <http://www1.folha.uol.com.br/mundo/2015/06/1649669-china-estabelece-metas-ineditas-para-reduzir-emissoes-de-carbono.shtml>.

BARBIERI, Edison. *Desenvolver ou preservar o ambiente*. São Paulo: Cidade Nova, 1996.

---

[54] Ibidem.

[55] LS 207.

BOFF, L. Discurso na ONU: *Por que a Terra é nossa mãe*. Disponível em: <https://leonardoboff.wordpress.com/2012/04/22/discurso--no-onu-por-que-a-terra-e-nossa-mae/>

_____. O grito da Terra. *O Estado de S. Paulo*. Caderno Aliás, São Paulo, 20 jun. 2015. Disponível em: < http://alias.estadao.com.br/noticias/geral,o-grito-da-terra,1710059>.

CASTRO, Fabio de. ONGs propõem corte de 35% das emissões de gás carbônico. *O Estado de S. Paulo*, 27 jun. 2015. Disponível em: <http://sustentabilidade.estadao.com.br/noticias/geral,ongs-propoem-corte-de-35-das-emissoes-de-gas-carbonico,1714475>.

CIRNE, Lúcio F. Ribeiro. *O espaço da coexistência;* uma visão interdisciplinar de ética socioambiental. São Paulo: Loyola, 2013.

COMISSÃO MUNDIAL SOBRE MEIO AMBIENTE E DESENVOLVIMENTO. *Nosso futuro comum*. Rio de Janeiro: Fundação Getúlio Vargas, 1991.

CYMBALUK, Fernando; FERREIRA, Lilian. Países firmam acordo histórico que indica mudança no combate ao aquecimento. *UOL Notícias* (12 dez. 2015). Disponível em: <http://noticias.uol.com.br/meio-ambiente/listas/acordo-de-paris-indica-mudanca-no--combate-ao-aquecimento-global.htm>.

FRANCISCO. Carta encíclica *Laudato Si'*. Sobre o cuidado da casa comum. Brasília/São Paulo: Edições CNBB/Paulinas/Paulus, 2015.

FUNDAÇAO ÉTICA GLOBAL. Global Economic Ethic. Consequences for Global Business. UN Headquarters, New York. 6 October 2009. In: <www.parliamentofreligiousn.org>.

GARCIA, Rafael. Esboço de acordo inclui opção de zerar emissões em 2050. *Folha de S.Paulo*, 09 dez. 2014. Disponível em: <http://www1.folha.uol.com.br/ambiente/2014/12/1560114-esboco-de--acordo-inclui-opcao-de-zerar-emissoes-em-2050.shtml>.

GLOBETHICS.NET. Global Ethics Network for Applied Ethics. *Principles on Equality and Inequality for a Sustainable Economy*. Endorsed by the Global Ethics Forum 2014 with Results from Ben Africa Conference 2014. Text 5. Globethics.net, 2015. (Cf. especialmente Annex 1: Equality in the Sustainable Development Goals. Annex 2: Inequality in the Post-2015 Agenda). Disponível em: <http://www.globethics.net/documents/4289936/13403256/

GE_Texts_5_Equality_web.pdf/1c0cc866-5ca5-4ba5-98ef-a-a55612b3bd4>.

_____. *Principles of Sharing Values Among Cultures and Religions.* Geneva, 2012. Disponível em: <http://www.globethics.net/documents/4289936/13403256/Texts_1_online.pdf/1f335f4b-2ad-8-43a4-87ff-bb651ac810fb>.

GORE, Al. *An Inconvenient Truth.* Documentary 2006. Directed by: Davis Guggenheim.

KREFT, Sönke; ECKSTEIN, David; DORSCH, Lukas; FISCHER, Livia. *Global Climate Risk Index 2016;* Who Suffers Most From Extreme Weather Events? Weather-related Loss Events in 2014 and 1995 to 2014. Briefing Paper. Germanwatch, November 2015. Disponível em: <https://germanwatch.org/en/download/13503.pdf>.

LOVELOCK, James. *A vingança de Gaia.* Rio de Janeiro: Intrínseca, 2006.

_____. *Gaia;* alerta final. Rio de Janeiro: Intrínseca, 2013.

_____. *Gaia;* cura para um planeta doente. São Paulo: Cultrix, 2007.

MARADIAGA, Oscar. *Sem ética não há desenvolvimento.* Petrópolis: Vozes, 2015.

MORIN, Edgar. *Para onde vai o mundo?* Petrópolis: Vozes, 2007.

NETTO, Andrei; GIRARDI, Giovana. 195 países aprovam o Acordo de Paris, primeiro marco universal para o clima. *O Estado de S. Paulo,* 12 dez. 2015. Disponível em: <http://sustentabilidade.estadao.com.br/noticias/geral,195-paises-aprovam-o-acordo-de-paris--primeiro-marco-universal-para-o-clima,10000004678>.

PEPPARD, Christiana Z.; VICINI, Andrea (edit.). *Just Sustainability;* Technology, Ecology, and Resource Extraction. New York: Orbis Books, 2015.

PESSINI, Leo; BERTACHINI, Luciana; BARCHIFONTAINE, Christian de P.; HOSSNE, William Saad. *Bioética em tempos de globalização;* a caminho da desigualdade e indiferença ou da solidariedade? São Paulo: Loyola, 2015.

PY, Fabio. A domesticação burgo-capitalista da ecologia. Revista *Caros Amigos.* Colapso climático: a caótica era do homem. Edição especial. Ano XVIII, n. 73 (abr. 2015) 33-36.

REVISTA *CAROS AMIGOS.* Colapso climático: a caótica era do homem. Edição especial. Ano XVIII, n. 73 (abr. 2015). Cortando na própria carne (Leandro Uchoas, p. 16-17); Novos riscos para a saúde (Amando Lourenço, p. 18-19); A necessária reinvenção das cidades (Laís Modelli, p. 20-23); Tudo culpa do efeito estufa (Lilian Primi, p. 34-35); A alternativa ecossocialista (Michael Lowy, p. 38-39).

RODRIGUES, Fania. Os legados e limites da Rio-92. Revista *Caros Amigos*. Colapso climático: a caótica era do homem. Edição especial. Ano XVIII, n. 73 (abr. 2015) 9-11.

RUBIO, Alfonso Garcia. Prefácio. In: CIRNE, Lúcio F. Ribeiro. *O espaço da coexistência;* uma visão interdisciplinar de ética socioambiental. São Paulo: Loyola, 2013. p. 9-13.

SECCO, Amanda. Um marco legal para a Terra. Revista *Caros Amigos*. Colapso climático: a caótica era do homem. Edição especial. Ano XVIII, n. 73 (abr. 2015) 15-16.

SEMENSATO JUNIOR, Décio Luis. Mudanças climáticas são uma questão sobre clima. Revista *Caros Amigos*. Colapso climático: a caótica era do homem. Edição especial. Ano XVIII, n. 73 (abr. 2015) 30-32.

TREVISAN, C.; MONTEIRO, T. Brasil promete recuperar 12 milhões de hectares de florestas até 2030. *O Estado de S. Paulo*, 30 jun. 2015. Disponível em: <http://politica.estadao.com.br/noticias/geral,governo-brasileiro-promete-plantar-12-milhoes-de-arvores-ate-2030,1716353>.

UNESCO. *The Earth Charter*. Disponível em: <http://www.unesco.org/education/tlsf/mods/theme_a/img/02_earthcharter.pdf>.

UNITED NATIONS. Framework Convention on Climate Change. *Adoption of the Paris agreement*. Conference of the Parties. Twenty-first session. Paris, 30 November to 11-December 2015. FCCC/CP/2015/L.9/Rev.1 (12 December 2015). Disponível em: <http://unfccc.int/resource/docs/2015/cop21/eng/l09r01.pdf>.

_____. The Road to Dignity by 2030: Ending Poverty, Transforming All Lives and Protecting the Planet. *Synthesis Report of the Secretary-General on the Post-2015 Agenda*. New York (4 December 2014). Disponível em: <http://www.un.org/disabilities/documents/reports/SG_Synthesis_Report_Road_to_Dignity_by_2030.pdf>.

Sumário

Apresentação
Dom Pedro Luiz Stringhini 5

Introdução
Ronaldo Zacharias e Rosana Manzini 8

1. Bento XVI e Francisco: continuidade e desafios
no recente Magistério Social
Mario Toso 13

2. Aspectos das raízes da Doutrina Social da Igreja
Ney de Souza 33

3. Doutrina Social da Igreja e Teologia da Libertação:
diferentes abordagens
Alexandre Andrade Martins 50

4. Humanização dos processos políticos
a partir da Doutrina Social da Igreja
Sérgio Bernal Restrepo 66

5. O desafio do compromisso dos cristãos
no mundo da política: do descrédito à esperança
Carlos Eduardo Ferré 83

6. O desafio do compromisso dos cristãos no mundo da política:
testemunho e santidade
Fernando Altemeyer Junior 96

7. A opção preferencial pela riqueza
Celso Luiz Tracco 124

8. Reciprocidade, fraternidade, justiça:
uma revolução da concepção da economia
Antonio Aparecido Alves...145

9. O caminho para a mudança cultural em favor de outra
economia a partir de uma leitura de Zygmunt Bauman
Víctor Manuel Chávez Huitrón...156

10. Família: globalização, perspectivas e valores à luz da
Doutrina Social da Igreja
Ángel Galindo García...168

11. Novas configurações familiares:
desafios para a Doutrina Social da Igreja
Maria Inês de Castro Millen..193

12. Novas configurações familiares:
muito mais do que "situações irregulares"
Ronaldo Zacharias 209

13. A Ecologia e o Ensino Social da Igreja:
inscrição e alcances de um paradigma
Marcial Maçaneiro 230

14. Reflexões bioéticas sobre a questão ecológica hoje:
em busca do respeito e do cuidado para com a casa
comum da humanidade!
Leo Pessini 284

Impresso na gráfica da
Pia Sociedade Filhas de São Paulo
Via Raposo Tavares, km 19,145
05577-300 - São Paulo, SP - Brasil - 2017